辽宁工业大学博士科研启动基金项目（XB2023015）资助

中国东北地区对外开放研究

高立伟　著

哈尔滨工程大学出版社
Harbin Engineering University Press

内容简介

本书分析了东北地区对外开放的三个驱动因素:我国悠久的对外开放历史与国家推行的改革开放政策、解决东北地区发展问题的内部驱动,以及国际整体发展环境调整与东北区域外向型经济发展形势的变化。通过对东北地区对外开放的现状进行分析,研究了东北地区未来经济发展、特别是区域经济发展平衡度以及振兴战略协同度等问题。

本书可供相关院校经济管理专业的师生学习,以及对东北经济发展研究方向感兴趣的读者参考使用。

图书在版编目(CIP)数据

中国东北地区对外开放研究/高立伟著. —哈尔滨:
哈尔滨工程大学出版社,2023.7
ISBN 978-7-5661-4037-1

Ⅰ. ①中… Ⅱ. ①高… Ⅲ. ①对外开放-研究-东北
地区 Ⅳ. ①F127.3

中国国家版本馆 CIP 数据核字(2023)第 120643 号

中国东北地区对外开放研究
ZHONGGUO DONGBEI DIQU DUIWAI KAIFANG YANJIU

选题策划 夏飞洋
责任编辑 夏飞洋
封面设计 李海波

出版发行	哈尔滨工程大学出版社
社 址	哈尔滨市南岗区南通大街 145 号
邮政编码	150001
发行电话	0451-82519328
传 真	0451-82519699
经 销	新华书店
印 刷	哈尔滨午阳印刷有限公司
开 本	787 mm×1 092 mm 1/16
印 张	12.5
字 数	251 千字
版 次	2023 年 7 月第 1 版
印 次	2023 年 7 月第 1 次印刷
定 价	50.00 元

http://www.hrbeupress.com
E-mail:heupress@ hrbeu.edu.cn

前　　言

东北地区在维护我国国防、粮食、生态、能源和产业安全等方面具有重要的战略地位,是我国重要的工农业生产基地、全方位布局对外开放的关键区域,更是我国国内区域平衡发展,确保边疆稳定、民族团结的重点区域。1978 年,东北地区的对外开放进入了酝酿阶段,之后又经历了起步和加速两个阶段。在酝酿阶段,恢复边境贸易、搭建对外开放平台,稳步提升区域经济发展水平;在起步阶段,采取了由点及面的开放模式,辽宁省引领了东北地区对外开放的进程;在加速阶段,东北老工业基地振兴战略正式吹响号角,对外开放作为重要动能使东北地区的发展迎来了新机遇。在整个开放过程中,东北地区的对外开放定位先后经历了我国向东北亚开放的重要枢纽、门户、核心区域,向北开放的重要窗口以及我国对外开放新前沿的变化,其对外开放的主要区域则集中于东北亚区域。

东北地区实施对外开放战略选择的驱动因素主要来源于三个方面。第一个方面是我国悠久的对外开放历史与国家推行的改革开放政策;第二个方面是解决东北地区发展问题的内部驱动;第三个方面则是外部刺激,即国际整体发展环境调整与东北亚区域外向型经济发展形势的变化。该战略选择主要通过国家发展东北地区战略的实施、边境口岸体系的完善、特殊经济区的发展以及跨境经济合作的实践等四条路径来推进和完善。

经过 40 多年的不断实践,虽然东北地区对外开放在区域发展动能集聚、边疆治理效能提升、国家全面开放格局构建以及周边国际环境优化等方面发挥了一定的作用,但是也存在自身发展困境较多、对外开放能力不强、发展布局存在局限性以及周边地缘政治环境复杂等一系列发展难题。综合来看,东北地区对外开放的能力和效能与全国平均水平相比,尤其是与东部沿海地区相比仍有一定的差距,对外开放水平还不高。

在新时代的发展背景下深入推进东北地区的对外开放,面临着来自外部和内部不同性质的掣肘性因素。因此,在对外开放与区域经济匹配性发展、政治作用与经济作用的平衡度、对外开放与老工业基地振兴战略协同度以及对外开放动力体之间的发展定位等方面仍需深入思考。

回溯东北地区对外开放历史进程和战略路径、深挖对外开放发挥的作用和存在的问题,使东北地区提升区域发展能级,拓展与世界深度互动路径的基础性内容,是东北地区在我国构建全面开放新格局的整体背景下积蓄对外开放发展动能,统筹市场和资源、优化发展能力、实现高质量发展和开放的必然举措。

由于著者水平有限,错误或不当之处在所难免,恳请读者批评指正。

高立伟

2023 年 3 月

目　　录

第一章 绪 论

第一节 研究背景与意义

一、问题的提出

东北地区作为我国重要的工农业基地,不仅是维护国防、粮食、生态、能源和产业安全的重要基地,更是关乎国家实现高质量经济发展布局的关键区域。1978年,我国开启了改革开放的伟大征程,随之东北地区的对外开放也进入了酝酿准备期。1984年,国家对外开放的广度和深度进一步拓展,沿海地区的对外开放正式拉开序幕。辽宁省大连市作为东北地区的"代表"开始了对外开放进程,自此,东北地区对外开放的号角正式吹响。经过40多年的不懈努力,东北地区对外开放的能力进一步提升,在东北地区区域经济发展、边疆治理体系完善以及周边国际环境构建中都扮演了重要的角色,2019年中央财经委员会第五次会议更是明确了东北地区"打造对外开放新前沿"的发展定位。

然而,本应"四十不惑"的东北地区对外开放却"疑惑重重"。从横向来看,东北地区对外开放的区位优势尚未有效发挥,环境条件、支撑体系尚未健全,与全国平均水平存在差距,与对外开放能力较强的东部沿海地区相比更是相去甚远。经济下行压力较大、对外贸易水平较低、区域发展能力较弱、体制性与结构性矛盾凸显等系列问题一直是东北地区经济发展和对外开放水平提升的限制性因素,东北地区仍然没有摆脱经济发展较为落后、对外开放水平较低的境遇。新时代,我国进入了构建全面对外开放新格局的历史阶段,对外开放的领域、层次以及路径都有了新的变化,这对于东北地区的对外开放来说是新的历史机遇。

在这种历史背景和发展机遇下,对于东北地区对外开放我们应该多一些理性思考,例如对外开放的现状如何? 作用如何? 对外开放向深层次发展的困境在哪里? 等等。这就要求我们对于东北地区的对外开放进行一个全景分析,在回溯历程的基础上,深入分析东北地区推进对外开放的必然性、驱动力以及实践路径特点,总结东北地区对外开放动能的发挥以及存在的问题可以以史为鉴助力东北地区释放潜能,进而推进实现高质量的对外开放。

本书基于以上原因使用逻辑思维的方式,将是什么、为什么、怎么办和结果怎样作为分析主线,以全景分析作为视角研究东北地区对外开放的历史进程、实施原因、实践路径以及作用和存在的问题,最后做以思考和评价。

二、研究的意义

(一)理论意义

1. 有利于进一步细化边疆、边界和周边国际环境关系的研究内涵

东北地区作为我国重要的边疆、边界重合区域,同时也是我国构建良好周边国际环境的重点区域。从边疆的角度分析,东北地区发挥着捍卫国家核心区域、辐射周边区域等重要功能;从边界的角度分析,东北地区是我国与东北亚区域国家交往的最外沿区域;从构建周边国际环境的角度分析,东北地区成了我国在东北亚区域构建良好周边国际环境的"前沿区域"。因此,对我国东北地区对外开放的研究可以作为一种实证分析,探讨边疆、边界和周边国际环境三要素如何实现嵌入式、融合式发展,如何成为区域快速发展的直接助力。

2. 有利于丰富对外开放的理论内涵

本书对于东北地区的对外开放做了全景分析,用现实例证研究了生产要素和资源配置的跨区域流动的方式及存在的问题,可以在深层次理解对外开放理论普遍性和区域发展特殊性的基础上拓展对外开放的理论内涵。

3. 丰富我国沿边地区开发开放以及边疆治理能力提升等领域的研究内涵

边疆地区具有实施对外开放的优势条件,因而如何利用边疆地区的这种比较优势实现全方位开放,促进区域发展,提升区域乃至国家的国际竞争优势是对外开放以及边疆治理的重要内容。东北地区作为典型的边疆地区,对外开放的比较优势较为明显,具有沿边近海的地理优势,同时具有历史、国家政策优势和"一带一路"倡议途经的平台优势。

(二)现实意义

1. 有利于创新东北地区的发展思维和发展路径

从宏观角度分析,东北地区是我国建设向北开放大通道的关键节点,更是我国构建全方位对外开放格局、推进"一带一路"倡议北向发展的关键区域。通过东北地区的对外开放,对内可以加速实现国内大循环,对外可以积极融入东北亚经济发

展圈。同时,可以通过对接俄罗斯的区域和国家发展政策,构建"欧亚发展大市场"。从中观的角度分析,东北地区是我国重要的边疆地区。通过对外开放不仅可以完善沿边地区经济发展格局,同时还可以提升东北边疆地区的治理能力和治理水平,进而实现东北边疆地区的跨越式发展。从微观角度分析,东北地区扩大对外开放是拓展发展新空间的有力举措。通过对外开放不仅可以"对冲"东北地区体制机制方面存在的问题,还可以拓宽东北地区的经济发展路径,为东北地区老工业基地的振兴发展以及东北边疆地区发展、安全与稳定的协同推进提供助力。本书可以细化和凸显东北地区自身的现实优势,深入挖掘东北地区的发展潜力,为东北地区创新发展思维和发展路径提供参考。

2. 可以为东北地区对外开放重新赋能提供思考助力

当前东北地区的对外开放任务被国家定义为打造对外开放新前沿。这就要求东北地区重新思考区域对外开放存在的问题、优势以及新的发展思路,本书分析了东北地区对外开放的路径以及存在的问题,明确了东北地区对外开放的现实状况,可以为新时代东北地区构建全面开放格局的实践提供参照和选择。

3. 可以为东北地区构建经济发展和对外开放协同推进的路径提供参考

本书虽然仅将对外开放作为核心研究内容,但是也探讨了对外开放对于经济发展的促进作用以及各种对外开放路径对于区域经济发展的影响,这可以在一定程度上助力东北地区思考经济发展与对外开放的关系模式,为下一步东北地区深化体制机制改革、提升区域发展能力提供助力。

第二节 国内外研究综述

一、国内研究现状

对于东北地区对外开放战略选择和作用的研究首先要明确东北地区的特殊区位定位:我国构建全方位对外开放格局的关键区域;重要的沿边区域;重要的老工业基地和经济区域板块。鉴于东北地区这种特殊区位定位,本书分别从我国对外开放、沿边地区对外开放以及东北地区对外开放三个大方向进行文献研究状况梳理。

1. 对我国对外开放的研究

对外开放作为我国的基本国策,已经成为我国加快推进社会主义现代化建设、与世界建立紧密联系、实现资源和发展互补的最直接方式。40 多年的实践已经证明了这一伟大决策的正确性。学者们从不同的角度对我国的对外开放进行了研究,形成了一系列成果。《中国对外开放 40 年》(国家发展和改革委员会、国际合作中心对外开放课题组)一书多角度、多领域、多层次地梳理了中国对外开放 40 年的基本历程,是一部较为翔实的中国对外开放参考书。《中国对外开放 40 年》(张宇燕)总结了中国对外开放的理念、进程、经验和逻辑,同时分析了对外开放新格局构建的举措。《新开放观 对外开放理论与战略再探索》(张幼文)一书指出了中国对外开放的新阶段目标,认为中国的对外开放战略已经走出了突破封闭经济的历史阶段,下一步应该朝着更高水平对外开放的阶段迈进。《区域开放战略论 倾斜政策与全方位开放》(桑百川)一书则从理论和战略的层面分析了中国实施的对外开放政策。另外,《中国对外开放 20 年》(启元)、《振兴之路:中国对外开放 30年》(陈文敬、李钢、李健)、《中国对外开放》(周文彰、范文)等著作也从不同角度和时间段总结了中国对外开放的进程和特点。

随着我国国家治理体系和治理能力现代化水平的不断提升,对于对外开放的程度和方式提出了更高的要求,尤其是"双循环"发展格局(以国内大循环为主体、国内国际双循环相互促进的新发展格局)的推进更需要我国建立全方位的对外开放格局。王孝松认为我国在"十三五"时期已经初步找到了推进高水平开放和拓宽对外贸易路径的有效举措,在"十四五"时期应该建立更高层次、更高水平、更加深化的对外开放格局。张宇燕、权衡等学者认为"双循环"实现高质量发展需要更高水平的对外开放机制。

2. 对沿边地区对外开放的研究

东北地区作为我国重要的沿边地区之一,"沿边"的角色不可忽视,可以说东北地区的对外开放也是我国沿边地区对外开放的典型代表。

(1)沿边地区的开发开放状况研究。李光辉主编了《中国沿边开放发展年度报告》,该报告目前已经连续出版两年(2018 年、2019 年),全面反映了沿边地区的发展现实,是研究我国沿边地区开发开放情况较有代表性的成果,提供了沿边地区开发开放的基础性数据,全面反映了我国沿边地区的建设进展和发展状况,为学者们进行前瞻性、战略性研究提供了具体、翔实的基础性材料。刘小龙等在著作《中国沿边省区对外开放新战略比较研究》中对东北、新疆、广西、云南等地的对外开放的时代背景、实践进展、比较优势以及理论遵循进行了详细的研究,分析了各沿边地区省份实施对外开放战略所取得的成就。《中国沿边开放战略研究》(李光辉、宋志勇、袁波)一书全面梳理了我国沿边开放的发展历程、重要意义,并提出了推动沿边开发的思路和策略建议。

(2)沿边开放的发展阶段研究。孙久文等在文章《沿边地区对外开放 70 年的回顾与展望》中将沿边地区对外开放分为五个阶段,分别为发展的跨越期、封闭期、机遇期、加速期以及营造全新格局的新时期。申桂萍等在文章《中国沿边开发开放的历史演进与发展新特征》中虽然也将沿边地区对外开放进程划分为五个阶段,但是与孙久文的文章对具体时间节点和阶段性特征认知有所差异,申桂萍等将沿边开放主要分为考量、探索、起步、推进以及经略周边五个阶段。

(3)沿边地区开放作用研究。沿边地区是我国实施全面开放政策的关键节点和确保国家安全的重要屏障,更是推进"一带一路"建设、创新国际联通方式的重要支撑区,对于我国建设国际合作大通道、构建良好周边国际环境、实现区域协调发展具有重要的意义。章海源认为在我国构建对外开放大格局的背景下,加快提升沿边开放水平刻不容缓。

(4)沿边地区对外开放与"一带一路"倡议研究。有部分学者将"一带一路"建设和沿边开放作为一个整体来研究,认为"一带一路"倡议和沿边地区开放是相辅相成、互相促进的国家战略体系。黄志勇等在《"一带一路"与中国沿边开放新视野》一书中分析了"一带一路"倡议背景下全国沿边开放的新特征、新态势和新亮点。邢广程主编的《中国沿边开发开放与周边区域合作》一书在"一带一路"建设的背景下多维度、多领域地分析和探讨了中国沿边地区推进对外开放以及与周边国家进行跨境合作的战略意义、可能出现的困难以及策略。

(5)沿边开放的区位优势研究。部分学者详细分析了沿边地区的区位优势,认为沿边地区利用良好的区位优势实现自身发展的同时,还可以建立"桥头堡经济",加快建立良好周边国际环境的步伐。其中较有代表性的研究是梁双陆提出的"桥头堡经济"理论。冯建勇认为在新时代背景下,我国的边疆地区是区域发展中心和联系世界的前沿区域,承载了构建良好周边国际环境、推动建立"人类命运共同体"的重要作用。赵可金认为边疆发展具有地缘政治和地缘经济的双重意义,沿边地区是经略周边的重要依托。

(6)沿边开放存在问题研究。部分学者在分析了沿边开放实际情况的基础上,对于开发开放过程中存在的问题进行了研究。全毅等认为贸易结构不合理、沿边城镇建设落后、基础设施建设迟滞、体制创新不足、维稳任务繁重等是我国沿边开放过程中存在的主要问题。史本叶等认为目前我国沿边开放过程中存在开放水平低、缺乏产业支撑、地区发展缓慢、基础设施发展滞后、开放与合作意愿不对称等问题。

(7)沿边开放与边疆治理的研究。对外开放与沿边地区提升治理能力和水平之间是相辅相成、相互促进的关系。《全方位对外开放与边疆经济的超常发展》(牛德林)论证了边疆地区实施对外开放的必然性,提出了"周边经济"的理论概念。刘建文在《论边疆民族地区的对外开放与建立开放性的经济体系》一文中认为对外开放是边疆民族地区发展和繁荣的需要,建立开放性的经济体系是实现边疆民族地区快速发展的关键举措。章海源指出将来边疆地区开发开放应形成多部门、多领域的合力,共同提升边疆地区的综合竞争优势。

(8)沿边地区对外开放的理论研究。沿边地区开放的理论探讨主要存在于区域经济增长、边界效应发挥以及跨境次区域经济合作等领域。郭树华等在《我国沿边开放的理论实践与战略调整研究》一书中对国际经济一体化、区域经济发展以及经济增长等理论的背景下研究了我国沿边开放的理论内涵。梁双陆在《边界效应与沿边开放理论》一书中通过定性分析的方式论证了边界效应与沿边开放的关系,指出降低边界屏蔽效应、提升边界开放效应、形成边疆地区的边缘增长中心是提升沿边地区开发的有力举措。

(9)沿边地区跨境经济合作的研究。沿边地区跨境经济合作是提升沿边省区经济发展水平、加快我国与周边国家双边和多边贸易进程的关键举措,更是扩大沿边地区对外开放程度的重要路径依托。冯革群认为边疆地区跨境合作的意义在于将边疆地区的资源优势转化为经济发展优势,进而提升区域经济发展能力和水平。邵冰认为我国沿边地区边境贸易规模、层次和形式仍停留在较低水平。向晓梅等认为沿边地区开展跨境产业合作是深化沿边地区对外开放、提升自身社会经济水平、实现我国区域协调发展的重要举措。黄志勇等认为中国沿边地区跨境经济合作受到各种因素的制约,所以实际的发展效果并不明显。

3. 对东北地区对外开放的研究

(1)区域开发和发展的角度。东北地区开发开放不仅要实现与东北亚区域内的跨境合作,还应加强与本国内地各区域间的互动,实现本国区域间的联动和协同,多方施力促进沿边区域的快速发展。衣保中从区域经济联动发展的角度分析了东北沿边地区与本国腹地的联动发展和与东北亚国家的跨境合作,认为东北沿边地区开发开放与社会和谐发展是相辅相成的战略举措。李玉潭以东北地区对外开放为切入点,回顾了东北地区对外开放的历程,总结了现状和存在的问题。

(2)挑战和机遇的角度。东北地区在对外开放过程中存在开放度不高、机制不完善、地缘障碍等一系列阻碍因素。刘长溥等认为东北地区对外开放主要存在开放度低和对外开放对经济增长的拉动作用不足等问题。黄征学认为"开放"和"改革"是解决东北地区经济发展困局的关键举措。王明清等认为东北地区对外开放对于区域经济的促进作用有限,地缘障碍因素占据主导地位。笪志刚等学者在 2006 年、2008 年以及 2011 年的《中国东北地区发展报告》中都撰文详细分析了东北地区对外开放的现状、进程,剖析了东北地区对外开放过程中存在的问题。同时,不可否认的是随着国家政策体系的不断完善,随着全方位开放格局的构建、老工业基地老振兴战略以及"一带一路"倡议地等政策的深入推进,东北地区的对外开放也迎来了历史性的机遇。李玉潭等在《中国东北对外开放》一书中认为东北地区实施老工业基地振兴战略为该地区推进对外开放步伐提供了绝佳的机遇。

(3)发展趋势和思路的角度。《东北振兴:构建陆海内外联动开放新格局》(联合课题组)一书认为在"十四五"时期,东北经济区的发展迎来了新的历史性机遇,构建陆海内外联动、沿边沿海双向互济和区域协调发展的发展格局已经成为东北地区实现全面振兴的关键举措。迟福林认为未来5~10年,东北地区对外开放主要呈现三个发展趋势:服务业贸易将成为开放的主流、制度性开放将成为对外开放的重要形式、我国在全球化进程中的角色将实现由参与者到主导者的改变。常修泽认为东北地区已经成为我国对外开放的新前沿。

(4)兴边富民的角度。兴边富民政策与东北地区的对外开放具有内在的联系,建立良好的对外开放体系,可以促进东北地区的社会经济发展,进而加快兴边富民的战略进程。同样的,持续推进兴边富民的战略进程,也可以为东北地区的开放步伐提供政策支持。何晓芳等认为实施兴边富民政策是加快边境地区经济水平提升、构建良好周边国际环境、实现区域快速发展的重要举措。陈默等利用自然科学中双重差分模型的方式分析和研究了东北地区兴边富民政策的实施效果和成效,结果显示兴边富民行动在东北地区取得了较为积极的成效,对于东北三省边境县市的发展起到了重要的推动作用。《新时期东北地区"富民强边"战略研究》(刘德权)一书以东北地区兴边富民战略为研究对象,探讨了利用好东北地区的国际、国内两个市场、两种资源,培育东北边境地区内生发展动力的具体举措。

(5)区域竞争力的角度。潘宏对东北老工业基地的对外开放竞争力进行了研究,通过中国四大板块区域对外竞争力的比较指出东北地区提升对外竞争力的举措。陈继勇主编的论文集《中国对外开放与国际竞争力》从整个国际经济发展空间角度分析,认为东北地区特殊的地缘政治地位是该地区国际竞争力的优势。

(6)东北地区向北开放的角度。邢广程等在著作《"一带一路"倡议的北向支点——黑河市开放发展报告》中认为全方位的对外开放将为国内经济带来发展活力。黑河市作为国家首批沿边开放城市,借助地缘优势和政策优势逐步实现了"一带一路"倡议北向支点城市的打造,为我国东北地区实现北向开放、打造我国向北开放重要窗口提供了建设范例。同时,该研究成果也认为东北亚的北部经济区(以哈尔滨市为中心的经济区)已经成为"一带一路"北向开放的起点区域。

向北开放是一个多维度的学术命题,不仅是国家战略的延伸,同时也是历史、现实、地理以及地缘政治等因素综合作用下的最优选择。常修泽从国家战略、东北振兴、历史以及国际(东北亚区域)四个维度提出了我国向北开放的命题,在《中国向北开放的战略构思》(常修泽)一文中分析了我国向北开放的战略构思。胡伟等认为东北地区已经逐步成为我国向北开放的主阵地。李光辉认为东北地区是我国融入东北亚区域合作和向北开放的窗口。

(7)东北边疆与周边关系的角度。在这个方面的研究主要集中在周边局势与中国东北发展以及东北地区与周边国家之间进行区域合作两个方面。学者范恩实与初冬梅在《中国边疆学年鉴 2016 卷》第二篇《东北边疆研究综述(2010—2015)》一节中对于东北边疆与周边国家关系的研究现状已经做了详细的梳理和解读。另外,需要特别指出的是,由中国社会科学院中国边疆研究所编著的《中国边疆学年鉴》(至今为止已经出版 2016 年卷和 2017 年卷)中关于东北边疆形成和发展的历史以及现实研究现状都做了比较细致的综述,对于东北边疆的研究具有重要的意义。

(8)东北地区与东北亚区域合作方面的研究。东北亚地区是东北地区实施对外开放的主要区域和方向,与东北亚区域内国家间进行经贸合作也是东北地区振兴发展以及我国向北构建良好的多边经贸发展体系的必由之路。因此,有很多学者从不同角度研究了东北地区在东北亚区域内的发展和开放。一是东北亚作为整体合作区域的角度。王胜今等分析了东北亚区域经济合作在东北振兴过程中的作用。《东北经济振兴与东北亚经贸合作》(赵传君)一书分析了东北地区经济发展的历程以及实施东北老工业基地振兴战略的意义和基础条件。对于东北亚区域进行区域合作的研究,韩国和日本学者也有很多不同的见解和视角,他们分别从自己国家的视角探讨了东北亚区域合作的进程、问题和前景等方面。二是对于东北和远东地区进行区域合作方面的研究。2019 年,中俄关系进入新阶段,两国关系的内涵和性质得到进一步升华,成为世界大变局背景下大国合作的典范。东北远东地区作为中俄两国毗邻地区,不仅构建了两国间成熟的区域合作模式,同时通过两地间的地方合作丰富了中俄合作的内涵,推进了两国间务实合作的进程。东北地区实施对外开放,绕不开的、必须研究的问题是与俄罗斯的合作,所以作为毗邻地区的远东地区也就成为很多学者关注的领域。目前,关于东北与远东之间的合作的研究已经形成了多角度、全领域的研究形势。

东北地区与远东地区分别承担着边疆和边境的双重角色,是国内和国际两个大局的重要契合空间,同时两国边疆地区之间也相互影响、相互关联。《丝绸之路经济带建设与中国边疆稳定和发展研究》(邢广程)、《对外关系、和谐边疆与中国战略定位》(邢广程、李国强)这两部著作中的相关章节从边疆发展和边疆合作的视角阐述了我国东北地区与俄罗斯远东地区之间的合作,是研究两国边疆合作发展的代表性文献,对于本项目的深入研究有重要的启发意义。

王海运、阙澄宇、王明清、王福君、姜振军等学者对于两地合作存在的制约性因素进行了深入的研究,认为"中国威胁论"的存在,以及合作机制、基础设施建设、产业结构同质化、政策体系尚不完善以及地缘障碍等因素综合施力阻碍着两地的合作进程。郭连成、周瑜等学者从空间经济联系的角度解读了东北与远东地区之间跨境合作的内涵。《中俄经贸关系》(薛君度、陆南泉)直观地描述了 20 世纪 50~80 年代中苏关系发展模式。《中俄经贸关系现状与前景》(陆南泉)一书对于提升中俄东北与远东地区的经贸合作水平的战略性因素进行了分析。《对外关系、和谐边疆与中国战略定位》(邢广程、李国强)一书对中俄关系的演变和东北边疆的发展状况进行了研究,认为中俄两国关系的变化对于中国东北边疆产生了深刻的影响。

部分学者从东北老工业基地振兴战略与远东发展战略对接的角度进行了研究。于慧玲、杨洋、谢晓光等分析了我国东北老工业基地及俄罗斯远东地区的发展实际、合作的可行性,对于两地发展战略联动模式的构建提出了策略建议。

(9)中蒙俄经济走廊建设的角度。中蒙俄经济走廊作为中蒙俄毗邻地区重要的经济联通通道已经成了东北地区深入推进对外开放、构建全面开放格局的重要抓手。2016 年中蒙俄三国签署合作规划之后,中蒙俄经济走廊的建设和研究均都进入了实践阶段。郑伟在《"一带一路"背景下构建中蒙俄经济走廊的战略意义及路径选择》一书中分析了中蒙俄三国之间经贸历史的演进进程并从多个角度研究了中蒙俄经济走廊推进的战略意义、经济基础以及路径选择。《中蒙俄经济走廊建设重点问题研究》(内蒙古自治区发展研究中心,内蒙古自治区经济信息中心)一书在分析"跨欧亚铁路""草原之路"等战略的基础上,研究了中蒙俄在能源、航空航天、经贸以及人文等领域合作的机遇和对策。《中蒙俄经济走廊》(谢文心、谢文璇等)一书分析了中蒙俄经济走廊的合作框架和战略构思,从"一带一路"倡议的战略支撑点以及地缘意义的角度研究了中蒙俄经济走廊的重要作用。包思勤编著的《中蒙俄经济走廊年度报告》(2018 年)以年度作为研究单元,总结和分析了中蒙俄经济走廊建设发展进程及前景,具有重要的资政参考作用。

二、国外研究现状

与国内研究相比,国外对于中国东北地区对外开放的整体性研究相对偏少,但是也有一部分学者分别从对外开放理论、贸易开放度、对外开放的意义和成就、跨境合作以及开放举措等各个方面进行了研究,对于本书的研究也起到了一定的启发和借鉴作用。

(一)关于对外开放相关理论的研究

亚当·斯密提出了绝对优势的理论,认为国际贸易发生的根本原因是本国想要输出商品的生产成本与域外国家之间存在的差异,生产成本低于域外国家意味着本国的商品具有出口的优势,在这种绝对优势的情况下应该进行积极的出口贸易。反之,如果不具有这种商品出口的绝对优势则应该开展进口贸易,即"甲国有优势而乙国没有优势,乙国向甲国购买,比自己制造有利"。大卫·李嘉图发展了绝对优势理论,提出了相对优势的理论,他认为各个国家都应该在自己具有相对优势的领域生产商品,之后实行生产要素的自由流动,进而实现双边贸易的双赢。另外,约翰·斯图亚特·穆勒提出的"相互需求理论"、伊·菲·赫尔歇尔和戈特哈德·贝蒂·俄林等经济学家提出的"要素禀赋理论"、日本学者赤松要提出的"雁形模式理论"等,都从不同的角度对于对外开放、对外贸易和引进技术等做了详细的研究。

(二)关于贸易开放度的研究

贸易开放度一般多指贸易依存度,贸易依存度主要是指进出口总额与地区生产总值之间的比例,具体的贸易开放度也涉及一个地区的对外贸易政策、体制以及对外金融政策等内容。库兹涅茨提出了小国比大国的外贸依存度高的说法。多洛认为汇款扭曲指数在一定程度上反映了贸易开放度的指标。克鲁格曼等学者认为规模经济效应是贸易开放度提升区域经济增长的关键性渠道。

(三)关于中国对外开放意义的研究

中国的对外开放是一个不断拓展和深化的过程,这个过程不仅是中国做出重大抉择、实现国家繁荣发展的历程,更是中国建立开放型经济发展模式融入世界经济发展中的艰辛历程。部分国外学者对于中国对外开放对中国发展所起到的作用有所研究,认为中国的对外开放是中国融入世界市场、实现国家现代化以及进入世界先进国家行列的关键性举措。比沃瓦罗娃认为中国的对外开放强化了中国对外交往的能力。波尔贾科夫、雷若娃、马尔科姆·华纳、安德鲁·沃森等认为中国的对外开放创造了中国发展的奇迹。傅小兰等认为对外开放是中国迅速崛起的强大动力。韩国对外经济政策研究所发布的报告《中国跨境经济合作区创建合作利用方案研究》则认为中国通过对外开放改变了边境地区的功能属性,使边境地区变成了不同国家制度、社会群体的接触和融合区域。另外,韩国学者在报告《中国对外开放40年评价与展望》中认为中国的对外开放旨在构建形成"开放型的经济体系",强调韩国应重点推进与中国东北地区的经济合作。

(四)关于中国东北地区对外开放意义的研究

　　韩国对外经济政策研究所在 2014 年发表的一份智库报告《东北三省沿边地区对外开放的现况及制约因素》中详细分析了东北地区对外开放的意义,认为中国东北地区的对外开放对于形成中国新的经济增长点和稳定的周边经济发展环境具有重要的意义;同时该报告还认为通过对外开放可以加速推进中国东北地区参与全球价值链和全球分工的进程,促进东北地区加快转型升级、实现经济发展结构的快速调整。俄罗斯学者罗蒙诺娃认为中国东北地区已经成为中国面向东北亚地区开放的前沿地区,对于中国对外开放格局的深化和发展具有重要的意义。同时,该报告还认为对外开放是东北地区实现区域现代化的关键举措。佩斯佐夫认为东北地区的对外开放不仅是东北振兴的关键举措,同时也是中国推进边疆发展的重要手段。另外,他还认为中国通过跨境合作使得周边国际环境成为东北地区发展的重要资源。

(五)关于中国东北地区跨境合作的研究

　　跨境合作作为对外开放的重要形式,对于我国东北地区对外开放的深入发展起到了重要的推动作用。俄罗斯学者从中俄跨境合作以及中俄东北远东合作等的角度进行了较为深入的研究,较有代表性。卡斯玖妮娜在分析了黑河市、绥芬河市、满洲里市和珲春市等中俄边境区域城市跨境合作现实状况的基础上,研究了跨境经济合作区在中国发展存在的问题和前景,同时也指出了俄罗斯建立跨境经济合作区的困境。佩斯佐夫等认为 2003 年以来,中国政府实施的老工业基地振兴战略高度重视东北地区扩大对外开放和发展与周边国家的跨境合作,虽然这种跨境合作仍然存在一定的短板,但是对于中国营造良好的周边国际环境具有重要的意义。同时,他还指出"一带一路"倡议的提出不仅提升了中国边境地区的战略价值,也使得中国的跨境合作迎来了重要的历史性机遇。伊万诺夫认为与俄罗斯接壤的中国城市迅速转变为现代化城市是中俄边境贸易和经济关系成功发展的标志。波克罗夫斯卡娅对俄罗斯和中国之间的边境贸易情况进行了评估,认为实施跨境经贸合作可以加强与俄罗斯毗邻国家和区域之间的对外经济关系。阿塔诺夫从跨界互动的角度分析了中俄合作的体制和现实条件,分析了双边关系发展的主要障碍,并提出了加强中俄毗邻地区跨境合作的具体举措。库奇斯卡娅研究了中国边境地区对外开放的进程,同时研究了中国的沿边开放在中俄跨境合作中的作用。基里尔·托奇科夫在研究了 1992—2018 年东北地区主要的对外贸易情况的基础上,指出虽然东北地区一直在努力调整经济结构,为实现经济现代化而努力,但是综合来看却错过了从外贸和投资中获益的机会。

2009 年,中俄两国在国家元首的见证下共同签署了《中华人民共和国东北地区与俄罗斯联邦远东及东西伯利亚地区合作规划纲要(2009—2018 年)》,构建了中俄东北远东地区协同发展的战略机制。俄罗斯学者从多个角度对于两国建立的区域合作机制进行了研究。

1. 合作的作用、意义以及趋势。彼得罗夫斯基、马克耶娃以及拉林等学者认为远东与东北地区之间进行的跨境合作是推动中俄两国务实关系的重要举措,也是俄罗斯向东转、实施亚太战略的关键一步;同时,认为俄罗斯远东地区与东北地区的合作不仅可以实现俄罗斯远东地区的边疆稳定和发展,还可以加快俄罗斯融入亚太地区一体化的进程。喀什尔卡娅认为该规划是俄罗斯在远东地区的边界政策转变为跨境政策的第一步。伊万诺夫、苏斯洛夫、穆拉特什娜等学者专门对规划本身进行了研究,同时分别从不同的角度分析了该合作方案的政治意义和经济意义,研究了该规划在中俄双边跨境互动中的作用,认为该规划已成为界定俄中经济关系和区域合作的关键文件之一。

2. 交通领域的合作。卢佳宁指出俄罗斯远东地区通过与中国东北边疆地区的合作可以降低西伯利亚大铁路被替代的风险,认为远东地区有望成为亚欧之间的交通走廊,因此需要加快中俄地区合作进程。萨佐诺夫分析了中俄边境基础设施合作的优先发展方向,认为实现交通基础设施网络的发展和现代化是中俄合作的必要条件和优先方向。另外,其在《中俄区域和欧亚交通运输走廊建设分析》一文中认为当前远东地区是俄罗斯参与亚太一体化进程的关键区域,所以应该将俄罗斯和中国的交通运输网络连接起来,构建俄罗斯远东和中国东北地区之间的交通基础设施一体化。另外,阿列克山大洛娃、巴尔达里、斯塔夫罗夫以及拉夫列捷夫等学者在"一带一路"倡议的视域下分析了中俄东北远东边境地区交通运输领域合作的现实状况、存在的问题以及发展趋势等。

3. 对远东与东北地区的合作存有疑虑。在俄罗斯的学者中有一些人对于两地跨境合作并不看好,存有一定的疑虑。基列耶夫认为中国政府和企业对促进远东地区的工业发展并没有太浓厚的兴趣。科兹洛夫认为远东地区是俄罗斯政府执行区域政策最困难的地区之一,他认为扩展国际合作伙伴是实现远东地区强有力发展的重要举措,但是其中最优的合作伙伴是韩国。古斌则认为,虽然 2009 年开始远东和东北地区就已经开始了跨境合作,且 2015 年两国已经实现了欧亚经济联盟和"一带一路"倡议的对接。但是,总的来说,俄罗斯远东地区现在不是中俄合作的优先方向。

(六)关于中国东北地区对外开放竞争力的研究

沃伦丘克分析了中国在东北亚地区中的地缘政治地位,指出中国东北地区地缘政治地位形成的经济和地理因素,认为东北地区与周边国家之间形成了特殊的经济联系方式和跨境合作模式,彰显了区域竞争的独特优势。伊万诺夫梳理了东北地区国际经济联系形成的历史条件和现状,分析了中国东北地区对外经济活动的空间以及东北与远东之间进行跨境合作的现状、潜力和前景。同时,一些学者从区域交通格局构建的角度对于区域发展进行了研究,认为东北地区可以构建中国与毗邻地区的交通发展通道,进而通过交通运输平台增强区域竞争力。亚历山大洛娃认为在"一带一路"建设的背景下东北地区应该通过构建跨境运输通道来凸显其运输和地理优势,只有通过对外开放这个"刺激器"才能提升对外经济关系的参与度,进而提升东北地区的区域竞争力。罗蒙诺娃认为中国东北地区与本国腹地和邻国都有良好的交通联系,可以成为中国对俄罗斯、朝鲜、韩国、蒙古国、东欧国家和日本开放的"门户"。

三、研究现状述评

综上所述,目前学界对于我国对外开放以及东北地区对外开放的研究已经形成了一定的体系,主要集中在以下几个方面:

1. 对我国对外开放的研究较为深入

从研究成果分析来看,目前学界对于我国对外开放的研究较为深入。相关研究从宏观角度明确了对外开放是我国的基本国策,是国家繁荣昌盛的必由之路和正确选择。当前,世界面临百年未有之大变局,国际合作形势、安全形势和发展形势都被赋予了鲜明的时代色彩。随着我国"一带一路"倡议、人类命运共同体等对外政策和理念的深入推进,以及我国"十四五"时期构建国内国际双循环发展格局的发展诉求,我国需要构建更高层次、更高水平、更加深化的对外开放格局。同时相关研究也从中观和微观角度分析了我国各领域对外开放的历程和经验,对于下一步深化开放格局的背景、机遇和举措都有所涉猎。

2. 对沿边地区对外开放的研究成果丰硕,内容丰富且有内涵

从现有的研究成果看,学界对于我国沿边地区对外开放的研究领域覆盖面广,对于沿边地区对外开放的作用、优势、问题以及路径等都有学者进行了详细且深入的研究,且都已经形成了一系列的研究成果。研究总体认为沿边地区作为我国实施全方位、多层次、宽领域对外开放的关键区域,对于我国建设国际合作大通道、构建良好的周边国际环境、实现区域的协调发展以及确保边疆稳定都具有重要的意义。因此,沿边地区应该紧抓国家对外开放的历史机遇,补齐发展短板,逐步建立起开放型的经济发展体系。

3. 对东北地区对外开放的研究有"点"有"面",但是"点""面"结合仍有研究

空间

相关研究认为东北地区作为我国重要的沿边地区,是我国构建良好的边疆、边界"屏障"、培育"桥头堡经济"、推进对外开放以及构建良好的周边国际环境的重要支撑区。在当前国际和我国发展现实的背景下,东北地区应该成为我国实施对外开放的前沿区域和重点区域。近一段时期以来,我国通过"一带一路"倡议、跨境经济走廊建设、双边合作平台的完善以及形式多样的跨境次区域合作等方式加快了东北地区的对外开放进程。另外,也有一些研究从口岸建设、城市发展、区域竞争力提升等"点"的角度出发,以小带大对于东北地区对外开放进行了"聚焦式"的研究。以上研究为东北地区加速对外开放进程,创新对外开放举措以及助力老工业基地振兴战略都起到了一定的借鉴作用。但是,综合分析以上研究,发现在某些领域仍有一定的研究空间。

(1)从整体角度看,对于东北地区对外开放的研究还有一定的空间。当前对于东北地区对外开放的研究很多都是在中国对外开放的大局中进行的,在这些研究中东北地区仅仅作为中国构建全面对外开放格局的一个重要区域和集合中的一个个体出现,单独对于东北地区对外开放现状、进程、绩效及特点等内容的研究略显零散。

(2)从时间角度看,东北地区对外开放还有两方面的研究空间。第一方面,对于东北地区对外开放总体历程的研究在一定程度上呈现出滞后性。虽然,东北地区对外开放的问题提出较早,但是历程性和接续性研究并不理想,尤其是在新时代的历史节点上回顾东北地区40多年对外开放历史、总结规律的研究略显不足。第二方面,对于东北地区对外开放的研究呈现出时间零散性。个别学者以年度报告及专项研究论文等形式对于东北地区对外开放进行了研究,这些研究还处于"点"的阶段,时间节点和进程略显零散。

(3)从空间角度看,现有研究对于东北地区对外开放的地缘优势、地理优势等都做了较为详细的分析,但是从"边疆""边界"和"周边国际环境"的综合角度分析东北地区对外开放现实特殊性的研究却仅见于个别学者分散的论述中。

(4)对于东北地区对外开放作用的研究也具有一定的空间和必要性。在东北地区以及我国的经济发展过程中,东北地区的对外开放到底扮演了什么角色?对于地区经济发展以及国家全方位开放格局的构建到底起到了什么样的作用?这些都具有一定的研究意义。

因此,系统性地梳理和研究东北地区对外开放进程和战略选择,整体把握成效、问题以及作用有一定的研究可行性。所以说,对于改革开放以来东北地区对外开放战略选择和作用的研究具有一定的现实意义和研究空间。

第三节 主要研究内容与方法

一、主要研究内容

本书研究的主要内容有以下几个方面:

(1)绪论。在绪论中从我国对外开放、沿边地区对外开放以及东北地区对外开放三个大方向对国内外研究现状进行了梳理,分析了当前研究的提升空间,认为对于改革开放以来东北地区对外开放的战略选择和作用的研究具有一定的现实意义和研究空间。同时,在绪论中分析了研究采用的主要研究方法、存在的不足和创新点。也对于论证所遵循的理论基础进行了整体性解读。

(2)对东北地区的地理和经济范围进行了界定,解读了东北地区的重要作用。同时,对于东北地区对外开放的历史和现实进行了分析,在回溯历史的基础上分析了东北地区对外开放的基本定位和主要对象。

(3)对东北地区对外开放的动力机制分析。主要从历史和现实逻辑、内部驱动以及外部驱动三个方面分析了东北地区实施对外开放的驱动因素。

(4)东北地区对外开放的实践路径分析。分别从国家战略、边境口岸、特殊经济区以及跨境合作等几个方面详细分析了东北地区实施对外开放的主要路径。同时,也对每种路径实践过程中的优势、定位以及存在的问题进行了研究,力图在路径的梳理中总结出东北地区对外开放的历史性经验。

(5)东北地区对外开放作用及问题的分析。主要分析了东北地区对外开放的作用,认为东北地区的对外开放对于区域经济发展、边疆治理能力提升、国家对外开放格局构建以及周边国际环境的优化都起到了一定的积极作用,但是与东南沿海地区相比东北地区的对外开放能力较低、水平不高,且在能力提升、发展布局、地缘环境等方面存在一定的短板。

(6)对东北地区对外开放的总体性思考和评价,并形成了本书研究的结论。

二、主要研究方法

(1)逻辑分析与历史分析相结合。以逻辑思考为研究的主要思维模式,突出问题意识,结合历史资料分析东北地区对外开放的战略选择和发挥的作用。

(2)理论分析与实证分析相结合。在分析东北地区各省份综合数据的基础上解读东北地区对外开放的理论内涵与动力机制,同时将对外开放的各种理论进行实践性分析。

(3)文献分析和学术调研相结合。在大量掌握历史资料和现实资料的基础上,对一些特殊口岸和城镇进行实地的走访和调研,一方面可以将材料与实际进行有机的结合,另一方面也可以在实地调研的基础上展开积极的学术思考。

三、创新点与不足

(1)切入点新。本书将东北地区对外开放作为切入点,运用逻辑思维模式分析了该项政策和事件的历史轨迹,总结了东北地区对外开放的经验,明确了东北地区对外开放的作用和存在的问题。希望以史为鉴,为新时代背景下东北地区深入推进对外开放战略、创造良好的周边国际环境提供参考和借鉴,进而为我国构建全方位、多层次、宽领域的全面开放新格局的伟大实践提供助力。

(2)思考角度新。本书从"边疆""边界"和"周边国际环境"的总体角度思考东北地区对外开放的历史和现实,综合分析了东北地区对外开放的历史进程、驱动因素、战略选择以及存在的问题。

本书研究的不足之处在于对新的发展形势下,东北地区对外开放机遇、挑战和策略的思考还有所欠缺。

第四节　理　论　基　础

本书对于"开放"的研究始于1978年党的十一届三中全会的召开。因此本书中对于"开放"的概念理解也具有一定的特指含义(1978年至今的时间段)。《邓小平思想理论大词典》中对于"开放"的解释有广义和狭义之分,广义的"开放"包含对内"开放"和对外"开放"两个方面。同时,在该词条中对于狭义的"开放"也做了集中解释,指出狭义的"开放"仅指对外开放。当然,发展具有普遍性,所有事物都处于发展变化之中。所以,随着时代的进步和社会的发展,"开放"的内涵和核心要义也会相应地发生一定的变化,并会在现有内涵的基础上进行扩展和丰富。我国实行的"开放"政策也一样,最初阶段是为了突破封闭、实现经济发展模式转型、发展社会主义经济。随着几十年的实践和发展,如今我国的"开放"政策已经转变为探索创新模式,达到了构建开放型经济的新阶段。

《邓小平思想理论大词典》中也对对外开放做了解释,指出对外开放是中国特色社会主义现代化的一项基本国策,该词条的含义引用了中国共产党第十三次全国代表大会对于改革开放的论述,其基本内容包括提升对外贸易水平,引进国外先进技术、智力和管理经验,提升利用外资速度,积极创建开放特区以及加大沿海城市的对外开放力度等方面。所以说,对外开放是在平等互利的基础上积极扩大对外交流和合作的发展模式。

根据以上对外开放概念,本书综合之后尝试总结和分析对外开放的基本内涵。认为对外开放顾名思义是指一个国家或者地区放宽区域限制政策,积极主动地扩大对外交往。这种对外交往有两方面的基本内涵,一是积极主动地放宽地域限制政策,而非被动地"开放门户"。晚清时期的"门户开放"并不是对外开放,而是帝国主义侵犯中国,企图瓜分中国利益的图谋。如今我们所实施的对外开放是我国政府在世界互联互通成为国际合作基本态势的背景下,针对经济发展面临全球化和区域一体化形势而做出的积极应对,是我国自己主动制定的对外政策,是为了吸引国际资金和技术,进行互通有无、互利双赢的交流与合作,是加快我国社会主义现代化进程的重要举措。二是对外开放包含多领域的开放。起初对外开放的主要领域仅限于经济领域,包括经济、技术以及贸易等。但是,随着时代和社会的进步,国际关系交往内容出现了新的变化,对外开放的领域也出现了新的变化,实现了经济、科技、教育以及文化等多领域的协同开放。

综合来看,本书研究的主要理论基础如下。

一、马克思主义关于世界历史的理论

马克思主义理论作为"放之四海而皆准"的理论基础,虽然没有明确指出和阐述未来社会主义国家实施对外开放的理论,但是其提出的世界历史理论详细分析了国与国之间进行经济交往、实现互联互通的开放思想。这一系列思想和理论具有强大的生命力和历史延续性,成为我国对外开放以及东北地区推进对外开放的理论基石和思想渊源。

马克思的世界历史理论是马克思主义的重要组成部分,与马克思主义一样,它也是时代的产物,是整个世界关于经济、政治、文化等各个领域发展趋势和过程的一种哲学诠释和历史发展观念。因此,世界历史理论有两个方面的内涵,第一个方面是哲学内涵。马克思、恩格斯在《德意志意识形态》中,根据资产阶级产生和发展的过程,提出了"世界历史"的哲学内涵,即"各民族的原始封闭状态由于日益完善的生产方式、交往以及因交往而自然形成的不同民族之间的分工消灭得越是彻底,历史也就越是成为世界历史"。这种哲学意义出现的历史背景是新航路的开辟以及资本主义的深入发展,在这种背景下人们冲破了地理条件的阻隔,提升了落后的社会生产力。资本主义大工业时代到来后,人与人之间、国家与国家之间消灭了闭关自守的状态,开始相互往来。"那种地方的和民族的自给自足和闭关自守状态,被各民族的各方面的互相往来和各方面的互相依赖代替了。物质的生产是如此,精神的生产也是如此",即整个世界的发展成为一个逐渐融合、相互交往的历史过程。第二个方面是历史内涵,即我们在历史学领域所说的"世界历史"的概念。马克思认为"整个所谓世界历史不外是人通过人的劳动而诞生的过程,是自然界对人类来说的生成过程"。这是一种纯粹的历史观,即人从诞生之日起的自然生产过程和历史过程。本书中所探讨的对外开放的理论来源指的是哲学意义上的马克思主义的世界历史观。

马克思和恩格斯认为,在资产阶级发展壮大以前,生产力和社会分工都非常落后,这就导致了国与国之间、民族与民族之间沟通困难,很难进行直接的联通,几乎都处在一种相对封闭的状态之中。但是,随着资产阶级生产方式的发展,各类生产工具和交通工具得以出现,尤其是18世纪以来大工业发展成为时代特征,蒸汽机作为提升生产力的直接驱动力更是成为新时代生产力前移的契机。随着人类社会的生产力得以提升,社会化大生产已经成为一种发展趋势。因此,国家与国家之间、民族与民族之间的交往逐渐增多,逐步走出了相对封闭的状态,开始融合起来,这就是历史向"世界历史"转变的一种趋势和过程。

另外,在历史向"世界历史"转变的过程中,逐步加深了国家、民族和人之间的联系和融合的程度,这就使得资本主义生产关系走向了世界,逐步构建了一种世界性的资本主义生产分工模式,即所谓的世界市场。正如马克思、恩格斯在《共产党宣言》中的描述:"资产阶级由于开拓了世界市场,使一切国家的生产和消费都成为世界性的了。"在世界市场的形成过程中工业革命的作用功不可没,一方面交通运输业的迅速发展奠定了世界市场形成的物质基础和联通基础,新的交通运输工具的出现不仅打破了原有的封闭状态,也减少了国与国之间的联通时间;另一方面各国之间的商贸往来和经济关系发生了根本性的变化,生产世界性时代到来,即一件产品的生产和销售可能由多个国家共同完成,这就逐步形成了世界市场的运行模式。因此,这种世界市场的出现也在一定程度上促进了资本主义工业化和商业化的繁荣,进而加速了国家、民族和人之间交往和融合的进程。所以说,世界历史形成的途径是资本在全球范围内的扩张。

马克思对这种以资产阶级为主导的历史向"世界历史"的演进进程总体是持批评态度的。虽然不可否认的是资产阶级摧毁了封建制度,开始了历史向"世界历史"转变的进程,起到了一定的革命作用。马克思也肯定资产阶级的这种"革命作用",但是,这种作用的发挥是出于资产阶级狭隘的阶级利益,其反对封建主义是因为要从封建主义的政治束缚中解放出来,而不是要解放全人类。另外,资产阶级推进世界历史的形成是为了占领世界市场,实现利益最大化。所以,马克思资产阶级推动的历史向"世界历史"转化的进程是人类历史发展的一种异化。从阶级属性和发展的观点来看,最终实现"世界历史"的只能是共产主义。因为,虽然由历史向"世界历史"转变的过程和趋势是由资产阶级开辟的,但是按照"世界历史"理论,历史要一直进步、一直打破藩篱才能实现最终的、完全的转变,这种完全的转变显然不是资产阶级能实现的,只有依靠无产阶级才能实现。因为,依靠无产阶级才能够最终实现共产主义,才能完全解放和发展生产力;才能消灭剥削,实现人的自由全面发展,进而实现彻底的人与人之间、民族与民族之间、国家与国家之间的联通和融合。在此种理论的指导下,我们可以明确地了解社会主义是历史向"世界历史"转变的一个过程,共产主义是这种过程的结果。而对外开放则是在"世界历史"理论指引下的国家、民族和人之间相互融合、相互交往的重要手段,更是推进历史向"世界历史"转变的加速器和推进器。

二、全球化的理论

全球化作为一种世界发展趋势,已经成为一股不可抗拒的世界发展潮流,对于国家和国家之间关系的构建以及世界政治经济秩序的演进都产生了重要的影响。同样的,全球化趋势的发展也促进了各国对外开放的进程。

全球化作为世界国家之间的一种互动活动,学者们没有对其概念进行严谨的总结和概括,而是从其内涵、发展趋势和发展结果等角度进行了学理性和实践性的解读。

全球化的说法最早见于美国经济学家 T. 蔡莱的文章中。1985 年,T. 蔡莱发表了《市场的全球化》一文,在文章中其认为全球化是一种市场发展的直接产物,是一种特殊的经济关系和经济发展状态,即通过这种经济联系可以实现商品、服务、资本以及技术等在全球范围内的扩散和融合。也有学者梳理了全球化的历史发展进程,将全球化分为三个阶段,分别为孕育和形成时期(1450—1815 年)、巩固时期(1815—1917 年)、加强时期(1917 年至今)。

另外,德国政治家赫尔穆特·施密特从政治认知的视角出发,对于全球化进行了概念式的解读。其在代表作《全球化——政治、经济和文化的挑战》(1998 年)中将全球化细化为政治、经济和文化的结合体,因此随着全球化的深入推广,虽然各个国家之间相互交往的次数和质量将不断得到提升,但是这些国家的政治制度、经济发展现状以及文化运行机制也都将受到一定的冲击。其认为在现代通信、科技、金融以及贸易技术不断发展和进步的前提下,世界的面貌发生了重大的质的飞跃,这种飞跃就是全球化的结果。英国学者拉尔夫·达伦多夫则对全球化进行了细致、深入的研究,其倡导应该全面地解读全球化,认为全球化已经成为一种世界的发展趋势,所以在全球化的背景下,世界经济发生了巨大的变化,经济发展已经成为全球性的共同事业。德国学者于尔根·哈贝马斯从经济联系的角度出发,认为全球化在经济领域的表现形式是经济体系在结构方面的系统性转化,认为经济全球化主要包括四个方面,分别是国际贸易超出了地域的限制,金融市场逐步走向国际网络化,跨国合作成为一种趋势,高新技术产业逐步成为国家经济发展的支柱型产业。这些具体理念都可见于其作品《超越民族国家?——论经济全球化的后果问题》中。

德国慕尼黑大学教授乌尔里希·贝尔在《什么是全球化?》一书中阐述了自己关于全球化的见解,他认为全球性、全球主义和全球化是全球化发展的三个重要组成部分和发展阶段;认为全球化(广义)是一种政治化,是企业摆脱资本主义政治和经济制度束缚的重要力量。同时,他认为全球化(广义)改变了世界的一切,在世界经济和个性化之间,民族和国家社会的单独聚合力在逐步下降,所以区分全球性、全球主义和全球化很有必要。全球性指的是我们的生活空间界线在逐步模糊,任何国家和团体都不能阻止这种世界发展趋势。全球主义指的是一种世界市场的统治思想,换一种角度,可以说这种思想是一种经济帝国主义思想,全球主义认为"领导一个国家应该与领导一个企业有相通之处"。全球化(狭义)指的是通过跨国生产、生活方式、市场竞争、战争以及自然行为等方式使得民族和国家的精神认同和主权遭到破坏,最终导致无世界国家和无世界政府的出现。

达沃斯论坛的专家克劳斯·施瓦布则认为全球化不那么复杂,其仅仅是从技术革命的角度对全球化的概念进行了框定,认为全球化是由技术变革而引起的,是由一种技术、思想、人员和商品相互流动而进行驱动的现象。

国内部分学者从发展的角度分析,认为全球化内涵正在逐渐演化,随着科技的进步以及经济文化的世界性范围扩大,全球化的内涵得以丰富和发展。孙嘉明认为全球化是一种现实运动,有广义和狭义之分。广义的全球化指的是"具有共性的文化样式"逐步成为全球通行标准的趋势。狭义的全球化指的是从一个国家或者区域的发展融入全球和全世界的发展之中。蔡昉认为"开放和包容"是将全球化塑造成全球经济繁荣和实现共享发展的推进器。张蕴岭认为如今的全球化有四大支柱,分别为开放体系、企业的国际化经营、开放政策和公民的支持。张世鹏在总结了各类西方全球化理论的基础上,认为全球化是一个多元的概念,应该包含政治、经济、社会以及文化等所有生活领域。

由此可见,全球化是一种国际社会和各个国家的社会发展趋势,一直在多角度、多领域地向世界发展的进程中渗透,旨在挖掘世界的发展潜能。结合当今世界发展趋势和全球化的特征,我们可以给当前正在发展的全球化做一个内容性的、节点性的概括。从政治角度分析,全球已经向协作化趋势发展,共同应对突发事件,共同解决传统和非传统安全威胁,共同面对人口、能源以及环境问题等都已经成为世界共识,所以说人类命运共同体理念已经开始实践并将最终成为世界各国政治发展的结果。从经济角度分析,全球经济一体化和区域经济一体化已经成为必然趋势。资金、技术、市场和服务等各类生产要素已经超越了国界而被市场连接起来,世界各国对于世界市场的依赖将逐步增强。同时,区域间的隔离作用将逐步减弱,经济发展将成为区域间共同的利益诉求。从文化角度分析,世界将更加包容,求同存异将成为各国文化融合发展的基本准则。从发展角度分析,虽然"逆全球化"的现象和各种阻碍力量仍然存在,但是按照马克思主义发展的原理,世界始终是不断发展和进步的,所以共同发展、互利共赢仍将是全球化的重要内容。

对于我国的对外开放来说,要辩证地看待全球化的过程,一方面积极引进外国资金、先进的技术以及管理经验等。同时,积极走出去加大对外投资和合作,提升我国的经济发展水平。另一方面也应该关注全球化发展进程中所附带的"冲击"和"同化"功能。在坚持和做好对外开放的同时,要时刻保持清醒的头脑,有选择性地"引进来"和"走出去",筑牢保护屏障。

三、跨境次区域经济合作的理论

东北地区作为我国的一个重要发展区域,其实施对外开放的主要方向是东北亚区域内各国的毗邻区域,这种次区域间的合作加速了东北地区的对外开放进程,也成为东北地区扩大对外开放的重要抓手,所以对于跨境次区域经济合作理论的研究也将进一步加深东北地区对外开放的程度。

20世纪80年代以来,世界经济发展方式发生了变化,经济全球化成为世界资源配置的重要发展方向,国际经济区域化、世界经济集团化以及区域经济一体化进程不断加快,成为世界经济发展的主要趋势。在这种国际经济发展趋势下,各种经济合作模式如雨后春笋成长、发展起来,次区域经济合作作为一种新的经济合作模式和区域经济发展方式逐步走入了学者的研究视线。在讨论次区域经济合作理论之前,我们应该先明确关于该理论的一些基础性概念。

(一) 相关概念

1. 边界及边界效应

从国家主权和地理疆界的角度来看,边界是国家权力和国家领土的分界线。从区域经济合作的角度看,边界是不同国家经济地理单元的分界线和隔离线。从社会智能的角度看,边界是两种社会和文化区域的分界线,可以是两个国家单元,也可以是两个地域单元。本书研究的边界形式主要是偏重于从国家和跨国的角度进行分析的一种地理和经济界线。从这个角度出发的边界,在实际国家区域间进行的跨界经济行为中会产生两种效应,一种是"屏蔽效应",另一种是"中介效应"。所谓屏蔽效应是一种封闭属性,指的是国家从经济和政治等角度出发,对于跨境经济及政治行为的一种制度限制。例如通过关税、跨境手续以及其他一些特殊限制措施来限制其他国家力量跨过边界。这种行为增加了跨界合作的难度,提高了跨界合作的交易成本。虽然屏蔽效应提高了经济合作的交易成本,对于跨境次区域经济合作起到了一定的阻碍作用,但是其对于本国的经济体和民族工业却起到了一定的保护作用。所谓中介效应指的是边界在两国毗邻地区进行的政治和经济行为中扮演着"交流区""接触区"以及"缓冲区"的角色。与屏蔽效应的属性正好相反,这是边界的一种开放属性。一方面,边界地区的两侧具有相似的自然和人文环境,减少了跨境交往的障碍;另一方面,边界两边的地理距离相近,两个地域之间的相互作用较强,相互之间联系的频率也会随之增强。在此种属性的背景下,边界就成了两个国家之间进行经济、文化以及一些社会交往最频繁、接触最密集的地区。

2. 区域

区域作为一种理论上的抽象概念和客观上的空间概念,不同学科之间由于学科背景不同而存在着不同的认知。地理学学科认为"区域"是一种地域单元概念,政治学学科认为"区域"是行政单元的概念,社会学学科则认为"区域"是一种人类社会聚集地的概念。本书研究认为"区域"的概念是在政治学基础上的区域认知,即"区域"是国家的行政单元或者国家行政单元的组合,在国家政府指导下服务国家总体行为,在对外事务领域代表国家政府、执行国家政策、服务国家行为。

3. 次区域

次区域的概念有两种界定方式,即地理范围和国家制度范围。从地理范围来看,次区域就是相对于地理空间而言的小一级的地理单元;从国家制度范围来看,次区域是针对国家区域和制度体系来界定的,具有针对性。以我国为例,对国家区域来说,次区域指省级行政单位;对省级行政单位来说,次区域则指省级以下的地市级行政单位;从国家政府层面来看,次区域也可以指几个政府行政区域的联合或者组合,强调的是区域整合的概念而非政府行政概念。本书倾向的次区域概念体系则是国家政府区域小一层级的政府区域联合或组合,例如我国的东北地区、西部地区等概念。

4. 跨境经济合作

跨境是在国家和边界的视角下进行的一种行为,跨越国家和跨越边界是这种行为的两种方式,跨境经济合作的实质就是边界两侧的国家经济行为体之间的经济资源的配置行为。这种经济行为进程受到了边界政治、经济以及文化的内涵性质的影响,即受到边界"屏蔽效应"和"中介效应"的影响。

(二) 跨境次区域经济合作的内涵

次区域经济合作的理论来源于"成长三角理论"。所谓的"成长三角"最早起源于新加坡、马来西亚柔佛州、印度尼西亚的廖内群岛之间建立的经济发展协作区,目的是促进三区域之间的整体协作发展。这个经济开发区整体呈现出三角形的形状,所以当时的经济协作区的倡导者吴作栋将其命名为"成长三角"。这种"成长三角"经济发展模式的理论内涵是政治经济发展状况不同的三个及以上国家(地区)共同组成的互补式经济发展关系,目的是形成经济带,促进参与主体的政治安定、经济发展。之后,罗伯特·斯卡拉皮诺深度解读了"成长三角"理论,认为这种跨越政治疆界的合作模式能够实施的直接动力就是区域之间的经济互补性,即这种毗邻地区的跨境合作是一种"自然的经济领土"之间的合作。T. G. 麦克吉从"核心与边缘"相互发展转变的角度对区域经济进行了分析和解读,在与斯科特·麦克劳德解析了新加坡–柔佛州–廖内群岛的经济发展和区域合作之后,提出了"扩大的都市地区"的概念,即在"成长三角"的经济协作模式下,柔佛州和廖内群岛虽然跨越国别,但是从经济发展的角度都成了新加坡的扩大部分。此后,在1993年亚洲开发银行的经济学家们将"成长三角"作为基础性跨区域经济协作理论、"自然的经济领土"以及"扩大的都市地区"作为衍生理论和特殊的实践表现形式,进行整体性、系统性的整合之后,提出了"次区域经济合作"的概念。其具体内涵主要包括三个方面,第一个方面是合作国家数至少在三个以上,第二个方面是地理位置需要是毗邻区域,第三个方面是相邻区域之间可以在资源和发展需求上实现互补式发展,在上述三个方面都具备的条件下可以开展深入的外向型经济贸易往来。

国内学者对于跨境次区域经济合作也进行了深入的研究。李铁立从边界的数量以及边界两侧的政治、经济以及文化等状况,将跨境次区域经济合作的类型进行了划分。分别是:根据边界数量可以分为2维度、3维度以及 n 维度等类型,维度越多跨境合作的难度则会越大;根据边界两侧各个国家之间的政治现实、经济以及文化等程度划分的跨境次区域经济合作可以分为"同质性"和"异质性"两种类型,"异质性"的经济合作难度要大于"同质性"的经济合作。梁双陆认为在跨境次区域经济合作中,存在屏蔽阻滞和开放合作两种不同的力。如果屏蔽阻滞的力大过了开放合作的力,则区域对外开放程度低、进程慢。反之,则区域对外开放程度高、进程快。肖洋认为"丝绸之路经济带"与"跨国经济走廊"在本质上都是跨境次区域经济合作的一种特殊表现形式,目的是使生产资料在此区域内实现自由流动,实现资源的有效配置,并认为这种跨境次区域合作具有三大优势:一是合作的总体成本有所降低;二是由于空间的临近性,降低了合作的强度;三是具有经济资源过境流通的优势。柳思思认为"一带一路"倡议以及"跨境经济走廊"等方式是跨境经济合作的有效方式,这种方式可以通过政策性手段加速边境的屏蔽作用向中介作用的转化速度,将边境地区由"边缘区"转化为发展潜力巨大的"核心区",增强了边境地区的发展潜力和辐射作用。

总体来看,本书中所指的跨境次区域经济合作主要有四方面的特点:第一,这是一种跨越国界的经济行为,是在不同国家之间进行资源配置和经济流动;第二,所谓的跨界是由一个国家到另一个国家,或者由一个国家到多个国家的经济组合和经济关系,也就是说成员在两个或者两个以上;第三,这种合作不能抛开政府行为而单独存在,其是在政府指导下的经济、科技、教育等多领域的合作综合体,主要目的是推进区域间以及国家间的快速发展;第四,合作区域可以是毗邻的边境地区,也可以是非毗邻的不同地区。

第二章　东北地区对外开放的
历史回溯与定位

1978 年作为一个重要的时间节点,是中国实施对外开放战略的开始,同时也是中国与世界关系发生根本性转变的开始。虽然,由于特殊的地理、历史、政治及经济原因,东北地区的对外开放起步相对较晚,并没有进入我国对外开放的第一梯队。但是,东北地区的对外开放是在国家对外开放大潮的推动下逐次展开的。本章主要是在回溯东北地区对外开放历史的基础上明确东北地区对外开放的定位和对象,主要解决"是什么"和"怎么样"的问题。

第一节　东北地区的界定与重要作用

一、东北地区的基本界定

东北地区位于我国的东北部,是一个"特定"的区位空间,相接于俄罗斯和朝鲜,相邻于韩国、日本以及蒙古国,是东北亚地区的几何核心区域,也是我国连接俄罗斯、日本以及韩国等周边重要经济体的节点区域。从地理区位上看,《东北地区振兴规划》(2007)中将东北地区的地理范围划定为辽宁省、吉林省、黑龙江省和内蒙古自治区呼伦贝尔市、兴安盟、通辽市、赤峰市和锡林郭勒盟(蒙东地区)。从经济分区和行政区划的角度看,国家统计局 2011 年公布的《东西中部和东北地区划分方法》中认定的东北地区包括辽宁省、吉林省和黑龙江省三个省份的行政区划范围。以 2019 年的数据为例,三个省份的土地总体面积达到 80.84 万平方千米,占全国领土面积的 8.4%。常住人口共计为 10 794 万人,约占全国总人口的 7.7%。三个省份的总体地区生产总值为 50 126.5 亿元人民币,约占全国国内生产总值(GDP)的 5%。从论述的整体性以及材料的完整性出发,本书所指的东北地区主要是辽宁、黑龙江和吉林三省的行政区域范围,下面如不做特殊说明东北地区均指该三省份。

二、东北地区的重要作用

东北地区不仅是我国重要的区域经济板块,同时也是我国东北边疆、边界的重合地,承担着我国各项战略推进、区域发展、地区稳定和国家安全等重要责任。另外,从地缘角度分析,东北地区是我国构建良好周边国际环境的重要缓冲地和关键节点区域,尤其是随着"一带一路"倡议的深入推进,东北地区的区域对外功能和平台功能更加得以凸显。

(一) 东北地区是我国国土安全的重要屏障

国土安全是我国社会主义现代化建设的核心利益之一,更是边疆区域发展和繁荣的底线要求。东北地区是我国的东北"边陲",但是在国土安全领域,东北地区是我国稳定边疆、实现边境地区繁荣发展的"核心区"和"前沿区域"。随着社会的不断发展和进步,国土安全的内涵也随之不断扩展和更新,东北地区作为我国边疆地区重要的国土安全屏障,其国土安全的核心要义主要有以下几个方面。

1. 领土安全

这里所说的领土安全超越了单纯的陆路的概念,而是扩展为一种文化地理层面的领土概念,包含陆地、河流、领海、领空等所有国家主权管辖的范围。东北地区的总面积为 80.84 万平方千米,边界线长达 4 000 多千米,与俄罗斯、朝鲜接壤,与日本、韩国隔海相望,是我国在东北亚范围内"最外沿"的地区。这 80 多万平方千米的地域作为我国国土安全的"前沿屏障",捍卫着我国内陆地区的安全。历史上,东北地区一直是我国领土安全的"前沿屏障",如今,随着我国综合国力的持续增强以及对外开放的程度逐步加深,东北地区已经成为我国拓展对外合作路径的平台。在当前逆全球化风险加剧、东北亚区域内合作问题重重的国际和区域发展背景下,东北地区领土安全的"屏障"作用将越来越重要。

2. 经济安全

东北地区作为我国重要的区域板块,承担着经济发展极其重要的使命,更是我国经济安全的重要组成部分。一方面,东北地区在我国的经济发展中承担着重要的作用。在 2011 年国家统计局划分的四大经济区域之中,东北地区是重要一环和关键组成部分。东北地区作为我国东北三省的集合地,其经济增长的责任和任务艰巨。然而,"东北现象"及"新东北现象"等"东北问题"却制约着东北地区的长足发展。虽然在国家的整体规划和区域自我发展的基础上,东北老工业基地振兴步伐加快,地区的经济发展现状得到了改善,但是总体来看,问题仍然存在。东北地区的经济发展颓势不仅是区域发展的障碍,在某种程度上已经影响了国家总体经济发展水平的提升。另一方面,东北地区是我国融入东北亚经济发展的直接区域。近年来,东北亚地区已经成为全球经济发展的重要区域之一。日本、韩国以及俄罗斯等全球重要的经济体经济发展速度加快,带动力逐步增强。整个东北亚区域内各个国家之间的经济发展存有一定的互补性,区域双边和多边合作稳中有进。在这种区域经济发展的背景下,东北地区以其独特的区域位置和地缘优势成为我国对接东北亚区域内的经济体和经济发展模式的最重要区域。

3. 社会稳定

东北地区是我国重要的边疆民族地区,实现该地区的经济发展是提升东北边疆民族地区民众生活水平的重要举措。根据第七次全国人口普查数据,辽宁省少数民族人口约为642.18万人、吉林省少数民族人口约为208.76万人、黑龙江省少数民族人口约为112万人。这些少数民族群众是东北边疆地区社会稳定的基础性因素。从少数民族区域自治和发展的角度看,这些少数民族民众更是东北地区安全的核心因素。社会和区域稳定是一个相对的概念,指的是社会发展中一种协调有序的发展状态。在战争年代区域稳定是指没有战争,在和平年代区域稳定则是指平稳地发展。随着改革开放程度的加深以及地区经济社会的不断发展,东北地区社会稳定的概念内涵已经演变为少数民族群众与汉族群众彻底融合、一道发展,共同享有国家的政策红利和发展红利。从这个角度分析,东北地区的社会稳定和民族地区的发展是保证国家边疆稳定、实现多民族共同发展的重要组成部分,更是国家安全和发展的关键部分。

4. 非传统安全

随着我国融入国际体系的步伐加快,一些非传统安全因素也成为我国必须要面对和迎接的挑战。跨国犯罪、毒品走私、恐怖主义、全球气候变化以及大规模恶性传染病都对我国的安全构成了重大威胁。东北地区作为我国沿边区域和与东北亚部分国家的接壤区域,俨然已成为我国筑牢非传统安全防线的前沿阵地,这不仅展现了东北地区的区域责任感,同时也凸显了东北地区国土"安全线"的重要防御作用。

5. 文化安全

随着东北地区对外开放程度的加深,教育和文化的开放进程也在不断加快,西方一些不经过滤的信息和文化认知"一股脑"地传入我国。东北地区作为边界地区,在历史、地理等综合因素作用下,很早就接触到了其他国家的文化认知。经过一段历史时期后,边境地区的民众和文化实现了对外来文化的"过滤"和"融合",即过滤了一些不适合我国区域发展和国情的文化,同时对传入的文化与当地文化进行了融合,求同存异。另外,从国家认同角度分析,"政治认同""文化认同"和

"民族认同"是确保国家安全的一种基础性价值因素,对于政治发展、文化特异性以及民族情感的认可和接受是国家成员对整个国家价值归属感的直接体现和自我确认。亨廷顿在《我们是谁?》中认为"跨国认同"是解构"国家认同"、威胁国家安全的一个重要原因,东北地区作为我国与周边国家的直接接触区,跨国移民、跨国交流、跨国贸易等跨国行为直接冲击了该地区的"国家认同",但是我们国家通过民族区域自治、兴边富民、东北老工业基地振兴战略以及脱贫攻坚战等方式牢固树立了东北地区少数民族群众和普通民众的"国家认同感",通过政策倾斜、经济发展、人文关怀提升了东北地区民众的获得感、幸福感,筑牢了国家文化安全的"认同屏障",即东北地区通过对外来文化过滤、融合以及筑牢认同基础的方式和手段发挥了边疆地区的文化安全功能,为外来文化的传播建立了一道安全屏障。

(二)东北地区是国家粮食安全的重要基地

东北地区地处北温带,为温带季风性气候,气候温和,具有适合粮食作物生长的优越气候条件。且该地区地势平坦、地广人稀,土壤多为肥沃的黑土地,该地不仅适宜农作物的生长,同时也适合大规模的机械作业。该区域可耕种地域面积达到了 2 100 万公顷,约占全国的 16.6%。东北地区之所以能成为我国粮食安全的重要基地,主要因素体现在以下四个方面。

1.东北地区粮食作物产量较高

东北地区 80% 以上的耕地都种植了粮食作物,粮食产量常年保持在 8 000~9 000 万吨,约占全国粮食总产量的 16%。玉米、大豆以及优质粳稻更是作为代表性农作物,产量位居全国前列。同时,东北地区也是我国重要的商品粮生产基地,提供了全国 1/3 以上的商品粮。另外,东北地区各省的粮食产量逐年增加,真正成了中国的"粮仓"和"饭碗"。1978—2007 年,30 年间辽宁省粮食产量由 1 117.2 万吨增长为 1 835 万吨。亩产量由 224 千克提高到了 391.2 千克。吉林省在 1978—2007 年的粮食产量增长速度更快,由 1978 年的 914.7 万吨增长到 2007 年的 2 454 万吨,增长率达到了 168%,粮食商品率一直保持在 80% 以上,高出全国平均水平 20 个百分点。黑龙江省的粮食产量也是大幅度提升,2008 年达到了 422.5 亿千克,比 1978 年增长了 186%,年均增幅达到了 3.6%,粮食商品率超过了 70%。截至 2019 年,黑龙江省的粮食产量已实现了跨越式增长,粮食总产量占全国的 1/9,商品粮产量占全国的 1/6。

2.东北地区的粮食调出率高,不仅补足了其他地区的粮食短缺状况,也进一步确保了我国的粮食安全

东北地区的粮食产出始终处于供大于求的状态,该地区的粮食不仅能实现"自

给自足",还能进行大范围的调出。2000—2019 年,除个别年份外,黑龙江和吉林两省的粮食调出率都超过了 40%,甚至在 2010—2019 年粮食调出率一直在 60% 以上。其中,2019 年的粮食调出率比 2000 年增幅达到了 507.2%。粮食调出率的提升说明东北地区在我国粮食安全保障体系中的"压舱石"作用已经非常明显。在此基础上,随着农业技术以及劳动生产率的提升,东北地区的"粮仓"作用将更加重要。2020 年,吉林省梨树县推出的"梨树模式"作为一种新型农业创新发展模式,土壤流失量平均可以减少 80% 左右,生产成本每公顷可以减少 1 000 ~ 1 400 元,对东北地区粮食安全体系的构建起到了重要的推动作用。

3. 东北粮食生产情况相对稳定,应对风险能力较强

一方面,东北地区由于特殊的区位优势,粮食生产能力较强,是一块坚固、可靠的"压舱石"。2001 年,东北地区的粮食总产量是 5 999.5 万吨、占全国粮食总产量的 13.25%;2019 年,东北地区的粮食总产量达到了 13 810.89 万吨、占全国的 20.8%。近 20 年间东北地区的粮食总产量提升了 130.2 个百分点,占全国的比重也提升了近 8 个百分点。另一方面,改革开放 40 多年来,东北地区的粮食生产体系已经逐步形成,具有较强的应对自然灾害以及突发性影响粮食安全生产事件的经验。1998 年及 2013 年的洪灾虽都对东北地区的粮食安全生产造成了重大冲击,但是东北地区凭借丰富的经验、先进的技术、奋斗的精神仍然实现了粮食生产的稳步提升。1998 年东北地区粮食总产量为 7 343.39 万吨,比上一年增长了 18%,2013 年东北地区粮食总产量为 13 171.72 万吨,比上一年增长了 7.8%。2020 年面对突如其来的新型冠状病毒以及多场台风的侵袭,当年的粮食总产量达到了 7 540.8 万吨,仍比前一年增长了 0.5%。因此,较强应对风险的能力和经验也将成为东北地区夯实粮食安全基础的重要方面。

4. 东北地区农业发展的机械化程度较高

东北地区的平原面积较大,且可耕作土地大部分都位于这些平原地区,借助良好的土壤条件和地域条件可以大范围实施机械化作业。再加上东北地区政府对于农业机械化的发展较为重视,所以与全国其他粮食生产区对比来看,东北地区农业机械化程度较高。黑龙江省的农业机械化水平位居全国第一,达到了 96.8%,吉林省玉米和水稻的机械化水平达到了 86.7% 和 90.5%,辽宁省则达到了 83.0% 和 90.5%。

(三) 东北地区是我国生态安全的重要屏障

生态安全有狭义和广义之分,广义的生态安全较为复杂,主要包括自然、经济和社会生态安全三部分,是一种人们生活不被威胁的社会状态。狭义的生态安全

则是指生态系统的完整性和健康的整体水平反映。本书所指的东北地区的生态安全屏障是狭义的生态安全概念,具体指的是东北地区所承担的生态系统功能的风险和作用。

2010 年国务院印发了《全国主体功能区规划》,在该规划中指出构建以"两屏三带"为主体的生态安全防护体系是我国打赢打好生态安全战的核心。东北森林带是"两屏三带"中的重要组成部分,位于我国东北部,横向穿越了黑、吉、辽、蒙 4 个省(区),生态意义重大。整个森林带包含 3 个国家重点生态功能区,分别为大小兴安岭森林、长白山森林和三江平原湿地,总面积约为 61.6 万平方千米,其中森林面积约为 40 万平方千米,整个生态屏障区承担了我国东北地区生态防护的重要责任,对我国乃至于全球的生态安全都具有重要的影响。该规划中也明确指出东北平原是一道生态安全屏障,对于森林及生物多样性的保护具有重要的作用。另外,东北地区拥有森林生态系统自然保护区 15 个、国家森林公园 140 个,占全国自然保护区个数和森林公园总数的 17.7%,是我国重要的生态系统组成部分。

整体来看,东北地区的生态屏障作用主要由东北森林带发挥作用。一是涵养水源。东北森林带所涵养的水源可以直接灌溉东北地区的粮食基地和畜牧业基地。东北地区是我国重要的粮食基地,东北平原和华北平原借助东北森林带涵养的水源优势已经成为中国重要的粮食产地。另外,呼伦贝尔草原等重要的牧场基地也在东北森林带水源涵养的优势下,对于我国畜牧业的发展发挥着重要的作用。二是调节气候。东北森林带是我国应对气候变化的重要"调节区"。该地区的森林覆盖率已经达到了 65%,是我国非常重要的"碳汇区"。该地区不仅可以吸收来自社会生活区的大量二氧化碳,还可以通过森林的作用减缓气候变暖,营造绿色生活环境。另外,通过该地区的森林带可以有效地屏蔽来自西伯利亚的寒冷气流和风沙流,阻挡极端天气向我国腹地的延伸。三是我国木材储备的战略基地。东北地区是我国最北的森林区,树种多样、树木储存量大、开采能力强。东北地区森林资源蓄积 25.67 亿立方米,占全国的 19.21%。同时,东北林区地形平坦、人口相对密度不大、木材质量整体较好。所以,东北林区已经成为我国重要的木材储备基地,对于我国维护木材安全具有重要意义。

目前,随着全球气候变化以及森林采伐和土地开垦的程度不断加深,东北地区的生物多样性遭到了破坏,森林质量有所下降,地区整体生态功能有所下降,多年冻土退缩、水土流失严重、局部风沙化、湿地面积萎缩等问题已经严重威胁到了东北地区生态屏障作用的发挥。因此,为了进一步筑牢东北地区的生态屏障,东北地区应该以地区森林生态资源为依托,一方面实现森林和草原生态系统的有机结合,另一方面强化保护和修复,与时俱进,构建东北地区的生态系统廊道,进而提升区域涵养水源的生态功能,切实夯实东北地区生态屏障的功能基础。

(四)东北地区是国际能源通道的重要连接点

东北地区位于东北亚区域的几何中心,单纯从直线距离的角度看,东北地区是东北亚范围内比较优越的能源合作连接点。

我国能源进口主要由东北、西北、西南和海上四条油气进口通道组成。东北地区是我国东北能源通道的重要承载区域,更是我国能源安全体系的重要组成部分。东北油气进口通道主要是指中俄油气合作通道。近年来,随着中俄关系的持续深化,中俄之间油气合作程度和领域也得到了加深和拓展,管道经济发展迅速,分别建成了中俄原油和天然气管道。这两条中俄之间的能源合作管道都途经东北地区,使得东北地区的能源战略地位得以凸显。

中俄石油管道作为我国重要的能源战略通道,对于保证我国能源安全、开辟北向能源通道具有重要的意义。与此同时,东北地区作为俄罗斯石油通道进入我国的关键节点区域,其保证能源安全的重要作用自然也就不言而喻。

中俄天然气管道主要有东西两条线路。西线是"阿尔泰"天然气管道,该条管道由西伯利亚气田供气,经我国的新疆后直达上海市,每年天然气输出量在 300 亿立方米左右。东线是俄罗斯"西伯利亚力量"天然气管道的支线,已经于 2019 年 12 月开始投产供气,每年天然气输出量在 380 亿立方米左右。该条线路由俄罗斯的伊尔库茨克州供气,经东北地区之后中转到河北、天津、山东、江苏、上海 5 个省市,已经建成的黑河至长岭的工程线长度达 1 067 千米。该条天然气管道不仅成为中俄两国能源合作的"推进器",也增加了中俄务实合作的"稳定性"。对于东北地区来说,天然气通道的途径是地区经济发展的"催化剂",随着通道建设程度的加深,伴随而来的"通道经济"将进一步加深东北地区的对外开放程度,拓宽经济发展渠道。

同时,东北地区也是我国重要的能源基地。石油天然气开采业、黑色及有色金属矿采选业区位上均超过了 2,分别为 2.6、2.54 和 2.25,在全国范围内都具有较强的竞争优势。具体来看,松辽盆地、渤海湾盆地油气资源丰富。黑龙江、吉林、辽宁三省风能资源丰富,吉林省千万级风电基地建设正在有序推进。黑龙江、松花江和乌苏里江"三江连通"水利工程蕴藏的水资源则进一步夯实了东北地区的水资源基础。

(五)东北地区是国家重要的工业基地

东北地区是我国重要的重工业基地,作为"共和国长子",为我国建立完整的工业化体系,实现国家的工业化、现代化都做出了巨大贡献。尤其是在重工业领域,更是走在了全国其他地区的前列,煤炭、电力、石油、钢材等领域的工业体系发展速度较快、完善度较高,进而支撑东北地区成为全国重要的重工业基地。同时,东北地区成为重要的重工业基地还有以下两方面因素。

1. 东北地区是中华人民共和国成立后工业优先发展的区域

1948年11月,东北全境解放,随后东北地区便成为中华人民共和国工业优先发展的重要区域,之所以东北能成为优先发展区域包括历史和现实两方面因素。历史因素指的是工业发展基础和交通运输基础。同时,东北地区毗邻苏联远东地区,是苏联技术和物质运输的直接接收点,与苏联之间拥有较为悠久的合作历史。现实因素是东北地区具有丰富的矿产资源,煤、铁、石油、有色金属以及森林资源等不仅分布集中而且储藏量非常大。甚至在矿产资源储藏的基础上形成了一系列"资源型城市",例如鸡西、大庆、鹤岗,这是形成一定规模工业基础的重要条件。另外,从区位优势看,东北地区是东北亚的核心区域,借助便利的铁路交通可以快速地实现经济发展和对外联通。所以,在国家"一五"时期,苏联援建的156个项目中,东北地区独占56个,其目的就是要迅速恢复东北地区的发展能力,培育东北地区的工业生产能力,形成我国重要的工业基地。在国家强有力的推动下,1957年,东北地区超额完成了国家"一五"计划规定的任务,形成了门类齐全的工业化体系、提升了工业化能力和技术水平,奠定了国家工业化的发展基础。1957年,辽宁炼钢年产能力比1952年增长了59.7%,长春第一汽车制造厂载重汽车年产量达到了3万辆。东北地区形成了"大庆经验""鞍钢宪法"等全国推广的生产建设经验;建设了长春汽车城、鞍山钢都、沈阳飞机城、哈尔滨机电企业群等一系列特色鲜明的工业基地。总之,在国家的大力推动以及东北地区自身的努力下,东北地区重工业基地和国家优先发展区域的发展定位正式确定下来。

2. 老工业基地振兴战略进一步拓宽了东北地区工业的发展路径

随着时代的进步和国家工业化、现代化水平的不断提升,东北地区作为老工业基地的矛盾和问题逐步凸显出来,东北地区的重工业发展路径变窄、发展趋势放缓。2003年实施的老工业基地振兴战略成为解决该地区重工业发展困境的有效手段,经过20年的共同努力,东北地区的发展取得了明显的成效和阶段性成果。一些国有重工业企业竞争力明显增强,重大装备制造业的发展走在了全国前列,大型核电、风电设备制造业,汽车制造业,石油加工,炼焦和核燃料加工业以及通用设备制造业等成为东北地区具有一定竞争力的行业。同时,东北地区资源型、传统型、重化工型重工业企业产业结构和产品结构转型步伐加快,向智能化、互联网化以及大数据化方向转换,黑龙江省的燃气轮机、机器人等产业,吉林省的汽车制造产业,辽宁省的航空航天、智能机器研发等产业都得到了进一步发展。

(六) 东北地区是中国向北开放的战略支点

随着"一带一路"倡议的深入推进以及我国构建国际、国内双循环发展格局理念的提出,东北地区向北开放战略支点的作用更加明显。

从"一带一路"倡议角度看,东北地区是"一带一路"倡议北上,搭建中俄发展平台的关键区域和起点区域。近年来,俄罗斯一直在实施"向东转"战略,利用东方经济论坛、自由港、超前发展区以及"1公顷"政策等区域发展举措加速远东地区的发展,希望通过远东发展战略搭建俄罗斯东转的"跳板",进而融入亚太经济发展圈之中。而我国提出的"一带一路"倡议北上的第一站就是俄罗斯远东地区,东北地区与俄罗斯远东地区又是毗邻区域,不仅拥有悠久的合作历史,同时也拥有国家政策的大力支持。2009年9月,中俄两国元首批准了《中华人民共和国东北地区与俄罗斯联邦远东及东西伯利亚地区合作规划纲要(2009—2018)》。可以说,中国东北地区与俄罗斯远东地区的合作,不仅搭建了俄罗斯融入亚太地区的平台,同时也为中国构建北向发展通道提供了战略"着陆点"。

从构建国际大通道的角度看,东北地区是我国构建向北开放大通道的重要起点区域。以东北地区为起点通过"冰上丝绸之路"过白令海峡,可以连接俄罗斯的北方海航线,这不仅增加了我国与欧洲的国际运输航线、减少了运输时间,同时也进一步拓宽了我国能源和经贸发展的国际渠道。另外,通过这条国际通道我国可以与俄罗斯共同开发北极资源,进而加强我国与北欧国家之间的商业往来。还可以在某种程度上摆脱"马六甲困境",实现我国能源运输和大宗货物海上运输的"突围"和"破局"。

从国家构建全面开放格局的角度看,东北地区是我国面向东北亚地区开放、建立良好周边国际关系的"前沿区域",只有东北地区稳扎稳打形成良好的对外开放格局,才能进一步助力国家全面开放格局的形成。东北亚地区地缘政治条件复杂,地缘经济发展环境更是充满变数。因此,东北地区应该作为我国在东北亚区域内对外开放的"前哨"和"阵地",有节奏地、试探性地优化对外开放格局,以区域开放作为"试点",进而逐步扩大到全国,实现国内国际双循环发展的新格局。

第二节　东北地区对外开放的历史向度

东北地区的对外开放虽然与东部沿海地区的对外开放一样也是一种渐进式的对外开放模式,但是在开放时间、开放路径、开放任务、开放方式以及开放成效上都存在一定的差别,东北地区的对外开放有自己战略选择的特殊性。系统地回顾东北地区对外开放的历史向度可以进一步理解东北地区对外开放的特殊性以及路径选择的必然性,对于在新时代背景下深入推进东北地区的对外开放进程,提升区域开放型经济发展质量具有重要的意义。

一、东北地区对外开放的酝酿

1978 年,我国以东南沿海地区的对外开放为起点开始了轰轰烈烈的对外开放征程。虽然东北地区没有被划入我国对外开放的第一梯队,但是,在 1978 年我国进行对外开放起步之时东北地区就已经进入了对外开放的准备期,开始了对外开放的酝酿阶段。该阶段的具体时间为 1978—1983 年,即党的十一届三中全会召开到 1984 年大连开放这一段时期内。这一段时期,东北地区通过边境贸易的恢复和扩大以及完善口岸和港口的建设等方式逐步夯实了东北地区对外开放的基础地位。

(一) 东北地区边境贸易的恢复

中苏关系于 20 世纪 80 年代开始逐步缓和,两国政府对发展边境贸易都采取了较为积极的态度。1982 年 1 月,我国批准黑龙江省恢复地方边境贸易。当年 4 月 16 日,中苏两国正式交换公文确认了中国东北地区与俄罗斯远东地区之间边境贸易的恢复,并拟定了两国外贸公司和相关业务接洽合作的基本方向和大致内容;确定了"以进定出、进出平衡、独立核算、自负盈亏"的外贸交易原则,并将苏联的格罗捷阔沃、外贝加尔斯克,中国的绥芬河和满洲里定为外贸货物的铁路运输站。同月,黑龙江省与苏联远东地区两地之间的外贸公司就完成了金额为 1 912.9 万瑞士法郎的进出口合同,标志着中苏沿边地区边境贸易的正式重启。

东北地区与苏联之间逐步恢复边境贸易的过程在一定程度上就是东北地区在复杂的国际环境下探索对外开放的准备过程和摸索路径的过程。在中苏关系的变化中,由于地理和历史因素,东北地区承担了特殊的政治角色,成为两国关系变化的"反映器"。因此,东北地区对外开放的过程显得更为艰难,只能选择稳扎稳打的方式将恢复边境贸易作为重要的抓手,逐步积累经验,形成发展新动能。

需要指出的是,在酝酿阶段东北地区与朝鲜之间的边境贸易也实现了持续性发展。1954 年中朝开始边境贸易,龙井、和龙以及珲春等边境城市与朝鲜相对应的边境城市之间逐步开展了小额边境贸易,进一步拓展了东北地区对外贸易的市场和途径。1982 年吉林省对朝贸易额达到了 35 万美元。

(二) 东北地区对外开放平台的建设

在东北地区正式对外开放之前,东北各个省份在已有口岸、港口的基础上,进一步夯实了基础性建设,为下一步整个区域的对外开放打造了优越的平台基础。

1. 黑龙江省的口岸建设

1984 年以前,黑龙江省的口岸建设主要集中在绥芬河和黑河两个口岸。其中,绥芬河铁路口岸建设较早,1899 年就已经建成并于 1900 年正式与俄国(今俄罗斯)之间通车,三年后实现了俄罗斯至内蒙古满洲里市之间的全线通车。

相较于绥芬河口岸,黑河口岸的地理位置更为优越,与俄罗斯相对应的布拉戈维申斯克口岸货运通道相距 3 500 米、客运通道仅距离 650 米,是中俄边境线上距离最近的对应口岸。黑河口岸的建设和发展更为完善,各类基础设施扩建和改建的速度较快,能够适应口岸的实际发展需求。黑河口岸的建设和发展历史悠久,黑龙江省黑河市是我国历史悠久的中俄边境贸易口岸,中华人民共和国成立后更是成为我国重要的边境小额贸易城市。1982 年,黑河市经国家批准成为国家一类口岸,1983 年经国家批准成为边境贸易口岸,正式开始了承载东北地区对外开放、发展对外贸易的重要功能。与此同时,黑河港也相继完善和设立了边防检查、商品检验、卫生检疫以及船舶检验等功能和机构,为黑龙江省对外开放的深入实施创造了良好的条件。

2. 辽宁省的港口建设

辽宁省拥有丰富的港口资源,这些港口资源不仅是辽宁省实施对外开放的窗口,更是东北地区深化对外开放、拓展海上贸易的平台。1974 年,周恩来总理就已经明确指示了大连港的发展和建设要求,随后辽宁省就开始推进大连港的建设。1976 年,鲇鱼湾出口码头建成正式拉开了大连港发展建设的序幕,标志着辽宁省港口建设和发展的起步。1978 年以后,辽宁省港口建设迎来了新的机遇,在国家政策的大力支持下,辽宁省进一步深化了沿海港口的建设进程,在夯实大连港建设的基础上,兴建了营口鲅鱼圈港区,细化了港口码头、客运和货运的功能体系,增加了港口的货物吞吐量,为下一步东北地区拓展对外开放路径、融入世界开放洪流做好了准备。

3. 吉林省的口岸建设

1978 年以后,吉林省加快推进已有口岸功能的完善和筹划新口岸建设的工作进程。图们铁路口岸始建于 1932 年,对面是朝鲜咸镜北道南阳口岸。改革开放后,吉林省进一步扩大了图们口岸的开放功能,细化了在客运、旅游以及边检等领域的服务举措,20 世纪 90 年代初期图们口岸的年进出口货物就已经达到了 100 万吨左右。集安铁路口岸于 1954 年就已经正式向外国开放,开通了国际业务,是中朝之间旅游和贸易的主要通道之一。为了进一步夯实口岸过境能力,提升口岸"硬联通"水平,该口岸一直在完善口岸联检楼、口岸服务基础设施建设,于 1961 年实现了旅客由乘船渡江为铁路客车运送。另外,吉林省也对三合、临江、开山屯、南坪公路口岸以及大安港口岸等都做了重新规划,夯实了基础设施、细化了服务内容,为吉林省深化对外开放体系、发展口岸经济提供了坚实的平台基础。

与此同时,吉林省也积极筹划新口岸。在长春机场的基础上,筹划建设长春航空口岸,计划开通对韩、朝、俄等国家的国际航线;筹建珲春铁路和公路口岸,强化对俄经贸联系。

(三)东北地区经济发展水平的稳步提升

改革开放以来,东北地区在改革开放的推进下,区域发展能力提升较快,地区生产总值实现了稳步提升。

1978 年,东北地区社会生产总值为 577.29 亿元,到 1983 年年底东北地区社会生产总值达到了 918.65 亿元(详见表 2-1)。六年间,东北地区的社会生产总值增长了 341.36 亿元,增长率达到了 59%,平均年增长率接近 10%。同时,在 1978—1983 年,东北地区内的人均地区生产总值也实现了稳步提升,这是区域经济发展和普通群众生活质量提升的直接体现。其中,黑龙江省的人均 GDP 由 1978 年的559 元增长到了 1983 年的 833 元,增长率为 49%;辽宁省 1978 年的人均 GDP 为658 元,到 1983 年达到了 962 元,增长率为 46%。另外,通过东北地区生产总值状况表中的比例变化我们可以看到,在 1978—1983 年,虽然东北地区的地区生产总值在逐年提升,但是占全国生产总值的比例却呈现出了一定的波动性,总体来看呈现出下降的趋势。这是因为随着我国改革开放程度的不断加深,国家总体经济发展水平一直在持续增高,虽然东北地区的经济发展水平也在不断提高,但是与国家整体的提升速度还没有形成正相关的比例关系。

表 2-1　东北地区地区生产总值状况表(1978—1984 年)(单位:亿元)

地区	年份						
	1978 年	1979 年	1980 年	1981 年	1982 年	1983 年	1984 年
黑龙江省	173.25	183.78	218.12	222.5	241.68	273.31	306.74
吉林省	180.84	203.5	219.89	229.43	251.69	298.14	356.35
辽宁省	223.2	239.6	266.22	285.8	301.9	347.2	415.6
东北地区	577.29	626.88	704.23	737.73	795.27	918.65	1078.69
全国生产总值	3 678.7	4 100.5	4 587.6	4 935.8	5 373.4	6 020.9	7 278.5
东北地区生产总值占全国的比重	15.69%	15.29%	15.35%	14.95%	14.80%	15.26%	14.82%

数据来源:根据国家统计局综合司编《全国各省、自治区、直辖市历史统计资料汇编 1949—1989》,中国统计出版社 1990 年版以及国家统计局官方网站相关数据整理所得。

二、东北地区对外开放的起步

此处所说的起步期指的是 1984—2002 年,以大连港开放作为开始的标志,延续到东北老工业基地振兴战略实施之前。在该时期内,东北地区不仅正式开始了对外开放的进程,也在东北三省内掀起了对外开放的热潮,通过对外贸易、口岸开放、多样化产业布局以及设立特殊经济区等方式构建了东北地区对外开放的基本格局。

(一) 由点及面辽宁引领东北地区对外开放

1. 大连成为东北地区对外开放的先行区

1984 年 3 月,我国对外开放范围不断扩大,沿海地区新增对外开放城市 14 个,大连位列其中。1984 年 5 月 4 日,中共中央、国务院批转《沿海部分城市座谈会纪要》,正式确认了这 14 个城市的对外开放权限,开创了中国沿海地区对外开放新局面,对于加速形成沿海对外开放体系起到了重要的推动作用。此次,大连市的对外开放标志着东北地区正式迈出了对外开放的步伐,对于东北地区的对外开放来说意义重大。

大连市作为东北地区第一个对外开放的城市,主要通过享受在生产性项目审批权限,外汇、贷款、外资使用,技术引进,企业改造和税收,经济技术开发区创建,城市的开放类型划定,基础设施建设,利用外资的筹划和指导以及改革与开放协同发展等方面的优惠政策将自身打造成了东北地区乃至于全国对外开放的重要窗口,建立了一套积极的对外经济发展体系,在外向型经济发展方面实现了重大的突破,切实助力了东北地区的对外开放。

(1) 对外合作伙伴逐步增加。对外开放市场开拓能力的快速发展是大连市在对外开放进程中表现出色的重要标志。1984 年,大连市仅与 20 多个国家和地区有经贸往来,贸易客商往来 7 000 人次左右,到 1987 年有经贸往来的国家和地区就已经增加到 60 多个了,贸易客商往来人次也增加到了 11 000 人次左右。

(2) 对外贸易额逐年增加。对外贸易作为衡量一个区域对外开放成效的直接因素,可以用对外开放的成效来衡量区域外向型经济发展的程度。如果说外贸贸易增长速度较快,说明区域外向型发展模式形成速度较快,反之则说明外向型经济发展模式形成较慢或者还没有形成。1984 年,大连市外贸出口收购值为 10.29 亿元人民币,到了 1987 年已经上升到了 25.6 亿元人民币,4 年间增长了 2 倍多,外贸出口日趋朝外向型方向发展。

(3) 利用外资、引进外国先进技术能力逐步提升。对外开放最直接的目的就是"引进来",希望借助域外资本和技术来助力本地的社会主义现代化建设。从大连市引进外资和技术的过程和成效看,大连市的对外开放已经逐步走向推进进程中了。大连市一方面积极利用国家政策逐步建立起了"招商引资"体系,另一方面优先安排生产型、创汇型项目,强化了外资的引进和使用流向。引进资金和技术的效果较为明显。1979—1986年,大连市利用外资建立项目271项,合同金额达到6.3亿美元。其中,以合资的形式实现的合作项目有94项,外商投资额2亿美元,占总投资额的56%。引进国外先进技术的项目达到了941项,合同金额为4.5亿美元。1984年8月,大连市成立了大连光彩实业有限公司,作为中国第一家个体户同港商合资企业,具有里程碑性质。1985年10月,中、日、英三国资本合资组建的北方国际租赁有限公司正式开业,成为东北地区第一家国际租赁有限公司,该公司的组建标志着大连通过中外合资的形式促进区域经济发展的正式起步。

(4)采取"内联外挤"的战略方针。"内联外挤"战略不仅是大连市在国家对外开放政策背景下实施的区域发展政策,同时也是大连市创建的区域对外开放路径。"内联"是指大连作为沿海港口,联系内地区域一起发展。东北地区的内陆地区具有丰富的资源储备、便捷的交通设施、雄厚的固定资产和工业基础。而大连作为东北地区对外开放的窗口,具有极其优越的地理位置,可以便捷地利用两种资源和两个市场实现区域经济的快速发展。但是大连作为一个城市,资源和经济发展基础等条件都相对比较薄弱。因此,通过"内联"可以实现东北内地与大连窗口之间的"互补",提升大连的自身发展实力。"内联"之后实现"外挤",即加强与国际市场的联系,利用"内联"带来的发展优势有计划地改革生产方式、提升生产效率、提升产品竞争力,进而将经济发展和对外开放优势转化为融入国际市场的竞争力。总之,大连市通过"内联外挤"的战略方针,建立了东北地区沿海发展经济网,不仅加速了东北地区对外开放的步伐,也使得大连逐步成为了东北地区最大的国际贸易中心和东北地区对外开放的重要窗口,支援和带动了东北内陆地区的快速发展。

(5)设立大连市经济技术开发区。大连市积极利用国家支持新开放的沿海城市划定地域区域兴办新的经济技术开发区的优惠政策,在金县(现在的大连市金州区)兴建了大连市经济技术开发区。开发区的发展定位是以大连港口为依托,以东北腹地为后盾,通过中外合资、外商独资以及合作经营等方式吸引国外资金、先进的生产技术以及成熟的管理经验,发展技术型、知识型的工业企业。如今,大连经济技术开发区经济总量排在了国家级开发区前列,已经成了大连经济发展圈的重要功能区之一。同时,该经济开发区也正在发挥对外开放"带动器"的功能,可以依托环渤海经济发展带和东北亚经济圈,带动辽宁省及东北地区的经济发展,成为东北地区走向世界、深入推进对外开放"海上门户"的趋势正在加强。

2. 辽东半岛的全面开放

辽东半岛是我国第二大半岛,斜插入黄海和渤海之间,长达340千米,海岸线长达2 000余千米,面积将近3万平方千米,是东北地区实施对外开放重要的出海通道。大连作为辽东半岛最南端的"窗口城市"不仅成为辽东半岛经济发展的"排头兵",也成为辽东半岛实施对外开放的"先行者"。自1984年大连成为国家首批对外开放的沿海城市开始,辽东半岛就开始了全面对外开放的战略进程。这个战略进程以大连市对外开放作为一个"点",逐步扩大到辽东半岛的一个"面",进而点面结合推进了辽宁省内陆地区以及整个东北地区的对外开放。在分析辽东半岛开放进程的基础上(详见表2-2),可以将辽东半岛的全面开放分为三个阶段。

(1)开始阶段(1984—1987年)。在该阶段,大连市先行开放,走出了辽东半岛对外开放的第一步。之后大连经济技术开发区的建立更是以试验区的形式在享受国家优惠政策的基础上,走出了辽东半岛对外开放的特色路径。营口港、丹东港以及大东港的开放以及辽宁省各个城市开放区的建立都是一种"点的尝试",为辽东半岛的全面开放积累了经验。

(2)发展阶段(1988—2002年)。在该阶段,辽东半岛正式确立了外向型经济的发展方向和发展路径。在1988年1月召开的加速辽东半岛外向型经济建设大会上,辽宁省政府就确定了将辽东半岛外向型经济发展作为辽宁省中心工作的发展思路。之后,国家和辽宁省通过工作会议、政策规定等多种方式夯实了辽东半岛对外开放的政策基础,明确了路径选择。其中辽东半岛开放区的建立是辽东半岛全面开放的标志性事件,为东北地区实施对外开放搭建了重要的平台。1988年3月,沿海地区对外开放会议召开,之后批准了辽东半岛8市、17县区全部对外开放,建立起了辽东半岛经济开放区。辽东半岛经济开放区总面积达5.3万平方千米,是以大连、营口和丹东作为经济和开放中心,以沈阳作为腹地的中心城市,建立了辽宁省乃至于东北地区实施对外开放、融入东北亚经济发展圈的窗口。同月,辽东半岛加快对外开放的政策规定出台,细化了辽东半岛推进对外开放的举措和步骤。一是审批权下放。二是外商投资企业按照80%征收企业所得税,3 000万美元以上的项目减免15%的企业所得税。三是强化对开发区内现有的200多个外资企业的支持。四是允许外商承租和包片大连开发区和营口鲅鱼圈出口工业区的土地。五是在大连市和营口市可以开展国际转口贸易,外国货物可以免税进出。经过采取一系列举措,辽东半岛经济开放区得到了长足的发展。1988年,辽宁省在投产建设的168家"三资"企业中,90%以上都建立在开放区内。1990年全区地区生产总值达到了691.7亿元,比1988年的581.2亿元增长了19个百分点。

(3)巩固提升阶段(2003—2021年)。本阶段的时间段不在东北地区对外开放的"起步期"内,但是为了达到对于辽东半岛开放进程论述的完整性,在此一并做以简要论述。在该阶段,辽东半岛的对外开放路径进一步明确,在东北老工业基地战略以及国家对外开放等政策的支持下,辽东半岛经济开放区逐步向辽宁沿海经济带转变,依托环渤海地区的外向型优势、东北腹地的内陆支撑区优势以及东北亚地区的国际市场优势将区域发展定位框定为东北地区对外开放的重要平台、载体以及我国沿海经济增长极。

表2-2 辽东半岛全面开放进程情况统计表

时　　间	标志性事件
1984 年 5 月	国务院正式批准大连成为国家首批开放的 14 个沿海港口之一
1984 年 9 月	建立大连经济技术开发区
1984 年 9 月	营口港对外开放
1985 年 3 月	营口市开始享有 14 个沿海开放港口城市的某些特权和优惠政策
1985 年 4 月	丹东港对外开放
1985 年 12 月	大连周水子机场对外开放
1986 年 1 月	沈阳、大连、鞍山、抚顺、本溪、丹东、锦州、营口、辽阳、阜新、铁岭、朝阳、盘锦等 13 个城市对外开放
1987 年 12 月	辽宁丹东港大东港区对外国籍船舶开放
1988 年 1 月	辽东半岛外向型经济建设大会召开
1988 年 2 月	辽东半岛对外开放工作会议召开。明确了辽东半岛实施对外开放的基本路径:以大连市作为重点,五个沿海城市先试先行,逐步向辽东半岛的中部城市展开
1988 年 3 月	3 月 2 日,辽宁省出台《关于加速辽东半岛对外开放的若干政策规定》
	3 月 4 日,辽东半岛享受沿海地区对外开放的优惠政策
	3 月 18 日,辽东半岛所属的行政区划全部对外开放
1988 年 6 月	营口港鲅鱼圈港区对外轮开放
1989 年 3 月	锦州港对外轮开放
1990 年 7 月	辽东半岛的开发和建设列入了辽宁省的 5 年计划之内
1991 年 5 月	辽宁省将辽宁高新技术产业建设和开发规划为"伞"形开发带模式,准备将其建设成为对外开放的"窗口"
1992 年 10 月	营口经济技术开发区设立
1996 年 7 月	旅顺经批准的部分地区对外开放
1999 年 3 月	葫芦岛港对外开放,成为国家一类口岸
2000 年 4 月	辽宁大连出口加工区成为国家批准设立的首批试点加工区

数据来源:根据辽宁省地方志官方网站整理,http://www.lnsdfz.gov.cn/。

3. 辽宁省的先行开放

辽宁省通过从大连到整个辽东半岛的开放进程实现了全省的对外开放,走在了东北地区对外开放的前列,成为东北地区对外开放的"先行者"。

(1)对外贸易方面。1978 年,辽宁省进出口贸易总额为 26.14 亿美元,1979 年增长到了 41.5 亿美元,增长率达到了 59%。其中,出口总额由 26 亿美元增长到了 40 亿美元,增长率达到了 54%。1979—1989 年,辽宁省的进出口贸易额更是实现了跨越式增长,由 26.14 亿美元直接增长到了 200.3 亿美元,增长了将近 7 倍。2002 年,辽宁省的对外贸易额更是实现了长足的发展,全年海关进出口总额达到了 217.4 亿美元,对外贸易伙伴增长到了 197 个。

(2)利用外资方面。在对外开放之初,辽宁省利用外资水平不高,1979 年全年签订利用外资合同 11 个,金额为 113 万美元。1989 年,辽东半岛对外开放进入全面开放阶段,签署利用外资合同 471 个,实际利用外资 5.89 亿美元、比 1979 年增长了 5 200 倍。之后,在对外开放政策的支持下,辽宁省利用外资能力进一步提升,到了 2002 年辽宁省签订利用外资合同项目就已经达到了 2 132 项,合同金额达到了 74.3 亿美元。

(3)对外承包和劳务出口方面。辽宁省的对外承包和劳务出口起步相对较晚,1982 年签订对外承包工程合同仅有一个,合同额为 36 万美元。对外劳务合作签订合同 3 个,合同金额为 7 万美元。1984 年大连对外开放之后辽宁省的对外承包合同数有所增长,1985 年合同数达到了 32 个,合同金额为 6 523 万美元,对外劳务合作签订合同 45 个,合同金额达到了 1 521 万美元。2002 年辽宁省在对外承包工程和劳务合作方面一共签订合同 1 017 份,合同金额共计完成了 5.5 亿美元,全年出国的劳务派遣人员达到了 5.2 万人。

与辽宁省对比,在东北地区的起步期(1984—2002 年)内吉林省和黑龙江省的对外开放进程则相对较慢。在对外贸易领域,吉林省 1978 年对外贸易进出口总额为 0.64 亿美元,1989 年为 35.15 亿美元,2002 年为 37.07 亿美元,分别为辽宁省相应年份的 2.4%、17.5% 和 17%。黑龙江省 1978 年对外贸易进出口总额为 0.8 亿美元,1989 年为 53.2 亿美元,2002 年为 43.5 亿美元,分别为辽宁省相应年份的 3%、26.6% 和 20%。在利用外资方面,吉林省 2002 年签订利用外资合同 361 个,合同金额为 7.96 亿美元,仅为辽宁省同年份的 10.7%。签订对外承包工程合同金额为 2.4 亿美元,为辽宁省同年份的 43.7%。黑龙江省 2002 年签订利用外资合同 199 个,合同金额为 14.1 亿美元,金额仅为辽宁省同年份的 19%。对外承包工程共计签署了 17 个项目,价值为 0.02 亿美元的合同,金额仅为辽宁省同年份的 0.4%。

综合以上数据来看,在东北地区对外开放的起步期内,辽宁省的对外开放走在了东北三省的前列,成为东北地区对外开放的"先行者"。

(二) 由沿边到内陆的多地域协同开放

在东北地区对外开放的进程中,1992 年是一个重要的时间节点,因为从 1992 年开始东北地区对外开放开启了新一轮高潮,东北地区的对外开放进程开始由辽宁沿边地区向内陆地区推进。

1992 年 10 月,中国共产党的第十四次代表大会召开,明确了对外开放要形成"多层次、多渠道、全方位开放的格局"。以此为标志,东北地区对外开放开始由沿海地区扩大到了内陆地区。黑龙江省和吉林省作为东北地区的重要内陆地区,在国家政策的大力推动下不仅加快了对外开放进程,同时通过两个内陆省份的对外开放建立起了东北地区多地协同开放的大好局面。

1. 黑龙江省对外开放

黑龙江省位置特殊,毗邻俄罗斯远东地区,边境线长达近 3 000 千米,是我国东北地区最北部的省份,更是东北地区向北开放的最前沿地区。

(1)黑龙江省对外开放的历史阶段。在东北地区的起步期内(1984—2002 年),按照对外贸易的发展程度,可以将黑龙江省对外开放分为恢复边境贸易、新的发展、下降和回升四个历史阶段。

恢复阶段的时间可以定义为 1984—1987 年。该阶段内,在中苏关系有所缓和的政治背景下,以黑龙江省和俄罗斯远东地区为区域代表的边境贸易逐步开始恢复,贸易采取的主要方式是易货贸易。虽然此阶段内黑龙江省也与其他国家进行贸易往来,但总体来看该期间贸易规模比较小。在 1984—1987 年四年间,全省进出口总额仅有 25.8 亿美元。

新的发展阶段为 1988—1993 年。该阶段内中苏边境贸易正式回暖,两国借助黑龙江省和苏联边境地区地理毗邻的优越条件推进了易货贸易和经济技术合作的进程。1988 年,国务院下发的《关于黑龙江省对苏联边境易货贸易和经济技术合作问题的批复》成为两国边境贸易取得新发展、进入新时期的重要标志和政策保障。在该文件中,在口岸开放、项目审批、减免税收、易货贸易以及经济合作项目等方面给予了优惠政策。1988 年,黑龙江省进出口总额为 12.4 亿美元,到 1993 年进出口总额已经增长到了 33 亿美元,年均增长 28%。另外,在 1989 年 4 月,漠河、虎林、密山、饶河、萝北、嘉荫六个对苏边贸口岸开放,进一步加快了黑龙江省对外贸易的步伐。

下降调整阶段的时间为 1994—1999 年。在该时间段内,由于我国实行宏观经济调整政策,加之黑龙江省最重要的对外贸易伙伴俄罗斯经济发展缓慢、政治局势

动荡,黑龙江省的对外贸易出现了下降趋势。1994 年,黑龙江省的进出口总额为
24.3 亿美元,与前一年相比减少了 8.7 亿美元,下降了 26.4%。到 1999 年进出口
贸易减少到了 21.9 亿美元,比 1994 年下降了 10%。

稳步回升阶段的时间为 2000—2002 年。在该时间段内,随着我国经济宏观调
控力度的加大,我国经济运行趋于平稳。同时,俄罗斯政局逐步稳定,中俄关系发
展进入新时期,两国之间的贸易发展也进入了稳步发展的阶段。因此,从 2000 年
开始黑龙江省的进出口贸易额开始大幅度回升。2000 年进出口贸易额达到了
29.9 亿美元,同比增长了 36.5%。到 2002 年进出口贸易额出现了大幅度的增长,
达到了 43.5 亿美元,对比 1999 年增长率达到了 98.6%。

(2)黑龙江省对外开放的特点。一是地域性明显。黑龙江省紧邻俄罗斯(苏
联)远东地区,借助这种地域优势以及特殊的毗邻历史,俄罗斯(苏联)成为了黑龙
江省最大的贸易伙伴。以 2000—2002 年的对外贸易数据为例(详见表 2-3),我们
可以看出黑龙江省与俄罗斯之间的进出口贸易额在 2001 年、2002 年都超过了黑龙
江省对外贸易的一半以上,2000 年虽然有所偏低,但是也超过了 45%,且在这三年
内与俄罗斯的进出口贸易额全部都超过了黑龙江省与亚洲国家进出口贸易额的总
数。二是以利用外资为重点的经济技术合作水平有了长足的发展。黑龙江省利用
外资的发展进程具有鲜明的特点:从速度角度看,是一个由慢到快的进程;从规模
角度看,是一个由小到大的进程;而从效益角度看,则是一个由低到高的进程。这
个逐步变化的发展进程与黑龙江省对外开放以及对外贸易发展的进程几乎一致,
从某种角度上甚至可以说黑龙江省利用外资的过程就是其建立对外开放体系、完
善对外开放模式的发展历程。利用外资金额方面,1985 年签订项目 53 个,合同金
额为 0.9 亿美元,到 1987 年外商投资项目的和合同金额就突破了 1 亿美元大关,
达到了 1.1 亿美元。经过阶段性的实践,到了 2002 年黑龙江省利用外资的水平更
是实现了新的突破,签订合同数达到了 199 个,为 1985 年的 3.8 倍,合同金额达到
了 14.1 亿美元,为 1985 年的 15.7 倍。外商直接投资项目由 1985 年的 36 个增长
到了 2002 年的 199 个,合同金额由 0.3 亿美元增长到了 11.2 亿美元,增长了 36
倍。黑龙江省通过利用不断增多的外资项目,不仅拓宽了经济发展的渠道,同时由
于引进了国外先进的技术,带动了黑龙江省的经济技术改革,为黑龙江省下一步的
对外开放打下了坚实的经济基础。三是口岸建设逐步形成体系。口岸作为地方对
外开放的重要平台,不仅促进了黑龙江省地域经济的快速发展,同时口岸经济也成
了黑龙江省对外开放的重要标志。1989 年,漠河、虎林、密山、饶河、萝北、嘉荫、东
宁、逊克口岸开放;1992 年,黑河、绥芬河、抚远、哈尔滨口岸开放;1993 年,呼玛、孙
吴口岸开放。在口岸开放的基础上,黑龙江省将优化和扩展口岸功能作为发展基

础,将经济技术开发区、边境合作区建设作为经济增长点,构建了黑龙江省对外开放的边贸发展平台。同时,经过口岸功能的不断优化,也为黑龙江省经济发展创造了良好的周边国际环境,提升了外商的投资热情。到1988年,黑河、绥芬河边境经济合作区以及黑龙江省批准建立的10个边境经济合作区累计签订的外资项目金额达到了9 024万美元。其中,黑河、绥芬河两个经济合作区发展更是迅速,外资投资项目金额达到了7 320万美元,占这些边境经济合作区外商投资项目总额的81%。

表2-3　2000—2002年黑龙江省对外贸易额(单位:万美元)

年份	地域					
	总额	亚洲	欧洲	非洲	俄罗斯	俄罗斯占总额比例
2000年	298 620	102 133	171 389	3 410	137 178	45.94%
2001年	338 454	101 398	210 116	2 376	179 891	53.15%
2002年	434 934	118 363	273 821	10 936	233 268	53.63%

数据来源:根据历年《黑龙江统计年鉴》整理所得。

2. 吉林省对外开放

(1)吉林省对外开放的优势和劣势。吉林省地理位置特殊,从对外开放角度分析,吉林省具有两个中心的区位优势,同时也具有两方面的区位劣势。两个中心的区位优势是指:其一,从东北地区的地理位置看,吉林省是东北地区的区位中心。吉林省南接辽宁省,北部与黑龙江省相邻,西部相连于内蒙古自治区,东部虽然没有直接毗邻日本海,但是距离日本海仅有15千米。吉林省这种特殊的区位可以为吉林省发挥交通优势连接和承接东北地区其他省份的发展优势提供非常有利的条件。其二,从整个东北亚范围来看,吉林省是东北亚的地理几何中心。东部接壤于俄罗斯远东地区,边境线长达232.7千米,东南部与朝鲜相邻,拥有1 206千米的边境线。因此,吉林省在东北亚范围内可以发挥辐射、中转和承接的重要作用。辐射指的是利用地理位置的优势,发挥辐射作用,将吉林省的优势产业、核心技术以及重要资源辐射到东北其他地区乃至于整个东北亚地区。中转和承接指的是吉林省利用地理优势实现东北地区各省之间的流通和交流、承接周边省份的生产要素流动,以至于可以将这种功能扩大到整个东北亚区域内。

另外,从地理位置角度分析,吉林省推进对外开放存在两方面的困难。一方面是"区位中心困境",吉林省位于东北地区的区位中心,要想实现对外开放就必须经过东北地区的其他省份,这不仅增加了距离和时间成本,同时也为吉林省拓宽对外开放路径制造了障碍。另一方面,内陆居中的地理位置使得吉林省缺乏出海口。虽然吉林省最东端的防川距离日本海仅有 15 千米,但是吉林省在日本海沿岸却没有出海港口,"靠海却出不了海"限制了吉林省发展海洋经济的能力和质量。虽然在对外开放的实践过程中,吉林省尝试了"借港出海"的方式,但是在"借港出海"的过程中也面临着陆路转运增加时间和价格成本以及通关过境手续办理、港口租赁使用等一系列问题,这些都限制了"借港出海"规模的扩大和举措的优化。

(2)吉林省对外开放的进程。在东北地区对外开放起步期内,吉林省的对外开放也经历了从起步到快速发展的过程。

起步阶段(1984—1991 年)。在起步阶段内吉林省对外贸易规模逐步扩大,对外贸易额逐步增加。1991 年全年实现进出口额 13.5 亿美元,比上年增长 42.1%。同时,对外贸易国也发生了新的变化,对于苏联的贸易额出现了明显的下降趋势,而对于日本、朝鲜和新加坡等国家的出口总值则呈现明显的增长趋势,这说明吉林省的对外开放渠道逐步得到了扩展。

快速发展阶段(1992—2002 年)。在该阶段内,吉林省对外开放步伐发展迅速,根据自身区域和发展实际提出了建设发达边疆近海省份的战略目标。1992 年3 月,吉林省珲春市对外开放,建立边境经济合作区;4 月,长春航空口岸开放;8月,长春市整体对外开放。1993 年 11 月,吉林大安港对俄罗斯籍船舶开放。2000年 4 月,吉林省珲春市成为国家首批设立的 15 个出口加工区县之一,其进出口额实现了大幅度增长。1992 年全年吉林省进出口额为 20.1 亿美元,比 1991 年增长48.9%,出口大于进口 3.6 亿美元。2002 年进出口额达到了 37 亿美元,比 1992 年增长了 84%。总体来看,该阶段吉林省对外开放已经正式进入了快速发展、成熟壮大的阶段。

(三) 由少数到多数的外向型产业布局形成

通过对外开放,东北地区的产业不仅实现了由少数到多数的变化,同时完成了外向型的布局。

1. 市场主体多元化

扩大对外开放,需要拓展多元化的国际市场,东北地区的各个省份在对外开放之初就在加大力量拓展国际市场。黑龙江省的对外贸易在相当长的一段时间内,黑龙江省的大部分对外贸易都是与俄罗斯开展的,在 1992 年全国对外开放大潮的推动下,黑龙江省扩大了对外开放的范围和领域,全年先后与 30 多个国家和地区签订了利用外资合同。到了 2002 年,黑龙江省的国外市场主体得到了跨越式发展,除了传统的亚洲和欧洲外,进一步加大了与非洲、拉丁美洲以及大洋洲的经济合作,经济贸易往来的国家和地区已经达到了 150 个。吉林省对外贸易业务不断扩展,对外贸易合作对象也在不断增加。1992 年,吉林省在日本、韩国、美国、德国、菲律宾、加拿大等国家和地区建立了 50 个常驻机构用来开辟国外市场。2002 年,吉林省的对外贸易合作伙伴进一步增加,商品出口市场已经遍布全球 145 个国家和地区,进口商品市场扩展到了 72 个国家和地区。辽宁省在巩固原有国际市场的同时,极力开拓国际市场的范围,先后在非洲、中东以及拉丁美洲等地区开发市场。1992 年年底,辽宁省已经与独联体各国、波兰、匈牙利、朝鲜、越南、保加利亚等国家的 100 多家企业建立贸易往来。2002 年年底,辽宁省进行对外贸易往来的伙伴已经达到了 197 个之多。

2. 商品结构逐步丰富

从出口商品的结构看,改革开放之初,东北地区的出口商品结构主要以初级产品为主,大部分附加值、技术值以及加工程度都相对较低,资本和技术密集型产品相对较少。但是随着东北地区对外开放程度逐步加深,东北地区的出口商品结构逐步得以丰富,工业制成品、精加工产品以及机电产品的比重逐步增加。从进口的商品结构看,东北地区对外进口最初以技术和资金为主,之后逐步偏向于进口资源型和战略型的商品,突破了传统的技术型、资金型的限制,将进口的商品范围扩展到了国内比较稀缺、不可再生的资源、大型机械和运输设备以及一些高技术附加值的产品方面。

3. 旅游业发展迅速

伴随着东北地区对外开放程度的不断加深,东北地区的旅游业发展迅猛,市场秩序不断优化,出国和接待国外旅游人数逐步增加,旅游业的发展极具活力。黑龙江省 1990 年出国旅游人数为 0.6 万人,到 2002 年出国旅游人数已经达到了 71.7 万人,是 1990 年的 120 倍;接待国际旅游人员也实现了迅速增长,1990 年接待人数为 0.3 万人,2002 年接待人数是 6.7 万人,是 1992 年的 22 倍;旅游收入也实现了成倍增长,1990 年黑龙江省国际旅游外汇收入总额为 3 331 万美元,2002 年已经增长到了 29 717 万美元,年平均增长率达 7.92%。吉林省和辽宁省的旅游业发展速度也较快,吉林省 2002 年接待入境旅游人数 29.39 万人,同比增长 8.2%,旅游外汇收入为 8 700.32 万美元,同比增长率为 14.8%;辽宁省 2002 年外国入境人数为 79.4 万人,相较上一年增长了 28.3%,外汇收入为 5.5 亿美元,同比增长率为 18.9%。

(四) 由政策到制度对外开放层次不断深化

我国对外开放的起步采取的是由特区试点进而大范围推广开来的模式,这种模式具有以下几方面特点：一是特区是国家开放政策的"接受者"，即中央给予政策和思路，特区享有一系列优惠的政策，通过这些政策特区招商引资，扩展对外开放的领域，实现一个特定区域的对外开放。二是在特区进行对外开放的同时，国家在总结特区对外开放经验的基础上在全国的其他地区逐步推行了因地制宜的对外开放政策。三是开放的经济体和区域以外部市场为主，偏向"外源性"的增长。

东北地区的对外开放也是由这种政策性的开放开始的。1984年，《沿海部分城市座谈会纪要》的发布标志着东北地区享受优惠政策、实施对外开放的正式开始。之后伴随着口岸和重点沿边地区的开放，国家的优惠政策进一步夯实，为东北地区的对外开放奠定了优厚的政策基础。随着国家改革开放程度的逐步加深，地区的开放政策刺激了地区自我提升和发展的能力，尤其是1994年之后的地方政府税制改革，使得地方政府税收征收体制进一步完善、权力进一步扩大，可以结合区域发展实际调节部分税种的征收和减免额度，这也进一步优化了地方政府的创新发展模式，加快了对外开放的进程。

2001年，中国冲破层层阻滞正式加入了世界贸易组织（WTO），对于我国对外开放来说，这是一个历史性时刻，因为这不仅标志着对外开放由政策性到制度性的转变，同时也标志着我国开始构建了"制度型"的对外开放经济发展机制。WTO在市场准入、关税调整以及贸易规则等方面都建立了统一、公平的市场环境，这就要求我国也必须适应这种制度性的调整，在涉外经济管理体制以及对外开放的适应性制度方面都要适时做好调整。因此国内的相关法律法规和政策就要与时俱进，逐步适应这种国际的通用规则。这个过程不仅加快了我国融入世界经济发展洪流的速度，同时对于我国地区发展也有直接的带动作用。东北地区随着国家制度型开放的进程也实现了区域的制度型对外开放，抓住了东北亚区域经济一体化的国际区域发展机遇，在进行区域深层次改革的基础上，实现了体制机制的创新，积极主动地参与到了东北亚地区国际开放进程和经济发展进程之中。

三、东北地区对外开放的加速

2003年，国家正式吹响了东北老工业基地振兴战略的号角，为东北地区深化体制机制改革、创新区域发展路径提供了强大的政策支持。对外开放，作为区域经济快速发展的重要推动力和关键举措，自然也就成为东北地区振兴发展的重要路径依托。因此，东北地区老工业基地振兴与对外开放相辅相成、相互促进，切实构建了东北地区区域经济跨越式发展的良性机制。可以说2003年是东北地区对外开放进入加速期的重要时间节点，东北老工业基地振兴战略也成为东北地区对外开放进入加速期的重要时代和区域发展背景。东北地区对外开放加速期的时间范围定义在 2003 年之后,在该时间段内,东北地区的对外开放进程呈现较快的发展趋势。

(一) 东北振兴中的对外开放

1. 东北老工业基地振兴战略的主要目的

中国东北地区曾经是中华人民共和国工业发展的摇篮,当时国家 98% 的重工业企业坐落在这里,为 20 世纪 90 年代以前我国综合国力的提升以及工业体系的形成和发展都做出了巨大贡献。在改革开放前 30 年的时间内,东北地区的工业总产值占全国的比重一直保持在 17% 左右,1960 年甚至达到了 26%,是国家非常重要的工业产品产出区。但是,随着我国改革开放以及市场经济程度的逐步加深,计划经济体制退出了历史舞台,东北地区作为最早实行计划经济的区域在市场经济体制下产生了一系列问题。例如国有企业发展较慢,动力不足,竞争力不足;产业经济发展模式滞后,区域转型升级步伐较慢;对外开放水平有待进一步提升,还没有形成系统性的对外合作发展机制。从具体发展程度看,也存在一系列问题。东北地区的地区生产总值在全国的比重中呈现明显下降趋势,几乎已经处于全国下游水平,经济发展陷入困窘,2018 年东北三省的 GDP 总额已经下降到了全国的 6%以下;东北地区在全国的工业地位也在不断下降,2001—2002 年黑龙江省的工业增长率为 −5%、辽宁省的工业增长率为 6%,均低于全国平均 11% 的工业产值增长速度。东北地区的经济发展与其土地面积和原有的发展地位已经严重不匹配,陷入了发展困境。在此背景下,国家实施了东北老工业基地振兴战略,主要有以下几个目的:一是解决东北地区存在的现实问题,促进区域的转型升级。二是培育东北地区经济发展新的增长点,实现东北区域快速、高效的发展。三是实现协调发展。从全国区域协调发展的角度看,加速东北地区的发展,提升地区经济发展水平是实现国内各个区域间平衡发展的重要举措,更是解决国内区域发展不平衡矛盾的有效方法。四是重构东北地区发展的模式和路径。

2. 东北老工业基地振兴战略中的对外开放特点

(1)夯实基础阶段(2003—2015 年)。2003—2015 年是东北老工业基地振兴战略夯实发展基础的阶段。在该阶段内,2003 年出台的《关于实施东北地区等老工业基地振兴战略的若干意见》标志着东北老工业基地振兴战略的正式开始。在该规划意见中,在体制机制创新、农业现代化、优化工业企业结构、城市转型以及扩大对外开放等几个方面制定了详细的战略举措,旨在解决东北地区发展存在的问题。之后,2007 年出台的《东北地区振兴规划》、2009 年出台的《关于进一步实施东北地区等老工业基地振兴战略的若干意见》、2014 年出台的《关于近期支持东北振兴若干重大政策举措的意见》等文件详细规划了东北地区振兴发展的具体举措和实践进程,进一步夯实了东北地区的发展基础。

在该阶段东北地区的对外开放呈现出了四个特点:一是具有明确的目标,即积极拓宽跨境市场的领域和范围,在承接国际产业转移的基础上,实现投资主体的多元化、国外化,切实提升利用外资的水平和能力。二是对外开放具有明确的定位。在该阶段对外开放不仅是东北地区区域发展的重要举措,同时也是东北老工业基地振兴的重要途径。三是对外开放的方式明确。发挥东北地区的区位优势,加快构建与周边国家合作的平台成为该阶段东北地区对外开放的重要方式。四是对外开放的主要区域明确。2012 年,国家出台的《中国东北地区面向东北亚区域开放规划纲要(2012—2020 年)》中将东北亚区域作为东北地区对外开放的重要区域,强调要将东北地区建成我国面向东北亚开放的重要枢纽。

(2)蓄力提升阶段(2016—2018 年)。蓄力提升阶段的时间指的是 2016—2018 年。以 2016 年出台的《关于全面振兴东北地区等老工业基地的若干意见》为标志,东北地区的振兴发展进入了新阶段。在该阶段,区域振兴的重要性和紧迫性进一步提升和增强,在国家总体区域发展规划中的地位也得到进一步强化。另外,随着《推进东北地区等老工业基地振兴三年滚动实施方案(2016—2018)》《东北振兴"十三五"规划》等文件、规划的出台,东北地区区域发展得到了强有力的推进,不仅积蓄了下一步发展的力量,同时在分析区域发展实际的基础上指出了下一步东北地区发展的现实问题、目标和实践举措。

在对外开放层面,该阶段呈现出了三个特点:一是融入"一带一路"成为重要的发展路径。在该阶段,东北地区对外开放的发展路径是积极融入国家"一带一路"倡议的整体进程之中,通过"一带一路"倡议的深入推进将东北地区进一步打造成为我国北向开放的重要窗口。二是东北地区对外开放的意义进一步增大,已经成为优化我国与周边国家睦邻友好关系的关键性举措。三是对外开放的举措进一步细化。例如,深化毗邻边境地区的跨境合作、提升边境城市的规模和综合实力以及建立重点开放试验区等。

(3)全面振兴阶段(2019 年至今)。2019 年 8 月,中央财经委员会第五次会议召开,会议指出全国要形成优势互补高质量发展的区域经济布局。东北地区作为我国重要的区域经济板块承担了更加重要的经济任务,以此为标志,东北地区的发展进入了全面振兴阶段。

在该阶段,对外开放作为地区发展的"着力点",特点更加突出。一是强化打造对外开放新前沿。将东北地区规划为我国对外开放的新前沿,同时积极发挥区域的比较优势,将吸引跨国企业作为加深东北地区对外开放程度的关键性举措。二是强化对外开放的新观念。在抛弃原有"封闭"思想的同时,大胆去闯、去干,不单纯依靠国家政策,实现由政策性开放到区域自主性开放的转变。三是强化人才的作用,将关键性人才的培育和引进划入推进对外开放的重要因素之中。

(二)对外开放成为东北振兴发展的新动力

虽然东北振兴战略已经取得了一定的成绩,但是面临世界百年未有之大变局的国际形势以及自身转型升级的发展困境,东北地区的振兴任务仍然任重而道远。未来一段时期仍将是东北地区经济发展的困难时期,更是东北地区探索发展方向、积蓄发展力量的关键时期。当前,对外开放已经成为我国优化发展布局、提升经济发展质量、建立与世界深度联系的重要方式。因此,东北地区应该积极打造对外开放新前沿,将高水平的对外开放作为东北地区振兴的新动力推进区域经济发展。

要实现东北地区以上的目标,要做到以下三个方面。

1. 开创高水平开放的新局面

将东北振兴发展作为一个区域发展的总体基调,在此基础上可以开创该地区全面开放的新局面。一方面利用地缘优势,深化东北地区与东北亚国家的深度合作,切实构建体系完善的面向东北亚的开放机制。另一方面,积极解决东北地区在深化与东北亚各国合作过程中存在的问题,如产业结构不合理、产能过剩、经营管理机制落后、对外开放竞争力不足等,在积极解决问题的同时夯实东北地区面向东北亚的合作基础。

2. 以开放促进改革

通过对外开放可以倒逼东北地区的市场化改革,形成全面、全方位振兴的良好局面。其一,通过高水平的对外开放可以激活市场主体的活力。东北地区国有经济占比过高,民营经济发展滞后,严重影响了东北地区的市场活力,区域经济发展内生动力不足。据统计,黑龙江省国有经济占比超过50%、吉林省超过40%、辽宁省超过30%。通过对外开放可以推进高水平、高标准市场经济体制的建设进程,积极落实竞争中性原则,形成资本和资源的集聚效应,进而充分激发市场活力。其二,通过对外开放可以倒逼国有企业改革。在东北地区的所有制结构中,央企、国企规模庞大,数量较多,不仅抢占了民营经济的发展空间,同时一些"老字号""原子号"企业高耗能、粗放型发展趋势明显,缺乏核心竞争力且转型困难。通过对外开放可以进一步激活市场竞争机制,盘活国有企业,提升国有企业改革效率和竞争力,确定国有企业向关键性、战略性、基础性和先导性的行业和领域发展。其三,通过对外开放可以提升政府的服务意识和发展意识,深化行政制度改革,优化区域的营商环境。

3. 实施区域创新发展

创新发展已经成为东北地区解决区域经济下行、建立新的经济增长极的重要方式。强化装备制造业"走出去",可以培育东北地区对外开放的优势"支撑点"。推进双边和多边科技合作,可以建立东北地区与周边国家政治经济体之间科技合作新模式。生产性服务业的对外开放,可以加强与发达国家和国内发达地区的生产性服务领域的合作程度,推动地区生产性服务领域向专业化和高端化的方向延伸。

(三) 东北地区对外开放的新机遇

随着我国社会经济发展进入新时代,新的发展形势和新的发展机遇并存,中国的各项事业发展也迎来了前所未有的历史契机,对外开放更是进入了加速发展的跨越阶段。这些都成为东北地区深入推进对外开放的新机遇。

(1)"一带一路"倡议成绩斐然,已经成为世界各国合作和交流的重要平台和机制。同时,"一带一路"倡议的发展也为东北地区对外开放提供了新动能,逐步改变了东北地区的经济区位,优化了东北地区对外开放的周边国际环境。黑龙江省提出了"黑龙江陆海丝绸之路经济带"的总体设想,将区域经济发展和对外开放融入国家"一带一路"倡议的建设之中,明确了"一窗四区"的对外开放定位,将通道建设、产业集聚、国家贸易、基础设施完善以及跨境合作作为着力点推进黑龙江省开放型经济的快速发展。吉林省以长吉图开发开放先导区为依托,正在努力将整个省域建设成为东北亚经济合作的核心基地以及"一带一路"北线的供给端。2019年,吉林省印发《吉林省人民政府关于印发"一主、六双"产业空间布局规划的通知》,细化了吉林省对外开放的重点举措,指出构建沿边开放经济带和融入中蒙俄经济走廊是近一段时期内吉林省完善对外开放格局的着力点。辽宁省在对外开放层面打出了一套"组合拳",明确了陆海联动、东西互济的"一体两翼"对外开放格局,以"一带一路"综合试验区为载体,向东积极创新经贸合作机制打造东北亚经贸合作先行区,向西建设中东欧 17+1 经贸合作示范区。同时创新了国际经贸合作形式,举办了首届辽宁国际投资贸易洽谈会,用贸易洽谈会的方式集聚了国际投资动能。自由贸易试验区建设更是成果丰硕,国家试点任务全部完成,成为东北地区最重要的对外经济发展"高地"。

（2）人类命运共同体构建进入了实质性推进阶段，尤其是2020年突如其来的新型冠状病毒疫情的肆虐更是证明了建立人类命运共同体的现实可行性，人类命运共同体已经逐步成为引领人类未来的全球共识。东北地区的对外开放就是要建立一个周边区域命运共同体、利益共同体和发展共同体，进而建立一个"周边地区合作共赢的新秩序"，这些都是人类命运共同体的重要组成部分和关键环节。因此说，人类命运共同体建设步伐的加快，成为了东北地区对外开放深入推进的重要机遇。

（3）中国对外贸易发展前景广阔。进入新时代以来，我国对外经济贸易发展速度持续加快。2017年全年进出口总额为278 099.24亿元，2018年为305 010.09亿元，2019年为315 627.32亿元，2020年虽然受到新型冠状病毒肺炎疫情的影响，全年进出口贸易额也保持了增长趋势，达到了321 556.93亿元，增长率达到了1.9%。总之，新时代背景下国家对外开放的速度和规模将不断加大。在这种背景下，东北地区有望通过对外开放在东北亚范围内深入推进对外贸易合作，打造我国向北开放的重要门户和我国与东北亚开放合作的新高地。

第三节　东北地区对外开放的定位

对外开放作为东北地区与世界其他国家和地区积极互动的直接方式，具有与时俱进的特点，发展定位会根据国际形势、国家发展战略以及区域发展实际进行适时、实时的调整，只有这种与时俱进的互动才能成为东北地区经济发展的直接动力。本小节研究和解读了东北地区对外开放定位的生成与延展，并以对外贸易作为参照探讨了东北地区对外开放的主要合作对象。

一、东北地区对外开放定位的调整

随着国家对外开放战略布局的逐步完善以及东北振兴战略的深入实施，东北地区对外开放的基本定位也在不断发生变化，通过不断延展逐步凸显东北地区以及东北地区对外开放的重要性。

（一）我国向东北亚开放的重要枢纽

2012年3月，国家发展和改革委员会发布的《东北振兴"十二五"规划》中明确了东北地区实施对外开放的基本定位，指出要将东北地区建设成为我国向东北亚开放的重要枢纽。在该项定位中主要有四方面含义：一是以沿海、沿边开放为重点,依托重要城市和开放平台构建东北地区面向东北亚地区的全面开放新格局;二是通过深化与俄罗斯等国的合作,夯实与周边国家互联互通的设施基础,整合区域发展资源,打造我国对外开放的新高地;三是以优化外贸结构、推动出口市场多元化为重点,依托口岸、服务资源以及品牌优势积极推进东北亚地区内的跨境经济合作进程;四是加速东北地区开放型经济模式的建设速度,将东北亚地区作为东北地区利用外资和对外投资的重点区域,统筹推进"引进来"和"走出去"。

(二)我国面向东北亚开放的重要门户和核心区域

在《中国东北地区面向东北亚区域开放规划纲要(2012—2020年)》(简称《规划纲要》)中明确指出"东北地区是我国面向东北亚开放的重要门户和核心区域"。与《东北振兴"十二五"规划》中"重要枢纽"的定位相比,该定位进一步强调了东北地区及区域对外开放在我国对于东北亚开放中的重要作用。从"枢纽"到"门户"和"核心区"的转变集中凸显了两方面的含义:一是东北地区对外开放的作用在逐步增强,东北地区对外开放的意义已经上升到了国家整体对外开放格局优化、构建良好周边国际环境以及推进东北老工业基地振兴战略的高度;二是东北地区自身的区域地位进一步提升,已经成为我国对外开放的战略重点区域、睦邻友好沿边示范区域和"走出去""引进来"相结合的现代化产业基地。

另外,该《规划纲要》分别从互联互通国际通道建设,边境口岸基础设施完善,重点经济区、开放功能区建设,产业、能源、资源合作以及对外贸易等几个方面统筹了东北地区对外开放的格局建设,优化了东北地区对外开放门户和核心区的专属功能定位。

(三)我国向北开放的重要窗口

随着"一带一路"倡议的提出,东北地区及其区域对外开放的战略地位进一步得以提升,东北地区成为我国向北开放的重要窗口,东北地区的对外开放成为"一带一路"倡议向北推进的关键性举措。《推动共建丝绸之路经济带和21世纪海上丝绸之路的愿景与行动》(以下简称《愿景与行动》)中明确指出要将东北地区建设成为我国"向北开放的重要窗口"。

"一带一路"倡议使得我国"走出去"战略的平台和载体具体化,构建了中国与世界深度互动的链接范式。从区位角度分析,东北地区成了"一带一路"倡议北向开放的起点区域和节点区域。起点指的是我国以此为起点,构建北向发展的大通道,进而加速我国融入经济全球化的进程。节点指的是东北地区是我国"一带一路"倡议和对外开放战略北向发展、与周边国家进行合作的对接区,即东北地区成为我国向北开放的重要窗口。

(四) 我国对外开放新前沿

由"枢纽"到"门户、核心区域"再到"窗口"的转变说明东北地区的战略地位和对外开放的地位正在逐步提升。然而,随着国家对外开放进入更大范围、更宽领域、更深层次格局构建的新阶段,东北地区的对外开放定位也实现了质的飞跃,实现了由"窗口"到"前沿"的改变。2019年,在中央财经委员会第五次会议中明确指出了东北地区"打造对外开放新前沿"的定位。这里的"新前沿"指的是国家整体对外开放格局的前沿,将东北地区的区域重要性上升到了国家发展格局构建的高度,这将为东北地区区域发展、深度融入"一带一路"建设和东北亚区域合作产生极为深远的影响。

"打造对外开放新前沿"不仅肯定了东北地区在推进"一带一路"倡议以及国家对外开放格局中的战略地位,同时也指明了东北地区下一步实施对外开放的战略目标和发展定位。因此,东北地区应该以对外开放作为关键性举措,一方面积极推进区域全面、全方位振兴,进而实现区域协调发展;另一方面应该努力打造开放型、高质量的经济体制,探索构建"中国东北-东北亚"一体化发展模式,进而切实提升国家边疆治理能力、优化周边国际发展环境。

二、东北地区对外开放的主要对象区域

东北地区地处东北亚的几何中心,因此东北地区的对外开放具有明显的地缘特点,即东北亚国家是东北地区的主要对外开放对象,且可以预见未来东北地区在东北亚区域经济一体化进程中的作用将越来越重要。此外,欧洲、美洲等地的发达国家也是东北地区重要的对外开放对象。加上多年来东北地区对外开放程度不断加深、多元化的国际市场不断扩展,使得对外开放的"朋友圈"不断得以扩大。下面我们以东北地区各个省份的对外贸易数额为基础数据分析东北地区主要的对外开放对象。

(一) 黑龙江省:对俄贸易占据重要位置

在黑龙江省的对外贸易主要构成国中,俄罗斯、日本、韩国以及美国等国家成为其重要的对外贸易合作国。尤其是与俄罗斯之间借助悠久的对外贸易历史、毗邻的地理条件以及良好的政治合作氛围更是构建了极为密切的贸易合作关系,俄罗斯成为黑龙江省的主要贸易合作国和极重要的对外开放对象。总体来看,黑龙江省与俄罗斯之间的贸易合作呈现三方面特点:一是与俄罗斯之间的对外贸易

额占黑龙江全省对外贸易额的比重持续上升趋势明显,黑龙江省与俄罗斯之间的贸易合作总体发展前景良好;二是俄罗斯是黑龙江省最重要的贸易合作国,在2010—2018 年几乎每年都占据了半壁江山;三是黑龙江省与俄罗斯之间的贸易成为中俄对外贸易的重要组成部分。

另外,由表 2-4 我们可以明确地看出东北亚地区已经成为黑龙江省重要的对外贸易区,在该区域实现的对外贸易额几乎都超过了当年全省对外贸易额的 60%。同时,美国和欧洲等地区也成为黑龙江省重要的对外开放区域。

表 2-4　黑龙江省对外贸易情况(单位:万美元)

地区	年份									
	2010 年		2012 年		2014 年		2016 年		2018 年	
	金额	比重/%	金额	比重/%	金额	比重/%	金额	比重/%	金额	比重/%
全省	2 550 382		3 782 146		3 890 037		1 653 789		17 477 261	
亚洲	850 879	33.36	778 862	20.59	631 236	16.23	307 126	18.57	2 338 626	13.38
俄罗斯	747 356	29.30	2 130 921	56.34	2 328 318	59.85	919 213	55.58	12 205 935	69.84
日本	66 828	2.62	56 437	1.49	37 177	0.96	37 974	2.30	242 170	1.39
韩国	75 135	2.95	77 458	2.05	43 816	1.13	18 923	1.14	156 616	0.90
蒙古国	15 295	0.60	12 941	0.34	13 722	0.35	7 536	0.46	96 374	0.55
东北亚主要经济体	904 614	35.47	2 277 757	60.22	2 423 033	62.29	983 646	59.48	12 701 095	72.67
美国	224 489	8.80	211 480	5.59	214 959	5.53	102 181	6.18	512 220	2.93
欧洲	1 005 441	39.42	2 377 709	62.87	2 523 720	64.88	1 056 236	63.87	13 429 942	76.84

数据来源:根据历年《黑龙江省统计年鉴》整理所得。在该表格中东北亚主要经济体中由于个别国家数据缺失,所以只选取了黑龙江省与俄罗斯、日本、韩国和蒙古国的相关进出口数据。

(二)吉林省:德国位置特殊,东北亚地区比例较高

吉林省的对外开放对象分布主要呈现出了三方面特点:一是德国具有特殊的地位。在吉林省的产业结构中,汽车产业比重较大,汽车销量超过了国内市场的10%,汽车工业增加值超过全省的 25%,是吉林省的支柱型产业。在“十四五”时期,吉林省的汽车产业规模预计突破万亿级,本地零部件的配套供给率更是将达到70%。而德国是世界上的汽车强国,与吉林省有着悠久的汽车产业合作历史和良好的合作基础。因此,吉林省与德国的对外贸易数额较大,占全省的比重也较大,近 10 年来几乎超过了 30%。二是亚洲是吉林省重要的对外开放对象区域,对外贸易占全省的比例几乎都保持在 25%左右。其中,东北亚地区的主要经济体比例较大。由近 10 年来吉林省的对外贸易数据(表 2-5)可以看出,东北亚主要经济体(俄罗斯、日本和韩国)与吉林省之间的对外贸易额占全省的比例均在 15%以上,其中日本更是异军突起,成为东北亚范围内吉林省重要的对外贸易合作国。三是因为与德国对外贸易额较大,所以吉林省与欧洲地区的整体对外贸易合作份额较高,近 10 年来占吉林省对外贸易额的比例几乎均在 60%左右。

表 2-5　吉林省对外贸易情况(单位:万美元)

地区	年份									
	2010 年		2012 年		2014 年		2016 年		2018 年	
	金额	比重/%	金额	比重/%	金额	比重/%	金额	比重/%	金额	比重/%
全省	1 684 637		2 457 171		2 637 817		1 844 246		13 627 960	
亚洲	555 790	32.99	622 601	25.34	711 715	26.98	524 538	28.44	3 402 009	24.96
俄罗斯	62 402	3.70	82 212	3.35	57 745	2.19	43 510	2.36	624 288	4.58
日本	289 118	17.16	281 813	11.47	304 699	11.55	173 474	9.41	1 193 882	8.76
韩国	63 662	3.78	60 893	2.48	71 948	2.73	71 138	3.86	505 921	3.71
东北亚主要经济体	415 182	24.65	424 918	17.29	434 392	16.47	288 122	15.62	2 324 091	17.05
德国	510 579	30.31	922 690	37.55	1 025 422	38.87	637 175	34.55	4 057 998	29.78
美国	93 144	5.53	103 924	4.23	95 003	3.60	75 093	4.07	550 780	4.04
欧洲	927 901	55.08	1 522 601	61.97	1 664 715	63.11	1 126 022	61.06	8 268 770	60.68

数据来源:根据历年《吉林省统计年鉴》整理所得。

(三)辽宁省:亚洲是主要对外贸易对象

辽宁省是陆海兼备的东北省区,具有丰富的港口和海洋资源。所以,辽宁省的域外贸易市场资源较为丰富,拥有非常广泛的对外开放对象。但是,总体看辽宁省对外贸易主要集中在亚欧地区,其中日本是一枝独秀,同时东北亚地区与欧洲一道都成为辽宁省的重要经济合作伙伴。据 2018—2020 年数据统计,辽宁省与亚洲、日本、东北亚主要经济体(俄罗斯、日本和韩国)以及欧洲的对外贸易额占全省贸易额的比例平均分别达到了 50%、13.57%、24.57% 和 22.59%（根据沈阳海关网站相关数据）。另外，需要指出的是，美国、韩国和俄罗斯也是辽宁省的重要对外开放对象。其中，美国和韩国与辽宁省的对外贸易额占全省贸易额的比例平均分别达到了 8.49% 和 7.59%，这两个国家都是辽宁省比较重要的经贸合作伙伴。在"一带一路"倡议、"冰上丝绸之路"、中俄东北-远东合作等国家合作战略的推动下，辽宁省与俄罗斯之间的经贸合作水平较为稳定，占全省对外贸易额的比例一直保持在 3% 左右，虽然比例不是很高，但是从长远来看，俄罗斯对于辽宁省对外开放起到的促进作用将越来越大。

第三章　东北地区对外开放的驱动因素

东北地区实施且持续性推进对外开放有着深刻的历史背景和复杂的现实原因。从历史维度看,中国拥有悠久的对外开放历史,且对外开放已经成为国家快速发展的必然条件。从现实维度分析,东北地区经济发展进程中存在的问题一直驱动着对外开放程度的持续性深化,同时周边国际环境的变化和调整也成为东北地区提升对外开放能力的"刺激源"。本章拟从以上几个方面细化东北地区对外开放的历史与现实的驱动因素。

第一节　东北地区对外开放的历史与现实逻辑

东北地区的对外开放是一个不断深化和拓展的历史进程,既有历史必然性,也有现实必然性,在一定程度上可以说东北地区实施的对外开放是在历史与现实的共同驱动下展开的。下面我们从历史和现实两个维度研究东北地区实施对外开放的必然性。

一、东北地区对外开放的历史因素

(一) 中国拥有悠久的对外开放历史

中国拥有悠久的开放历史,公元前 10 世纪,周穆王就曾过葱岭抵达中亚细亚,往返 1 750 千米带去了手工艺品、巾帛等物品与沿线土著居民交换物品。公元前 5 世纪,中国就已经与日本、朝鲜等国建立了外贸商务关系。公元前 2 世纪,长安更是成为世界商贸中心。唐朝时期以其并蓄兼收对外交往准则成了古代中国对外政策的最高表现形式,也将古代中国对外交往、对外开放推向了最高阶段。当时的广州港极其发达,在公元 770 年驻港外商就已经达到了 10 余万人。这种高度开放的政策体系刺激了封建经济的发展,对于封建社会的发展起到了重要的推动作用。但是,在明朝时期对外开放步伐开始减慢,到清朝时期,封闭达到了"抛物线的顶点",致使中国的国门被外国侵略者用坚船利炮强行打开,使得中国陷入了半殖民地半封建社会。近代中国的有识之士"放眼看世界",提出了"开门通商"的思想,实际就是对外开放的雏形。到了孙中山时期,对外开放则成为其振兴国家的必由之路,他认为走向世界实施对外开放是国家繁荣和发展的必要举措,只有通过对外开放人民才能富裕,民众的生活水平才能提高,市场需求才能持续性提升。

由此可见,中华民族自古以来就存在对外开放的思想,虽然在清朝时期这种思想被抑制,陷入了闭关锁国的境遇之中,但是,近代中国仁人志士的不断努力不仅挽救了一个风雨飘摇的中国,也为对外开放思想创造了重要的实施平台和思想基础。中华人民共和国成立后,中国共产党在吸收了我国历史上对外开放的优秀思想成果的基础上,结合中国当时的发展实际和世界的发展形势,提出了对外开放的发展模式,促进了中国的快速发展。

在中华人民共和国成立后,对外开放也在党和领导人的战略考虑之中。一是主要采取特定方向的对外开放政策"一边倒"。中华人民共和国成立前夕,国际冷战格局复杂,国际上两股政治势力对抗性明显,从国家安全、意识形态以及实际政治发展局势的角度出发,我国选择了"一边倒"的外交政策。在这种外交政策背景下对外开放自然就呈现出了特定性,特定在对苏联、东欧开放。当时,通过这种定向的对外开放,中国获得了苏联的大量经济和技术援助,包括 14 亿美元的贷款和 156 个项目,这些都成了中华人民共和国发展坚实的物质和技术基础。二是向亚非拉国家开放。一方面,我国与亚非拉国家建立了经贸关系,进口了我国急需的各种物资,用于支持现代化建设;另一方面,我国对亚非拉地区的人民提供了慷慨的援助,同时在反帝、反殖民运动中给予了最大的帮助,同亚非拉人民建立了深厚的友谊。三是尝试向资本主义国家开放。由于国家的社会性质不同,当时的中国与资本主义国家之间的交往甚少,但是,从发展的角度出发,当时的中国仍然与个别资本主义国家开展了贸易往来。1950 年,我国与资本主义国家的贸易额占我国进口总额的 66.2%、出口总额的 66.8%。总之,通过一系列举措,我国的经济发展和对外开放基础逐步得以夯实,逐步改变了我国积贫积弱的国家现状,为下一步国家的发展和对外开放政策的形成奠定了坚实的物质基础。

回顾我国对外开放的历史,我们可以看到一个国家的兴衰和对外开放成正比。对外开放程度高则国家繁荣,反之则会限制国家的发展速度直至落后衰败,封建经济如此、计划经济如此,如今的市场经济背景下仍旧如此。历史是一面镜子,以史明鉴可以知兴衰更替。历史告诉我们,我国的发展离不开世界,离不开对外开放。所以,东北地区的发展也离不开对外开放。

(二)推进对外开放的必然性

要理解我国对外开放的伟大决策,就必须分析实施该项决策的历史背景,明确其时代必然性。1966-1976 年间,我国的国民收入损失达 5 000 亿元,相当于中华人民共和国成立 30 年基本建设的 80%。到 1976 年国内生产总值比前一年下降了 1.6%、出口总额下降 5.65%、进口总额下降了 12.15%。国内生产总值下降说明国家的整体发展水平相对较低、较慢,而进出口总额下降则说明当时中国的对外贸易陷入了持续收缩的境地,与国外经济体的合作几乎处于停滞的状态。中国如何发展、路在何方、发展方向是什么,这些都成为当时中国共产党和中国人民共同面对的历史选择题。在这个历史抉择点上,《实践是检验真理的唯一标准》一文毅然发出了真理讨论的时代声音,冲破了思想和认知上的禁锢。党的十一届三中全会以后,以邓小平同志为主要代表的中国共产党人更是冲破藩篱,坚定而果断地做出了对外开放的战略抉择,将对外开放纳入了中国特色社会主义建设的总体部署中。从此,对外开放政策成为我国发展特色社会主义、带领我国人民走向富强的关键法宝。

从国际环境看,20 世纪 70 年代我国所面临的国际环境持续向好。我国与美国和欧洲共同体之间正式建立了外交关系,与日本之间的关系正常化,恢复了两国外交关系;同时,与西方国家之间的关系也得到了持续性地改善。20 世纪 80 年代,我国又相继加入了中国银行和国际货币基金组织,标志着我国正式融入了世界经济发展主流体系。虽然当时苏联的威胁依然存在,但是和平已经成为主要的发展趋势。因此,综合来看,我国面临的国际环境相对稳定。同时,经济发展全球化趋势愈加明显,世界市场更是成为各个国家争相进入的经济发展平台。但是,当时的发展现状是我国与世界上其他国家的差距在逐步增大。美苏两国均已实现了太空探索,而我国还在摸索阶段。1965 年,美国、日本、德国、法国、英国的国内生产总值分别为我国的 11.5 倍、1.45 倍、1.74 倍、1.49 倍、1.53 倍。1977 年,世界上拥有核反应堆的国家已经达到了 22 个,这些国家都走在了技术的前沿。总之,当时的中国发展已经严重落后于世界上一些发展较快的国家。为了进一步明确差距产生的原因,以世界上发展较快的国家作为参照"照镜子",在当时的中国掀起了一批"出国考察热",一方面考察世界经济发展形势,对比我国的经济发展现状,找到其中的差距,进而创新举措,加速我国的经济发展速度;另一方面,希望通过出国考察进一步优化我国面临的国际环境,为下一步实施对外开放、进行多领域的国际合作打下基础。据统计,在 1978 年 1—11 月,经过我国香港地区出国和到达我国香港考察的人员有 529 批、3 213 人。高层领导人出访也达到了一个高潮,在 1978 年一年时间里,邓小平同志出访了4次,先后走访了8个国家。另外,全年有12位副总理、副委员长以上的国家领导人先后出访20次,在51个国家亲身感受了世界发展的变化和态势。通过国际发展环境的对比,我国领导人精准把脉了世界经济。同时,通过世界发展形势的对比,也看到了我国发展相对落后的形势,这些综合因素都坚定了我国对外开放的信心。

悠久的对外开放历史和推进对外开放的时代必然性都昭示着我国实施对外开放是区域发展和进步的必然选择,在这种历史和时代背景下,东北地区推进对外开放已经成了必然之势。另外,从区域角度分析,东北地区作为国家重要的沿边区域和经济板块,在国家都已经推行对外开放的整体趋势下,自身在条件成熟的时机实施对外开放不仅是服从于国家大势的正确选择,同时也是实现区域适应性发展的必然之路。

二、东北地区对外开放的现实逻辑

国家强力推进对外开放战略、构建全方位的对外开放格局成为东北地区实施对外开放的顶层驱动和现实原因。因此,东北地区"享受"到了国家已经成型的对外开放优惠政策,"借鉴"了逐步完善的发展模式,"拿来"了已经成熟的发展经验,少走了很多弯路。国家的顶层设计对于东北地区对外开放的直接助力主要体现在以下四个方面:

1. 国家对外开放为东北地区实施对外开放提供了良好的政治和经济环境

国家将对外开放作为基本国策,并通过积极的深化改革为对外开放创造了良好的发展环境,这也间接地加快了东北地区的对外开放进程。一方面,在政治领域扫清了阻碍对外开放步伐的错误思想障碍,明确了对外开放对中国发展和区域发展的重要作用,冲破了观念障碍与利益固化藩篱,为东北地区推进"引进来"和"走出去"相结合的对外开放政策创造了良好的政治背景。另一方面,通过对外开放在经济领域强化了我国与外部世界的经济联系,为东北地区对外经济发展提供了必要的路径借鉴和发展选择,加速了东北地区与外部世界各地区之间建立互鉴、互融、互通经济关系的进程。

2. 国家对外开放为东北地区构建了政策体系

对外开放并不是新事物和新政策,但是如何在当时的国情下实施对外开放却是新尝试,于是党和国家在尝试中逐步完善了政策体系。1978年是对外开放的起点,也是对外开放得以实施的历史性时刻。之后,我国根据发展的实际情况和东南沿海地区的开放现实又相继出台了一系列重要文件,从各个角度夯实了对外开放的政策基础。1979年,明确了外商来华投资的政策体系;出台了十五条经济改革措施,其中第十三条明确了出国办企业的国家政策,并指出了具体路径,拉开了我国企业试水国际市场的序幕;细化对外贸易法律体系,进一步扩大了地方政府和企业的外贸权限;明确了补偿贸易的实施办法,激发了我国劳动力、自然资源以及生产的潜力。1980年,细化了涉外企业缴纳税款的规定。1986年,通过《中华人民共和国外资企业法》规定了保障外资企业合法权益的具体举措,发布的《国务院关于鼓励外商投资的规定》成为吸引外国企业和投资者来华投资的重要法律保障。1991年,边疆边境地区积极发展边境贸易,创新与周边国家经济合作发展模式成了国家发展边疆的重要内容。至此,我国对外开放在吸引外资、出国投资、中外合资开办企业、开展加工贸易、实施边境小额贸易以及税收等方面几乎都有了一定的政策规定,逐步夯实了经济贸易领域对外开放的政策基础。因此,到1992年以后又掀起了深入推进对外开放的高潮。东北地区在之前国家出台和制定的一系列政策的支持和鼓励下,也渡过了酝酿期和准备期,在1984年正式开始实施对外开放,并一路"畅通无阻"、发展迅速,到1992年货物进出口贸易额已经达到了124.6亿美元,相比于1978年的16.43亿美元,增长率达到了658.4%。

3. 国家对外开放为东北地区建立了对外开放的路径体系

东北地区的对外开放路径是在国家对外开放路径体系的指引下实施开展的。东南沿海地区的对外开放是"摸着石头过河",是一种尝试和探索。那时候中国虽然有着对外开放的历史,但是没有对外开放的经验借鉴,对于当时的中国和当时中国的经济发展形势、所面对的国际形势来说,如何对外开放、怎么吸引外资、制定什么样的政策都成了难题。所以,当时的对外开放是渐进式的,在尝试中逐步完善。这种探索的过程为东北地区的对外开放积累了宝贵的经验,东北地区也实施了渐进式的对外开放。东北地区的对外开放从大连开放开始,在享受经济特区一系列优惠政策的基础上,试行了东南沿海特区先行的对外开放路径体系。之后,东北地区借鉴了国家渐进式、由点及线到面的开放模式,从大连开始到辽东半岛开放,最后到沿边和内陆地区的开放。可以说,东北地区的开放路径是根据东北地区经济社会发展实际做出的"模仿式"开放,模仿的是国家对外开放的思想和路径。另外,东北地区也同国家对外开放一样设立特殊经济区。虽然东北地区的经济特区有鲜明的地域特点,但是总体思路和特殊经济区的建立目的都是在国家特殊经济区建设思路和理念的指导下进行的。1984年批准设立的大连经济技术开发区,1992年批准设立的营口经济技术开发区,1993年批准设立的沈阳、长春、哈尔滨经济技术开发区等都成为东北地区对外开放的重要抓手和先试先行的关键区域。

4. 国家对外开放布局的逐步完善加速了东北地区对外开放的进程

总体来看,我国对外开放布局大致可以分为摸索阶段(1978—1983年)、初步布局阶段(1984—2014年)和双向开放布局阶段(2015年至今),且每个阶段都具有鲜明的时代特点。国家对于对外开放的总体布局作为东北地区对外开放的根本遵循,其逐步完善的过程就是东北地区对外开放布局逐步完善、逐步推进的过程。在摸索阶段为东北地区的对外开放准备了条件,积攒了经验。在初步布局阶段实现了沿海、沿边、沿江的协同开放。这种协同开放布局的实现不仅促进了东北地区的对外开放,同时也夯实了东北地区的对外开放基础,明确了对外开放路径。在双向开放布局阶段,主体思路是要在完善对外开放战略布局、实现"双向开放"的基础上,建立国际国内双循环的新发展格局。这也成为东北地区对外开放的总体思路,因此东北地区下一步应该在加大对内合作、实现国内区域协调发展的基础上,积极提升东北亚国际合作水平,建立对外开放的新高地,进而使东北地区国内国际双循环相互促进的发展格局变得更加有力、更加完善。

第二节 东北地区对外开放进程中的驱动因素

东北地区对外开放作为一种行为体系最终的目的是要解决问题,在东北地区的经济发展进程中"问题性"似乎一直伴随着整个发展过程,所以这种"问题性"的一直存在也就成为东北地区对外开放持续性深化的驱动因素。虽然1984年东北地区就正式开启了对外开放的序幕,但是在整个东北地区发展的动态过程中存在着这样或那样的问题都需要解决,因此对外开放作为区域发展的重要途径也就被赋予了更高的期望,希望能够向东部沿海地区一样通过深化与世界的互动提升区域的经济发展程度,所以东北地区发展进程中存在的问题和发展诉求一直驱动着对外开放能力的不断提升。在发现问题和解决问题的"博弈"过程中,对外开放的体系逐步得以健全、对外开放的能力得以提升、对外开放的领域得以完善,这也是东北地区对外开放探索和渐进式发展不断取得成功的具体表现。

一、东北地区发展能力呈现下降趋势

东北地区是中国的四大经济发展区域之一,经济发展期望较高、任务较重。东北地区作为一个完整的地理单元,经济发展基础雄厚,是全国重要的经济发展极和重工业基地。但是,由于各种原因,20世纪80年代开始东北地区的经济发展陷入困境,下行压力逐步增大,甚至出现了"东北现象"和"新东北现象"等增长乏力的阶段性特征,各个领域在全国的地位也随之出现了变化。这种变化的出现在某种程度上就是经济社会发展遇到的"瓶颈",但是想要尽早、尽快解决这些"瓶颈",对

于东北地区来说实施对外开放政策无疑是最优的选择。

1. 工业总产值占全国的比重逐年降低

中华人民共和国成立之初,我国工业体系并不完善,整体规模非常小。从 1949 年年底到 1950 年 5 月,我国的重工业生产总值仅有 37 亿元。之后,国家为了快速实现工业化,结合历史和区位发展实际,在东北地区布局了一系列重要的工业企业,进而确立了东北地区重工业基地的地位。尤其是"一五"时期,我国在东北地区落户了 56 项苏联援建的重大项目。同时,东北地区接续安排了一系列重点项目与苏联援建的项目相配套,仅辽宁省就配套了 730 个重点项目助力苏联援建项目的落地见效。这些举措都为东北地区成为"共和国长子"和我国重工业发展的中流砥柱打下了坚实的物质基础,根据官方资料统计,在 1978 年我国实施改革开放政策之前,东北地区的工业总产值占全国的比重一直保持在 17%以上。1960 年更是达到了历史最高,占全国工业总产值的 26%。然而随着改革开放政策的实施,市场经济大潮冲击了东北地区的国有工业体系以及成熟的、有些僵化的计划经济制度。东北地区工业企业的发展路径进一步减少,重工业比重大的现实一直没有改变,工业发展在全国的地位也逐步靠后。虽然工业总产值持续有所增加,但是在全国工业总产值中的比重下降趋势却较为明显,该项比例在 1960—1980 年下降了 10个百分点。工业增加值占全国的比重也呈现出明显的下降趋势,由 1980 年的17.8%下降到 2004 年的 9.6%。

2. 地区生产总值占全国的比重持续减小

东北地区经济发展状况可以通过地区生产总值直接体现出来。笔者以十年作为一个时间维度,列出了 1960-2020 年东北地区生产总值占全国比重情况表(表3-1)。由此表我们可以明确看出,东北地区的经济总量在持续增加。1960 年东北地区的生产总值为 424.03 亿元,2020 年为 51 124.8 亿元,年平均增长率达到了199.3%。但是,在全国经济总量中的比重却出现了持续下滑的趋势,由 1960 年28.84%下降到了 1980 年的 12.91%、2020 年的 5.03%。这种现象的出现有两方面原因:一方面是全国经济发展速度增快。随着国家体制的逐步完善,我国经济制度和经济发展模式在摸索中前进,总体上呈现出上升趋势,为我国现代化建设提供了有利的经济基础;另一方面是对外开放倒逼体制机制的逐步成熟,我国的各项经济发展和区域发展的政策更加稳定,为我国区域发展创造了历史性机遇。尤其是在市场经济大潮的冲击下,全国掀起了经济快速发展的浪潮,以东部沿海地带为龙头,辐射内地区域构建了多区域协调发展的经济布局。诚然,不可否认的是东北地区的经济总量得到了提升,但是提升速度仍不尽如人意,该地区的经济发展仍落后于全国平均水平,已经由全国经济发展的"龙头"转变为随时有"脱轨"于全国经济发展轨道的危险区域。另外,在全国比重中持续走低的地区生产总值也说明了东北地区经济发展能力的持续性下降。这种经济发展颓势的出现加速了东北地区推进对外开放的进程。

表3-1　1960-2020年东北地区生产总值占全国比重情况表(单位:亿元)

项目	年份						
	1960年	1970年	1980年	1990年	2000年	2010年	2020年
国内生产总值	1 470.1	2 279.7	4 587.6	18 872.9	100 280.1	412 119.3	1 015 986.2
黑龙江省地区生产总值	78.9	107.7	212.5	654	2855.5	8308.3	13698.5
吉林省地区生产总值	41.83	56.07	98.59	425.28	1864.84	6410.5	12311.3
辽宁省地区生产总值	303.3	296.6	281	1062.7	4669.1	13896.3	25115
东北地区生产总值	424.03	460.37	592.09	2141.98	9389.44	28615.1	51124.8
东北地区生产总值占全国的比重	28.84%	20.19%	12.91%	11.35%	9.36%	6.94%	5.03%

数据来源:笔者根据黑龙江省、吉林省以及辽宁省统计年鉴、省志整理所得。

3.对外贸易占全国的比重持续走低

东北地区是边疆和边境的重合地区,沿边优势明显,具有悠久的边境贸易历史。尤其是黑龙江省借助其特有的边境区位和历史优势与苏联远东地区很早就有经贸往来,早在17世纪两地之间就已经开始了边境民众之间的直接贸易。中华人民共和国成立后,黑龙江省与苏联远东地区的边境贸易规模持续扩大,1957—1966年间,两地的边境贸易额就达到了3 476万卢布。所以说,东北地区是较早开放边境贸易的区域。然而到了1978年国家对外开放之后,东北地区的对外贸易地位发生了明显的变化,在全国中的比重呈现出了下降趋势。表3-2中选取了东北地区对外开放的5个重要时间节点,对于东北地区对外贸易占全国对外贸易的比重和发展趋势进行了分析。1978年,我国开始实行对外开放,当时东北地区的对外开放仅处于酝酿准备期,并没有完全开放,其进出口贸易额占全国的7.97%;1984年,大连成为中央首批批准的沿海开放城市,东北地区以大连作为标志正式开始对外开放,当年东北地区地区的进出口额占全国的10.96%。在这个比例中,辽宁省比重较大,仅辽宁省的进出口贸易额就达到了 51.09 亿美元,占全国的 9.5%;1992年,全国掀起了对外开放的新一轮高潮,东北地区的对外开放程度也进一步加深。但是,1992 年东北地区全年的进出口总额仅为全国的 7.53%;2001 年,中国加入世界贸易组织之后,中国融入世界市场的制度桎梏被冲破,对外开放的路径进一步拓宽,随之而来的东北地区的对外开放也享受了更多的制度性优惠,然而东北地区全年的进出口总额占全国的比例仍然呈现下降趋势,仅为全国的 5.19%;2003 年,我国正式吹响了东北老工业基地振兴的号角,东北地区对外开放也迎来了新一轮的政策和发展机遇,但是东北地区进出口贸易额占全国进出口贸易的比重下降趋势更加明显,仅为 4.48%。所以,综合来看东北地区的对外贸易总额占全国的比重一直呈现出持续下降的趋势。

表 3-2　重要时间节点东北地区的进出口贸易情况(单位:亿美元)

项目	年份				
	1978 年	1984 年	1992 年	2001 年	2003 年
黑龙江省	0.5	4.3	28.8	33.9	53.9
吉林省	0.04	3.4	19.2	31.3	61.7
辽宁省	15.9	51.09	76.6	199.1	265.6
东北地区	16.44	58.79	124.6	264.3	381.2
全国	206.4	536.4	1 655.3	5 096.5	8 509.9
东北地区占全国的比重	7.97%	10.96%	7.53%	5.19%	4.48%

数据来源:笔者根据黑龙江省、吉林省以及辽宁省统计年鉴、省志整理所得。

4. 东北地区利用外资额占全国的比重呈现出波动性

东北地区利用外资额总体上持续增加,占全国的比重却呈现出了波动的特点。1984 年东北地区正式开启对外开放的步伐,当年的实际利用外资额仅为 0.102 亿美元,到了 2000 年已经达到了 46.13 亿美元,是 1984 年的 452 倍。东北地区利用外资额虽然总体上呈现出了持续增长的态势,但是实际利用外资额占全国的比重却出现了波动。例如在表 3-3 中 1986 年、1992 年、1996 年以及 2000 年东北地区实际利用外资额占全国的比重均呈现出了明显的下降趋势。这种下降趋势并没有一定的规律性,是一种不规则的波动。

表 3-3　1984—2000 年东北地区实际利用外资情况统计表 (单位 : 亿美元)

项目	年份								
	1984 年	1986 年	1988 年	1990 年	1992 年	1994 年	1996 年	1998 年	2000 年
黑龙江省	0.08	0.05	0.1	1.18	1.05	0.5	0.79	8.7	11.04
吉林省	0.002	0.03	0.05	0.06	2.2	8.09	10	5.78	4.93
辽宁省	0.02	0.09	0.55	7.87	8.59	19.81	23.8	31.41	30.16
东北地区	0.102	0.17	0.7	9.11	11.84	28.4	34.59	45.89	46.13
全国	28.66	76.28	102.26	102.89	192.03	432.13	548.05	585.57	593.56
东北地区占全国的比重	0.36%	0.22%	0.68%	8.85%	6.17%	6.57%	6.31%	7.84%	7.77%

数据来源 : 笔者根据黑龙江省、吉林省以及辽宁省统计年鉴、省志整理所得。

随着全国对外开放程度的加深,全国经济增长速度持续增快,各地区之间均形成了各具特色的经济发展和对外开放的模式和体系。从全国范围来分析,东北地区的经济发展状况已经处于下游。从对外贸易和利用外资的情况看,东北地区的发展状况更不容乐观,值得进一步思考。一方面,虽然对外贸易额在持续增长,但是占全国的比重却在持续减小,这说明东北地区的对外贸易没有跟上国家对外贸易发展的步伐,已经落后于国家的增长速度。另一方面,利用外资占比的不规则波动说明东北地区利用外资的水平还不够高,没有形成一定的体系和规模,尚有"试探性"和"随意性"的因素存在。

二、东北地区发展问题的过程性显现

东北地区曾作为中国工业发展的"领头雁",为中国工业体系的完善做出了重大的贡献,如今东北地区仍是我国重要的经济增长极。但是改革开放以后东北地区不仅经济发展程度落后于沿海地区,在体制机制改革和市场化改革中也没有跟上全国市场化的发展步伐,经济分时段下滑表征明显。这种分时段、分内容的经济下滑现象可以被称为各种类型的"东北问题",不仅是东北地区发展"问题化"的过程显现,更是东北地区社会经济发展所面临的困境的直接体现。同时,各种类型的"东北问题"作为一个发展的命题,直指东北地区发展的"症结"所在。这对于东北地区的对外开放提出了更高的要求,因为如何解决这种"症结"也成为东北地区对外开放的任务。

"东北问题"按照时间、特点和内容被细化分为三个具体阶段,分别为东北现象阶段、新东北现象阶段和经济新常态背景下的新东北现象阶段。东北现象是转型升级问题,主要表现为 20 世纪 90 年代的转轨困难,经济发展方式改革步履维艰;新东北现象是粮食问题,主要表现为中国加入世界贸易组织后,东北地区的粮仓优势不显,内销不畅、外销受阻,农业经济阻滞严重;经济新常态背景下的新东北现象是经济发展路径问题,主要表现为在新常态背景下,东北地区经济的经济发展也进入了"新常态",缺乏结构性调整、创新型发展的有效路径,经济发展陷入"搁浅"困境,下行压力陡然增大,甚至出现了断崖式下滑趋势,东北三省的地区生产总值增长率进入了全国倒数行列,经济跌入了低谷。因此说,各种类型的"东北问题"作为一种过程的接续,成了东北地区的发展之"殇"。

(一)东北现象的具体意指、特征及成因

1. 东北现象的内涵

东北现象并非是由官方和学者提出的,而是由媒体提出的。在 1991 年 3 月,新华社记者赵玉庆等将 1990 年以来东北地区经济发展滞后、工业产值增长率位列全国倒数、区域发展问题频现的现实状况称之为"东北现象"。东北地区作为我国的重要工业基地,其工业生产一直居全国首位,因此说这种工业增长率位列全国倒数现象的出现对于东北地区经济增长来说是一个大事件,这种异常情况的出现说明东北地区的经济发展遇到了"瓶颈"。

2. 东北现象的特征

(1)经济增长速度放缓。1981—1988 年,黑龙江省、吉林省和辽宁省的社会总产值的平均增长速度分别为 6.8%、11% 和 10.3%,远远低于同期全国社会总产值的平均增长率 14.2%。1989—1991 年,东北地区社会生产总值增长速度最高的黑龙江省为 5.1%,不仅低于全国平均水平,更低于广东、江苏和山东等省份。总体来看,东北地区的经济发展已经处于全国的"低段位",不仅与全国平均水平之间有所差距,与东南沿海部分地区的经济发展速度和水平之间的差距更大,这种经济发展速度减缓的现实状况与东北地区在全国所承担的经济任务之间产生了明显的差距。

(2)工业生产增长率呈现出了明显的下降趋势。东北地区曾是我国工业企业发展的"领头雁",曾一度带动了全国工业体系的形成,但是随着市场经济体制的逐步完善,东北地区的工业增长速度持续性放缓,且出现了明显的下降趋势。工业增长速度由 1988—1989 年的 18.71% 下降到了 1990—1991 年的 6.97%,下降了 11.74 个百分点。尤其是在 1990 年,东北地区的工业总产值同比增长仅为 0.6%,远远低于全国工业平均 7% 的增长率。

(3)思想观念僵化。一方面受到计划经济的影响,东北地区的企业自主创新能力和适应市场的能力较弱,而且传统的装备制造业一直都是在计划体制中生产和销售的,一时间很难找到适合发展的市场经济发展路径。另一方面,效率观念、竞争观念以及开放观念还没有在东北地区真正树立起来,思想存在一定的落后性。

(4)完善基础设施压力较大。东北地区经济发展的基础设施建立较早,运行时间较长,到了20世纪90年代很多设施趋于老旧,很难适应不断提升的社会生产力水平。甚至一些耗能高、能源使用量大、操作复杂、原材料比重大的工业基础设施在一定程度上已经限制了工业的进一步提质增效。与此同时,东北地区对于基础产业及基础设施的更新换代重视程度不够,不能与工业发展速度实现同频共振。在1978—1994年,东北地区基础产业和基础设施的发展速度严重滞后于工业发展的速度,仅相当于工业发展速度的24.6%。

3.东北现象的成因

(1)重工业结构过重,限制了东北地区的转型升级。20世纪90年代,在东北地区的工业结构中,60%以上都是重工业产值,且多为较为传统的装备制造业和原材料加工业。这种传统且固化的工业结构在市场经济体制下转型升级速度较慢,举措较少,陷入了"待转区"的尴尬境遇。

(2)思想观念落后。东北地区并没有真正树立"开放观念、竞争观念、效率观念"。这种思想的落后限制了经济规模的持续扩大。

(3)东北周边的国家经济体量有限。20世纪90年代,东北亚区域内的国家经济发展速度参差不齐,难以形成共同发展的区域合作市场,经济一体化进程发展缓慢。再加之东北地区周边经济体合作的环境复杂。苏联(俄罗斯)的远东地区虽然有广阔的地域面积,但是其经济体量也不大,并不是苏联的经济发展重点区域。蒙古国和朝鲜虽然有较为强烈的双边合作愿望,但是两国与东北地区邻近区域的经济均处于欠发达状态,双边合作的领域较少。至于日本、韩国在政治领域与中国之间还存有一定的问题,影响了经济领域合作的深度和广度。

(4)资源优势弱化。资源储藏丰富、交通运输网络发达、工业体系完备曾是东北地区经济发展的独特优势和基础。但是,随着经济发展程度的不断加深,东北地区这些初始优势逐步在丧失。20世纪80年代后期,东北地区能源资源短缺就已经拉响了警报。

(二)新东北现象的出现

进入21世纪我国加入世界贸易组织,一方面进一步拓宽了我国对外开放的渠道,另一方面中国也正式进入了世界市场,融入了世界经济发展圈,各领域竞争压力增大。在这种背景下,东北地区在粮食领域出现了明显的发展问题。2002年,新华社记者从新闻报道的角度指出了在我国在加入世界贸易组织的背景下东北地区粮食产业出现的问题,其发表了《"铁杆庄稼"积压严重,"新东北现象"引人关注》一文,指出进入21世纪东北地区存在农产品积压、农民增收缓慢以及农业经济比重下降等情况,并将这种农业经济下滑现象称为"新东北现象"。

"新东北现象"作为"东北现象"的延续,是东北地区发展面临的又一新问题。其具体表现主要有以下几个方面:一是粮食作物播种面积有所下降。2002 年,黑龙江省粮食作物面积调减,水稻产量下降 9.4%、小麦产量下降 4.7%。吉林省粮食作物播种面积比上一年下降 1%。辽宁省粮食作物与非粮食作物种植面积的比例由上年的 77.5∶22.5 调整为 74.7∶25.3。二是粮食产量提高,农民收入却有所降低。我国加入世界贸易组织后,国外的一些优质粮食迅速充斥到中国的市场,致使东北地区出现了卖粮难、粮食外销难的现象。而东北地区黑龙江和吉林两个省份粮食收入占当地农民收入的比重非常高,几乎平均占到农民总收入的 60% 左右。甚至还有一些"职业农民",全部收入均都来源于粮食收入。因此,卖粮难直接导致农民收入下降。2001 年,黑龙江和吉林两省的农民人均纯收入比全国平均水平分别低 86.4 元和 184.2 元。农民收入的降低已经对于该地区农民群众的日常生活产生了影响。三是粮食库存量大,销售难。2001 年,黑龙江省库存陈化粮 505 万吨,占商品粮库存的 14%。吉林省库存陈化粮更多,达到了 1 000 万吨。大量的库存陈化粮不仅存在保管的困难,同时在粮食市场竞争激烈的世界贸易组织机制及市场经济体制下,供大于求,大量库存粮销售更是难上加难。1998—2001 年,黑龙江省的小麦销量由 17.4 万吨下降到了 8.7 万吨,玉米销量则从 127.6 万吨下降到 67.9 万吨。四是由粮食问题引发的潜在危机凸显。东北地区作为中国的粮仓,是我国"粮食市场稳压器",其对于中国发展和东北地区经济进步具有重要的战略意义。一方面,在东北地区的粮食已经成为"包袱"的状况下,粮食已经不能成为中国加速国际一体化和经济区域一体化进程的竞争优势。另一方面,粮食销售困难,致使个别地方出现了减少粮食种植面积、转变耕地使用方式的现象,与粮食作为地区稳定和经济发展"压舱石"重要作用和意义不符。另外东北地区作为我国重要的农业地区,"粮食经济"优势的缺失将减缓区域经济社会的发展速度。

(三)新常态背景下的新东北现象

2014 年 5 月,"新常态"的概念首次出现在研究者的视野中。同年 11 月,在亚太经济合作组织(APEC)工商领导人峰会上,"新常态"的内涵又进一步得以深化。之后在 12 月召开的中央经济工作会议正式指出我国经济发展进入"新常态",这标志着我国经济发展已经进入了优化结构、适度发展的新阶段。这种经济发展的"新常态"也成为我国区域经济发展的新背景。

东北地区作为中国重要的经济发展极,2013 年以来经济发展下行趋势突然增大,临近"脱轨"边缘,经济增速在全国直接进入了倒数序列。东北地区这种经济发展"断崖式"下降的趋势成了又一值得深入思考和研究的"东北问题"。2015 年 2 月,新华社刊发的《事关全局的决胜之战——新常态下"新东北现象"调查》正式掀起了第三次"东北问题"的研究高潮,将东北地区 2013 年以来经济发展呈现出的

"断崖式下降"现象称为经济新常态背景下的新东北现象。经济新常态背景下的新东北现象主要呈现出以下几方面特点:一是具有突然性。2003 年,中央积极推进东北老工业基地振兴发展,将东北振兴上升到了国家战略层面,不仅积极出谋划策,还框定了具体实施路线。十年振兴发展,东北地区增速较快,实现了区域经济的高速发展。但是,到了 2013 年东北地区的经济却出现了"断崖式下降"。这种突然的下降趋势有一定的原因,一方面是因为东北地区仍然受到国际金融危机的影响,增长乏力。另一方面也是新常态的经济发展模式与老工业基地旧的发展体制之间矛盾激化的直接结果。此外,"三期叠加"影响持续深化,加之东北地区进入了结构调整、发现问题和解决问题的阵痛期,致使经济发展出现了波动。二是经济增长乏力(图 3-1)。从 2013 年开始,东北地区生产总值增长率持续走低,甚至在2015 年出现了负增长率,为-0.58%。虽然之后有所增长,但是增长率持续低迷的现象并没有改变,一直没有超过 2013 年的增长率,增长乏力现象明显。三是东北地区的生产总值在全国中的比重明显呈现出了下降趋势。由图 3-1 我们可以明确看出,自 2013 年以来,虽然东北地区的地区生产总值的同比增长率出现了波动式变化,但是占全国 GDP 的比重却一直呈现出下降的发展态势。

图 3-1 东北地区生产总值变化情况

(数据来源:笔者根据国家统计局官方网站各省数据整理所得)

三、东北地区经济发展的阻滞与挑战

无论是发展能力的下降还是"东北问题"的出现都是东北地区发展进程中"问题性"的直接显现,所以东北地区应该根据这些"问题性"的表现特征创新发展思路,结合区域发展实际,借助对外开放的发展能力探索解决途径。但是在这个探索解决途径的过程中仍然存在着一定的阻滞与挑战。

（一）东北地区经济发展的阻滞因素

1. 路径匮乏

在传统的计划经济体制下，东北地区是我国重要的工业和产业基地，对于我国经济发展起着重要的作用。然而，在市场经济体制下，东北地区的经济发展遇到了"瓶颈"，阻滞了地区经济社会的长足发展。一是以重工业为基础的地域经济发展体系缺乏转型升级的路径。东北地区作为曾经的"工业巨轮"，想要瞬间转头掉向几乎是不可能的。同时，如何转、向哪个方向转等问题也一直限制着这艘"工业巨轮"的转向速度和进程。二是区域发展缺乏合适的路径。在我国经济发展进入新常态的背景下，东北地区已经进入了经济如何发展、体系如何建设的关键时期。但是，这种"发展的思考"不是一蹴而就的，要在区域发展实践中逐步成熟。三是培育新的经济增长点的路径不多。东北地区的发展模式缺乏"时代气息"，如何做好产业多元化发展，形成多领域、多业态、多支撑的新发展格局是当前的发展重点。但是，形成新格局的行动规划、建立新型产业的政策举措、改变单一产业结构的具体措施仍然不能满足区域发展实际，还没有形成统一的、切实可行的体系和思路。四是体制机制改革的路径单一。虽然近年来东北地区的政务改革和营商环境改革正在持续深化，平等便利的市场经济环境和政务服务环境正在形成。但是这种改革仅仅是政府层面的"壮士断腕"，不仅主体单一，路径和方式也仅停留在政策的出台和文件的规定方面。

2. 缺乏区域竞争力

东北地区经济发展整体竞争力不强，限制了该地区的经济发展。一是高新技术产业规模较小，还没有形成一定的规模效应。在当前的国际经济发展体系中，高新技术产业的规模和发展能力是抢占国际市场的重要驱动。东北地区的高新技术产业没有形成核心竞争力，仅是在小规模程度缓慢发展，低于全国平均水平。2016年，黑龙江省、吉林省、辽宁省高新技术产业主营业额收入占全国比重仅有0.32%、1.34%、0.95%。二是资源枯竭。东北地区是我国重要资源储藏地，矿产资源丰富。铁矿储量占全国的1/4、石油储量占全国的1/2、天然气储量占全国的1/6、油页岩储量占全国的7/10。资源在东北地区的经济发展中起到了重要的作用。但是，随着东北地区开发规模的扩大，煤炭、石油等资源的开采和使用量也随之增加，资源枯竭问题日益突出。在国家印发的《全国资源型城市可持续发展规划》（2013—2020年）中，全国69个资源枯竭城市中东北地区就有33个，"资源空壳城市"的出现以及没有资源的资源产业链断裂等现象限制了东北地区产业结构的优化升级和发展路径的持续拓宽。三是东北地区的人口减少。一方面,东北地区的人口出生率和自然增长率不高限制了地区人口的增长。2016 年,东北地区的出生率仅为全国平均水平的一半,人口自然增长出现了负值,为-0.24%。另一方面,人口流失也成为东北地区人口增长的主要制约因素。2000—2010 年间东北地区的人口净迁出量由 40.4 万人增长到了 219.1 万人,2010—2015 年间人口净迁出人数达到了 24 万人。此外,东北地区的科技人力资源也在逐步减少,"占全国的比重由1997 年的 13.66%下降到 2007 年的 8.01%"。在知识经济时代,人才是经济发展的关键所在,东北地区大量外流的人力资源在一定程度上阻滞了东北地区经济的发展速度,同时对于区域市场规模的扩大和科技的进步都产生了一定的影响。另外,人口的持续性外流说明东北地区的区域吸引力较弱,留才引才体系还不够健全。

3. 民营经济发展不充分

民营经济是市场经济的重要组成部分,是区域经济发展水平高低的重要决定因素,尤其是改革开放以后,民营经济对于区域经济发展的推动作用更加明显,已经成为重要的区域经济增长点。但是,东北地区的民营经济发展并不充分,发展相对滞后的民营经济已经成为制约东北地区经济繁荣发展的重要因素。改革开放之初,东北地区的经济发展以国有经济为主,民营经济的发展空间较小。1978 年,黑龙江省、吉林省和辽宁省的国有经济比重高达 83%、79%、84%。虽然 1982 年党的十二大做出了将个体经济作为公有制经济补充的决定之后东北地区以"户和人"为主要经营模式的个体经济逐步开始发展。1992 年,"三个有利于"成为经济社会发展的重要标准,为民营经济的发展提供了重要的空间。东北地区的老工业基地振兴战略以及黑、吉、辽三省份的区域发展战略为民营经济的发展提供了有力的政策支撑,进一步加快了地区民营经济的发展步伐。但是,总体来看,东北地区民营经济的发展规模仍较小、利税水平仍然较低,发展能力仍远远低于东南沿海的部分省市。以汽车产业为例,生产一辆汽车需要的 2 000 多个零部件,长三角地区的相关企业可以实现 90%以上的零部件供应,而在东北地区仅能达到 30%。同时,东北地区民营经济的发展也存在竞争意识不强、创新举措缺失、整体发展思路滞后、发展空间相对较小等一系列问题。

(二)东北地区经济发展的挑战

东北地区经济发展面临的主要挑战可以从两个方面来分析。第一个方面是内在因素。一是体制机制方面的问题已经到了抛物线的顶点,限制了东北地区经济发展质量的持续改善和"质"的突破。二是经济增长新旧动力之间此消彼长的结构性矛盾突出。三是国有企业和民营经济发展之间的比例失衡、空间冲突和发展机遇冲突。四是区域发展能力提升。在科技创新力不强、思想解放程度不高以及人才大量流失的发展背景下，如何提升区域自身发展能力已经成了东北地区重要的思考题。第二个方面是外在因素。一是国家总体经济发展形势不容乐观，新常态下经济发展任务任重而道远，为东北地区提供经济发展良好环境的能力有限。二是对外开放程度较低，对外开放对于提升地区经济发展的作用并没有完全展现。三是利用外资的程度并不理想，还没有完全发挥出国外资本的刺激作用。四是周边国际地缘政治环境复杂，深层次合作难度较大。五是突发性的国际卫生危机限制了东北地区与国外经济体合作水平的提升。2020年爆发的新型冠状病毒肺炎疫情肆虐，各个国家之间的经济交往频度减小，东北地区也减少了与其他国家之间的经济合作。

　　总之，无论是从东北地区在全国地位变化的角度，还是从解决"东北问题"的角度分析，东北地区想要实现区域发展必须要实施对外开放，且要一直扩大和加深对外开放的层次和深度。东北地区实施对外开放主要有两个必然性因素：一是整体来看，东北地区在经济领域所占的地位与其他地域和全国平均水平相比几乎都处于逐步下降的趋势，东北地区自身发展能力不足、体制机制问题突出以及转型升级路径匮乏等内生性问题是这种现象出现的重要动因。而在分析了东北地区经济发展面临的劣势以及挑战之后，自身发展短板的影响力在一直增长，限制了东北地区跨越式发展能力的培育。因此，当前东北地区想要补足短板，逐步减小"短板影响力"就必须找到一个"刺激源"，通过这个刺激源对冲"短板影响力"。对外开放具有成为这种"刺激源"的能力和优势。一方面通过对外开放可以倒逼体制机制改革、刺激区域发展能力、提供发展路径借鉴，进而提高东北地区的经济发展水平。另一方面对外开放可以"走出去"且走出去的范围较大、较广，可以是东北亚区域也可以是世界上任何区域，这就为东北地区的经济发展提供了广阔的市场和众多的合作伙伴，换而言之，就是为东北地区的经济发展提供了更多的可能性。二是"东北问题"并不仅仅是一种区域经济发展现象，而是一种区域发展结果。"东北问题"的出现说明现行的东北地区经济发展方式和模式存在一定的问题，与东北地区的经济发展诉求之间不相匹配。而对外开放作为一种直接且被国内外很多地区证明有效的转变经济发展方式、提升经济发展水平的有效举措，成为东北地区下一步经济发展的主要方向较为可行。在我国特色社会主义建设进入新时代的背景下，我国对外开放进入了全方位布局的历史新时期，如何适应新开放格局，实现区域发展进入新时代和新阶段已经成为东北地区经济发展的题中之意。

第三节 周边国际环境变化的外部驱动因素

国际环境的发展和演变是东北地区对外开放的重要外部驱动力,全球化、世界经济一体化以及周边国际合作趋势的不断加强为东北地区深入推进对外开放创造了良好的外部条件和国际背景,同时也为东北地区开展多领域、多方式、多层次地国际经济合作增添了新的活力。所以无论是从构建良好周边国际环境的角度还是从寻找区域经济发展合作市场的角度,东北地区都应该积极推进对外开放进程。

一、国际政治经济格局的适应性调整

当今世界面临百年未有之大变局,大发展、大调整、大变革时代来临,世界进入了各种政治力量和经济力量相互作用的新时期。随着全球化的趋势加强,世界各种政治经济体之间的合作动能进一步增强。同时,新技术革命重塑了全球产业分工体系,因此,全球经济格局及世界经济发展体系也做出适应性调整,进入了一体化深入发展的新阶段。

(一)国际合作形势整体向好

随着冷战格局的打破,世界政治格局进行了重新"洗牌",多极化发展已经成为世界格局的主要趋势。虽然美国作为一个超级大国的地位仍然明显,但是"一超多强"并存的国际政治格局将成为未来一段时期内世界政治格局的主要存在形式。诚然,不可否认的是冷战遗留的一些问题和思维仍然存在,一直在影响着国际和平的发展局势。例如,朝核问题、巴以冲突以及恐怖主义等严重威胁着和平的世界局势。又如新型冠状病毒肺炎疫情等一些突发的公共事件也对于和平与发展的世界主流形势有所影响。另外,贸易保护主义、单边主义、民粹主义等思想也在一定程度上成为世界经济合作向纵深发展的主要障碍。但是,随着全球化的程度不断加深,主权、领土和安全领域的威胁正在逐步降低,各国都将主要精力放在了发展问题上,都希望迅速实现本国经济的快速进步。一些传统威胁安全的事件和因素也在逐步搁置之中,非传统安全因素在各国积极的协调下逐步得以解决。

因此说,整体来看当前国际合作形势整体向好,和平与发展已经成为世界发展的主题。东北地区的对外开放有两方面国际环境要面对,一是世界政治经济的整体发展局势,二是东北亚地区的区域政治经济发展局势。在国际合作形势整体向好的大背景下,世界政治经济发展格局以及东北亚地区的政治经济发展格局都在酝酿和调整之中,积极因素占据主导地位,这不仅有益于中国对外开放,更为东北地区的对外开放创造了良好的国际环境。

(二)世界经济一体化趋势增强

世界经济一体化可以从经济意义和政治意义两个方面去理解。经济意义方面指的是世界各国之间通过经济交往建立起的一种互相合作、互相依存的经济合作状态或者经济发展模式。政治意义方面指的是搁置政治纠纷、淡化传统边界概念,通过经济交往进一步模糊经济边界。如今,世界经济一体化已经成为世界各地区和各国之间推进经济合作和发展的主要形式和历史进程。

在世界经济一体化进程中,制度性和开放性成为其促进世界经济进步的内在逻辑。所谓的制度性是通过对外贸易、货币体系以及国际区域合作的进程中体现出来的。贸易自由化作为经济一体化的先行军,消除了贸易领域中的各种障碍,建构了国家经济合作的基本模型,推进了世界政治经济体之间合作的广度和深度。国际货币体系通过固定的汇率制度,不仅实现了货币领域的一体化和标准化,同时也实现了国际市场的同步发展。国际区域合作是各个国家推进本国各个区域结合自身发展特点与国外区域间建立合作关系的主要形式,也是国家间实现经济发展的重要形式依托。开放性是经济一体化的前提条件,没有国家的对外开放,经济自然就不能实现世界性的联合和共同发展。

在世界经济一体化的发展背景下,国际进出口贸易额持续扩大,国家投资体系逐步健全,区域集团化已经成为不可逆转的趋势,生产要素的配置突破了国家和区域的限制,范围扩展至全球所有国家和区域。因此,竞争也突破了国界的限制,由之前的国内、小范围的竞争逐步转化为国际、大范围的竞争,区域发展开始面临世界竞争的终极挑战。亚太地区作为重要的国际经济发展区域对我国的经济发展和对外开放格局的构建具有重要的影响。而我国作为亚太地区的政治经济大国,一方面受到亚太地区发展形势的影响,另一方面也影响着亚太地区的发展形势,即中国既是亚太地区区域合作的参与者也是重要的推动者。目前,中国已经形成了"依托周边、拓展亚洲、兼顾全球"的国际区域经济合作的总体布局,参与和推动了亚太经合组织、图们江次区域经济合作以及各类自由贸易协定和区域经济伙伴关系的谈判,这些都为东北地区深化国际区域合作、建立对外开放平台打下了坚实的基础。

(三)国际分工和产业转移的加速

随着世界经济一体化的进程不断加深,国际分工的程度也在不断得以深化,一个国家和区域内原本具有比较优势的产业竞争范围进一步扩大,在全世界范围内形成了相同产业的国际竞争机制,因此国际分工格局得以优化,转向了相同或者相似产业间、产业内产品和要素之间的分工。尤其是在跨国公司的直接推动下,关于研发、生产、销售的网络体系在全球范围内建立起来,世界正在朝向"地球村"的方向发展。同时,产业转移的速度也得到了加强。在国际产业转移过程中,资金和技术自然而然地成为转移的重要内容,即所谓的发达国家寻找域外市场进行投资和开放,实现生产过程的外移。而发展相对落后的国家则实施有效的对外开放政策承接发达国家的资金、技术和先进的管理经验。因此说,技术和资金的世界性流动已经成为趋势。在这种背景下,我国开始了积极推进对外开放政策,在坚持原则的基础上引进了发达国家的资金、先进技术和优秀的管理经验,不仅提升了我国的科学技术水平,同时也助力推进了我国的社会主义现代化建设进程。东北地区也是如此,正在扩大对外开放的范围和领域,以便于吸引更多的外来资本注入和先进技术的加盟,进而提升区域经济发展水平。

二、周边国家经济外向发展的影响

在世界经济一体化的大趋势下,东北地区周边国家都在实行外向型的经济发展,虽然效果和成效不一,但是外向型经济发展模式已经成为周边国家提升区域发展能力的重要路径。这不仅成为东北地区深入推进对外开放进程的"刺激源",同时这些国家也成为东北地区对外开放的重要对接和合作伙伴。

(一)俄罗斯远东地区的发展进入"地缘战略"布局阶段

俄罗斯远东地区位于俄罗斯的最东部,东面跨白令海峡与美国相望,南面接壤中国和朝鲜,与我国的东北地区相交,有 3 000 多千米的边境线。俄罗斯远东地区的土地面积为 695.26 平方千米,有常住人口为 819 万。同时,远东地区矿藏资源丰富,天然气储存量占整个亚太地区的 27%、石油储藏量占 17%、森林资源存有量占 51%。由于广阔的土地资源、丰富的自然资源以及特殊的地理位置,远东地区已经成为俄罗斯重点发展和优先开发的区域。然而,远东地区远离国家的经济发展中心,与俄罗斯的西部经济发展地区之间的经济差距较大,想要通过对内合作实现区域发展的难度更大。因此,远东地区的发展锁定在了亚太地区。再者,远东地区是俄罗斯亚太战略和"向东转"的战略跳板,其经济发展方向也被俄罗斯定为融入亚太经济发展圈。因此说,俄罗斯远东地区开发和发展的过程就是该地区进行外向型发展的过程。

苏联时期的远东地区作为重要的军事重地,对于苏联的国家利益和战略布局具有重要的意义。因此,当时的远东地区军事工业和资源开发领域发展迅速,经济出现了"畸形"发展的趋势。苏联解体后,市场经济成为俄罗斯的主要经济形式,俄罗斯对于远东地区的发展逐步走向了在尊重市场规律基础上的区域开放道路。普京执政后将远东地区的开发和发展作为国家的优先方向,将远东地区的对外开放推向了高潮。在 2000 年 7 月召开的"远东和外贝加尔湖地区发展前景"会上,普京指出:"要开放远东地区作为通向亚洲的一个窗口,而不是作为俄罗斯的原材料出产地。"这就确定了 21 世纪远东地区的发展方向和思路为"外向型"。之后,俄罗斯又相继制定了一系列政策举措,例如,2003 年和 2007 年的经济社会发展纲要和 2009 年的社会发展战略等都从各个角度明确了远东地区的经济发展思路。通过这些政策的制定,夯实了远东地区发展的政策基础,明确了远东地区的发展方向。同时,俄罗斯也细化了具体举措,将远东地区推上了俄罗斯面向东北亚地区对外开放的前沿。具体举措有:设立远东发展基金,通过以年利率 5% 的融资政策吸引外资注入远东地区;实施优惠的税收政策,吸引外国企业来远东地区投资;建立经济超前发展区,类似于我国的经济特区,旨在吸引国外企业;建立自由港,创新搭建了国际区域合作的平台,在自由港内可以享有一系列税收、政策等方面的优惠。同时,创立了东方经济论坛,吸引各国政要和企业家齐聚远东地区,一方面向世界推销远东地区,另一方面也通过政治影响力推进远东地区外向型发展的进程。虽然,整体来看俄罗斯推进远东地区对外开放并没有达到预想的成效,相关举措对于远东地区的经济发展以及俄罗斯的"东向发展战略"所发挥的作用仍显不足,但是不可否认的是,俄罗斯远东地区的外向型发展力度正在增大,提升国际合作成效的举措正在细化,贸易自由化和便利化水平正在提升,远东地区成为俄罗斯的"地缘战略区"的进程也正在加快。

对于东北地区来说,俄罗斯远东地区的发展战略是其重要的经济发展契机。东北地区不仅可以在国家间政治和经济合作的基础上对接远东地区的发展战略,实现自身区域的发展,还可以借鉴远东地区的发展思路优化自身区域发展路径,进而拓宽对外开放的合作领域。

(二) 日本的外向型经济发展状况

日本是东北亚范围内经济实力最雄厚的国家之一,其外向型经济发展方式实施得也比较早,早在明治维新以后日本就将国家对外发展的重点定义为"脱亚入欧"。且在 20 世纪 60 年代就提出了亚太经济合作的战略构想。之后,日本将这一思想进行了发展,将建立"环太平洋共同体"提升到了国家对外战略、融入亚太地区政治经济发展的高度。在此框架和理念的基础上,1980 年,日本和澳大利亚共同推动召开了太平洋经济合作会议第一次会议,建立了太平洋周边国家合作机制。

之后,日本又根据国际经济发展趋势以及自身的发展状况,提出了新亚太经济战略,即所谓的"东亚经济圈"构想。在招商引资领域,日本在革新制度的基础上改善了招商引资的环境,通过法人手续一站式办理,减少港口以及贸易货物滞留时间以及税制改革等方式提升了外向型经济发展能力。2018 年,日本的对外贸易额达到了 14 865.7 亿美元,同比增长 9.5%。

总之,近些年来日本一直在调整着自己的对外经济政策,这不仅是构建经济强国的直接做法,也是其要实现由经济强国向政治强国转变的重要举措。如今,日本作为世界上第三大经济体,正在通过实施对外贸易政策和发展战略积极对接在东北亚地区各国的发展战略,进而谋求政治地位。这对于我国来说既是一个机遇也是一个挑战。东北地区作为我国对东北亚地区开放的前沿和应对日本对外经济政策的直接"反映区",更应该抓住日本经济快速发展的机遇,建立合作平台,创新合作方式,进而拓展对外开放的路径。

(三) 韩国的外向型经济发展进程加快

韩国 1962 年实行国民经济的第一个五年计划,其经济发展进入了正式增长期。经过几十年的努力,韩国已经与日本一道被称为亚洲经济发展的核心。如今韩国不仅在东北亚经济发展中占有举足轻重的地位,在亚太地区对于区域经济发展的影响也是不容小觑的。韩国一直将经济发展定位为外向型的发展模式,虽然在贸易、资金以及技术方面对美国和日本有所依赖,但是其惊人的经济发展速度确实是可见一斑。在对外政策方面,韩国一直在根据本国的发展实际进行调整,先后通过西海岸开发计划以及"新北方政策"等国家对外开放战略积极推进本国的对外合作和区域整体多边关系体系的构建进程,实现了整个国家政治和经济领域的外向型发展。同时,韩国细化了招商引资举措,通过放宽外国人投资领域、设定经济自由区、修改外国人投资法律体系等提升招商引资的质量。2018 年,韩国吸引外商直接投资额为 269 亿美元,已经连续四年突破 200 亿美元大关。

韩国同样是东北地区在东北亚范围内重要的合作伙伴和周边经济体,通过与其进行经济领域的合作是东北地区经济发展的重要方向,因此韩国的对外开放也为东北地区的对外开放带来了机遇。

(四) 朝鲜外向型经济发展的新举措

朝鲜于 20 世纪 50 年代打开国门,起初的对外联系主要针对的是苏联和中国两个社会主义国家。20 世纪 80 年代以来,朝鲜逐步改变自身的对外政策,不仅扩大了对外合作的对象,与美国、日本等资本主义国家也建立了对外关系。同时制定了积极的对外政策,一是吸引外资,建立合资企业。二是建立经济开发区。截至

2018 年,朝鲜已经建立 27 个经济开发区,其中包括中央级的经济开发区 9 个。三是对外国投资企业进行优惠。在企业所得税、分配所得以及利息所得等多方面制定了优惠政策。四是积极参与东北亚地区的政治经济活动。利用图们江国家合作机制、中朝以及俄朝合作的平台扩展了政治经济活动的范围,为对外贸易的发展奠定了基础。五是积极探索对外开放的新领域。在 2019 年新修订的宪法中将"对外贸易"修改为"对外经济关系",内涵扩展到了金融、合资以及国际保险等内容。另外,2018 年 4 月,朝鲜将军事优先战略改为了经济优先战略,全面集中发展经济成为新的国家战略的关键性内容,明确指出要将大规模的武装力量投入经济建设中。这为朝鲜进一步深化对外开放提供了政策和战略背景。

以上这些举措不仅为朝鲜对外发展积累了丰富的经验,同时也成为朝鲜深化对外开放的"加速器"。朝鲜历来就是东北地区发展边境贸易的重要地区,随着朝鲜对外发展政策的进一步成熟,也会深入推进东北地区与朝鲜之间经贸合作的进程。

（五）蒙古国对外发展模式的调整

蒙古国的国土面积为 156.66 万平方千米,世界排名第 19 位,是典型的内陆国家。蒙古国的对外发展是在苏联和经济互助委员会（简称经互会）国家的共同援助下开展的,在蒙古国 1987 年的对外贸易中,与经互会国家之间的贸易占 94.5%,其中苏联占 83.6%。20 世纪 80 年代末期,蒙古国开始扩展对外合作对象,在改善与美国的关系的同时,与东北亚地区的各个国家之间也逐步建立了政治经济关系。另外,蒙古国还积极参加东北亚区域经济合作,相继提出了"亚太东北地区国家对话机制"以及欧亚"丝绸之路""草原之路"等发展战略,希望通过经济领域的合作逐步改变蒙古国对外开放路径缺乏、经济发展结构单一的困境。在招商引资方面,蒙古国更是做了极为积极的努力:制定了投资法,从税收扶持和非税收扶持两个方面协同发力为吸引外商投资创造了良好的环境。对于重工业、基础设施以及矿产业等领域实施了政策倾斜,进行了税收优惠。建立自由经济区,当前蒙古国已经提出了建设四大自由经济区的构想并正在推行中。2018 年,蒙古国的进出口总额达到了 128.87 亿美元,同去年相比增长率达到了 22.3%。

近年来,通过边境贸易的发展以及中蒙之间的战略对接和双边关系的发展,中国东北地区已经成为蒙古国对外开放的重点区域。近年来,蒙古国与中国东北地区的经贸合作不仅实现了调整升级,合作优势也更加凸显、合作内容和领域也更加广阔。

三、东北亚区域经济发展形势渐稳

东北亚地区是全球经济发展最具活力的地区之一,截至 2018 年,东北亚地区内的中、俄、日、韩、蒙、朝六国人口达到了 17.4 亿,地区生产总值近 22 万亿美元,占全球的 25.5%。另外,总体来看东北亚地区经济合作一直保持在相对稳定的发展状态,虽然有域外因素、主权争端等影响,但是总体来看东北亚区域内的经济合作状态呈现出了稳中有进的状态,这也成为东北地区深入实施对外开放的重要推动力。

1. 中日韩合作加快

其一是三方合作逐步深化。2003 年,为进一步推进中日韩三国的多边关系稳定发展,建立东北亚区域内和谐、发展以及稳定的合作机制,三方共同签署了合作联合宣言,保证了多边合作的持续深化。2008 年,为了应对全球金融市场和经济领域的危机,三国签订了《三国伙伴关系联合声明》,进一步夯实了在政治、经济以及文化等领域的合作基础。2014 年,三国又共同签订了《关于促进、便利和保护投资协定》,优化了三国之间的投资和贸易环境。2019 年,三国达成了“成都共识”,通过“中日韩+X”的模式拓展了三国合作的新空间,构建了“新三国时代”。其二是中日韩自由贸易区(中日韩 FTA)谈判全面提速。2002 年,中国时任总理朱镕基提出了中日韩自由贸易区的建立构想,之后,建立自由贸易区的谈判成了中日韩三国深化经济合作、搁置政治争议的有效“纽带”。虽然,迄今为止中日韩自由贸易区谈判进展和结果并不理想,但是该谈判已经进入了全面提速的新阶段,相信在不久的将来通过三国的共同努力,中日韩自由贸易区协议未来可期。该协议一旦成型,东北亚地区的区域经济一体化、贸易投资自由化都将进入新的发展阶段。

2. “大图们倡议”合作机制正在不断完善

“大图们倡议”合作始于 1991 年,最初的创始成员国是中国、俄罗斯、蒙古国、韩国和朝鲜五个国家。该合作机制的发展目标是在图们江三角洲地区建成一个经济发展速度快、辐射能力强、顺利推行多边合作的经济开发区,计划用 20 年时间,筹资 300 亿美元。1995 年,五个国家共同签署了三个框架协议,标志着图们江区域开发合作进入了实质性操作阶段。2005 年,各成员国将以上三个框架协议的协议期进行了延长,并将合作机制更名为“大图们江区域合作”,对具体合作范围进行了细化和扩展。2019 年,第十九次部长级会议召开,签署了《长春宣言》。“大图们倡议”合作机制作为东北亚区域内唯一的多边政府间的合作机制,在促进各国间政策沟通和协调方面发挥了一定的作用。虽然,该合作机制内面临着合作国间地缘政治环境复杂、目标与现实之间矛盾过大、各个国家间参与意愿不一以及合作协调机制匮乏等种种困难,致使该合作机制的大部分构想并没有落实,但是该合作机制的存在和不断完善就已经为东北亚区域合作的发展做出了贡献。

3. 中蒙俄合作推进有力

其一是三国跨境旅游平台已经建立。2011年,中蒙俄三国之间就已经签署了实现区域旅游协作方面的议定协议书,将跨境旅游业的合作推上了国家间合作的高度,为三国毗邻地区推进旅游经济搭建了地方政府、企业代表的交流和合作平台。其二是中蒙俄经济走廊建设意义重大。2016年,中蒙俄三国共同签署了《建设中蒙俄经济走廊规划纲要》,建立了中蒙俄三国之间的经济合作大通道。这条经济通道的建立是推动中蒙俄毗邻"三角区"发展的重要推动力。虽然,整体来看有一部分学者认为中蒙俄经济走廊的政治意义大于经济意义,且其发展潜力和发展能力有限。但是,不可否认的是通过中蒙俄经济走廊的建立创新了跨境次区域经济合作的模式,为中蒙俄三国毗邻区域之间实施多边合作、互补式发展提供了重要的平台。

4. 中国东北地区和俄罗斯远东地区合作持续推进

中国东北地区和俄罗斯远东地区之间的合作在两国政府的积极推进下,合作领域不断拓展,合作机制逐步成熟。该合作机制的建立为东北地区对外开放提供了重要的平台。

第四章　东北地区对外开放的路径选择与实践

实践路径是对外开放的承载和依托,一项政策的提出和实施必然要具体化到各项举措。东北地区对外开放的主要实践路径包括国家为夯实东北地区对外开放基础实施的战略,以及构建口岸、特殊经济区、跨境合作体系。每一项路径的实施都成为东北地区对外开放的关键性支撑,每一项路径实施的成效也影响了东北地区对外开放的成效,自然地每一项路径存在的问题也就成为东北地区对外开放存在的问题。本章从助力东北地区对外开放的国家战略、口岸体系构建、特殊经济区建立以及跨境合作等几个方面梳理了东北地区对外开放的实践路径,分析了东北地区对外开放是"如何做"的问题,并对于这些路径在实际实施过程中存在的问题进行了深入的思考。

第一节　国家战略的实施

在东北地区对外开放进程中,国家实施的战略发挥了导向和助力作用,在构建沿边和沿海开放前沿、城市圈和工业圈的基础上推进了东北地区的对外开放进程,是东北地区深入推进对外开放的关键性支撑。本节主要分析长吉图开发开放先导区、辽宁沿海经济带、沈阳经济区以及哈长城市群等四项国家战略的建设目的、定位、实施路径及存在的制约性因素,进而诠释国家在东北地区实施的区域发展战略在东北地区的对外开放进程中起到了什么样的作用。

一、长吉图开发开放先导区

2009 年 8 月,国务院正式批复《中国图们江区域合作开发规划纲要——以长吉图为开发开放先导区》,这个规划不仅是我国第一个国家批准实施的沿边开发开放规划,也标志着长吉图开发开放先导区建设成为在东北地区实施的国家战略。长吉图开发开放先导区主要包括长春市、吉林市和延边朝鲜族自治州(简称延边州)的大部分行政区划范围,是我国发挥吉林省以及图们江区位优势,推进区域一体化、城市协作化、对外开放平台化的关键性举措。长吉图开发开放先导区区域的地域面积为 7.32 万平方千米,占吉林省地域面积的 39.1%,占东北地区的 9.1%。近年来,随着与东北亚区域合作的逐步深入,先导区的对外贸易规模已经达到了吉林省的 92%。但是,长吉图开发开放先导区也面临着一系列制约性因素,对于吉林省以及东北地区的对外开放带动作用力有限。

(一)长吉图开发开放先导区建设的目的

1. 进一步推进图们江区域的国际合作

"大图们倡议"作为东北亚区域内重要的多边合作机制,成为我国发展对外贸易、建立东北亚区域内双边和多边经贸合作的有力平台。因此,长吉图开发开放先导区的建立可以先试先行整合东北地区的优势资源,一方面开辟吉林省以及东北地区的对外合作路径,另一方面也可以推进"大图们倡议"的合作进程,深化合作层次,提升合作水平。

2. 突破对外开放困局

长吉图地区是东北地区沿边近海的主要区域,更是吉林省发展对外贸易的关键区域。但是,由于长吉图周边国际环境的错综复杂,致使吉林省无法发挥出其地缘优势扩展对外贸易。另外,虽然图们江是吉林省的出海通道和东北地区唯一的一条内陆出海通道,但是图们江下游朝俄铁路大桥的限制、周边复杂的地缘环境以及缺少出海港口等因素都制约了吉林省出海发展对外贸易。吉林省本身就处于东北地区的"内陆地区",加之出海限制因素较多,使得吉林省只能"憋"在内陆地区,限制了其对外贸易的规模和发展速度。长吉图开发开放先导区的建立可以利用优越的地域发展政策和对外开放的政策红利吸引外商投资,同时还可以利用"大图们倡议"的契机缓和地缘冲突,逐步解决出海难题。

3. 培育东北地区对外开放的载体

随着国际区域经济一体化趋势的不断加强,全方位、多领域的对外开放已然成为必然要求。对于东北地区来说,对外开放载体和平台的建设已经刻不容缓。因此,建立长吉图开发开放先导区可以提升我国图们江区域以及东北地区的综合实力,构建东北地区对东北亚区域开放的平台,实现整个东北亚区域内互利共赢的发展。

4. 提升沿边地区的社会生活水平

通过大力发展对外贸易和国际合作可以加速图们江区域的经济发展。在图们江区域生活的主要是我国朝鲜族少数民族群众,区域经济的进步和发展不仅可以提升该地区少数民族群众的生活水平和生活幸福感,还可以成为东北边疆地区稳定、团结和发展的关键性举措。

(二)长吉图开发开放先导区的建设路径

1.加快区域一体化进程

长吉图开发开放先导区建设的直接目的就是要建设吉林省内的一体化发展模型,将长春市、吉林市以及延边州串联成一个统一、协同的发展区域,之后通过辐射作用将这条"串联线"的发展能力提升,进而提升整个吉林省的经济发展能力。具体举措表现为:逐步完善区域政策体系。以《延吉、龙井、图们城市空间发展规划纲要(2006—2020)》为重要的政策依托规划了片状经济发展区域,开创了吉林省区域经济一体化发展的试行模式,构建了延龙图一体化的发展新路径。2010年7月,长春市和吉林市借助地理区位和经济发展优势实现了城市间发展的联合,签署了《推进长吉一体化发展战略框架协议》。逐步健全交通格局。2015年,吉珲高铁运营通车,长春到延吉的时间缩减到3个小时以内。2017年,长白乌铁路开通,吉林西部地区的白城、松原等地正式开通动车。2018年,长春龙嘉机场T2航站楼正式投入运营。2019年,长春到吉林的高速公路全部完工,长吉交通一体化趋势进一步加强。区域一体化的深入发展成为长吉图开发开放先导区发展的优势,不仅可以优化区域的资源配置,便于生产要素的整体流动和区域的协调发展,同时也可以提升区域在国际合作中的整体竞争力。

2.构建了"腹地+前沿"的发展模式

从对外开放角度分析,吉林省的对外开放优势就是沿边地区的距离和位置优势,其中珲春市更是成为吉林省对外开放的直接窗口。长吉图开发开放先导区的建设通过"腹地+前沿"的模式构建了先导区的整体发展网络。将长春市和吉林市作为先导区的直接腹地,利用珲春市的地理位置将其建成了先导区的前沿,作为对外开放的窗口,形成了连接俄罗斯、朝鲜、韩国以及世界的国际通道。中俄珲马铁路、珲春—扎鲁比诺—釜山/青岛/宁波航线、延吉—罗先经济区、"长满欧""长珲欧"等线路都已经成为先导区"走出去"的重要依托。2018年,珲马铁路进出口货物量已经达到了299万吨、同比增长率达到20%,进出口货物额为15.9亿元,同比增长率达到56%。截至2020年,珲春—扎鲁比诺—釜山航线运输货物已经达到了4 421个TEU,至宁波航线运输货物达到了1 782个TEU(标准箱),至青岛航线完成首航。截至2019年,"长满欧"已经为亚洲欧洲等地3 000多家企业提供了联运服务,进出口货物额度已经达到了138亿元。

3. 积极打造开放合作平台

先导区建立后吉林省加大力度打造了一批对外开放和合作的平台。在长春市建立了保税区、新区;建立了珲春国际合作和长吉产业创新发展两个示范区;建立了图们和和龙两个边境经济合作区;同时,与朝鲜一道建立了中朝罗先经济贸易区。通过一系列平台的打造,先导区的对外开放和经济发展水平得到了进一步提升。

4. 积极扩大产业优势

先导区的建设就是要建立一个吉林省对外开放发展的优势平台,这其中需要吉林省内部的优势产业来支撑。因此,在先导区的建设和发展进程中吉林省也在一直积极扩大省内优势产业的竞争力,试图通过这种优势产业竞争力的提升来加快先导区的整体经济发展和对外开放能力。该先导区内众多的产业园区正在成为吉林省重点关注的优势"集结点"。例如,长春市的高新区软件园已经成为吉林省重要的软件产业发展基地;吉林市的服务外包产业基地助力吉林省产业的快速发展,已经成为吉林省城市融合发展的重要典范;延吉市的中韩软件园已经成为区域经济发展的重要动力。同时,先导区内的汽车产业更是走在了发展的前列。2010年吉林省的汽车产业的产值就在 8 000 亿元以上。

(三) 长吉图开发开放先导区发展的制约性因素

长吉图开发开放先导区的建设已经历经了十几年的历程,虽然取得了一定的成绩,但是总体来看所取得的成效与当初的预想之间仍有很大的差距,对于吉林省以及东北地区对外开放所起到的作用也比较有限,这其中有很多原因值得深入思考。

1. 地域地缘政治环境复杂

东北亚范围内不仅有美国等域外势力的干预,同时各个国家之间的利益追求点仍没有统一,在领土、主权和地区安全等因素的影响下,长吉图地区很难形成单纯的经济发展合作圈。

2. 区域经济活力有限

从国内角度看,中国的东北地区经济发展下行趋势明显,虽然实施了老工业基地振兴战略,但是东北地区的经济发展仍然是问题重重。因此,对于吉林省来说很难从整个东北地区的经济发展中获得发展红利,所以长吉图开发开放先导区的建设带动作用有限。从国际合作角度看,东北亚区域内长吉图区域与韩国、日本和蒙古国相邻不相临,进行直接经贸联系要经过很多的"中间环节",且韩国经济一直处于恢复之中,蒙古国的经济发展缺乏可圈可点的优势,中日政治安全隐患存在很多变数。只有俄罗斯和朝鲜与长吉图区域毗邻。然而,一方面俄罗斯与长吉图地区直接毗邻的区域经济发展落后且没有中心城市,缺乏对接合作的路径和领域。另一方面,作为长吉图开发开放先导区主要合作对象的俄罗斯远东地区近年来虽然对外经贸合作环境有所好转,但是法制机制不健全、金融能力不强、政府部门服务能力较差、市场环境不好以及"中国威胁论"等因素一直存在,成为吉林省深化对俄罗斯合作的直接阻滞因素。至于与朝鲜之间的合作,虽然朝鲜与中国之间进行经贸合作的愿望强烈,且近年来已经建立了罗先经贸区,搭建了合作平台。但是,朝鲜不仅对外开放水平较低,且与其进行对外交往合作存在一定的不可预期性,主要表现为朝鲜半岛问题的持续性危险、朝鲜不稳定的政策机制以及朝鲜后续跟踪服务体系不完善等方面。所以,长吉图区域在东北亚区域内很难与朝鲜进行深层次的经济合作。

3. 区域内中心城市的带动力和辐射力不强

长春市、吉林市和珲春市作为先导区的核心城市,发展程度和能力不够协调。2020年,长春市的地区生产总值为6 638亿元、吉林市的地区生产总值为1 452亿元、珲春市的地区生产总值为91亿元,分别占吉林省当年地区生产总值的60%、12%和0.7%。由此可见,三个城市自身的经济发展能力之间差距很大,这种经济体量差距较大的城市之间的合作很难形成一体化的发展契合点。珲春市作为吉林省和长吉图开发开放先导区对外开放的窗口,并于2012年被国家批准设立了珲春国际合作示范区,但是整体来看珲春市并没有发挥出与窗口位置相匹配的经济作用。再者,长春市与吉林市之间的产业趋同性问题也较为明显,限制了先导区的整体性发展能力。例如,长春市和吉林市的汽车产业和农产品加工所占的比重和份额都比较大,也都是两个城市的重要发展领域。

4. 区域发展引力不强

长吉图开发开放先导区最终的发展目的是在区域内形成一个经济发展的"引力场",主要手段和方式是通过政府的直接推动周边的企业和经济体的经济力聚集。但是,总体来看该先导区的"引力场"作用没有完全发挥出来,企业的集聚趋势没有形成。例如,在该先导区内建立了中俄科技园区、中俄珲春—哈桑跨境经济合作区以及中俄互市贸易区等加速中俄合作的推进机制和合作框架。但是,在实际运行中发现先导区内的中俄合作仍然停留在政府推动的层面,政策领域的合作进程较快,但是经济领域的实际对接却并不理想。之所以出现这种情况,就是因为先导区内没有形成产业集群的"引力场",政策性的推进与经济利益的自发聚集之间一旦不能同步发展,则企业自然会选择经济利益。

因此,长吉图开发开放先导区在建设过程中应该不断推进体制机制方面的创新,首先在东北地区内部形成合作的有形机制,加快区域内部各个城市间的合作进程。其次,在"一带一路"倡议、远东发展战略、"草原之路"等我国及周边国家对外开放平台的基础上寻找图们江区域国家间合作的"利益契合点",增进合作友谊。另外,在新型冠状病毒肺炎疫情常态化的区域合作背景下,积极推进区域利益共同体的构建,搁置争议、政经分离,实现区域经济的合作和共赢发展。

二、辽宁沿海经济带

沿海经济带是指产业沿着海岸线进行整体布局,采取点线面相结合的方式集中各种经济发展资源,进而构建一个统一的经济发展走廊。辽宁沿海经济带包含大连、营口、丹东、锦州、盘锦、葫芦岛6个沿海市所辖的21个市区和12个沿海县(市),海岸线长度为2 020千米,土地面积为5.65万平方千米,占辽宁省国土面积的38%,是东北地区唯一的沿海经济发展区。辽宁沿海经济带对外贸易的出口总额占东北地区总额的一半以上,直接利用国外的投资金额占整个东北地区的1/5左右,在整个经济带内现已建成各类经济开发区25个,是东北地区深入推进对外开放的重要支撑力量。

(一)辽宁沿海经济带的发展和战略布局

辽宁沿海经济带的发展和形成过程不仅是辽宁省对外开放的发展过程,更是辽宁省建设沿海地区、构建开放型海洋经济体系的过程。2006年初,辽宁省确定了辽宁沿海经济带建设的总体思路和具体举措,提出了打造"五点一线"的战略发展构想。同年6月,"五点"布局的内容又有所扩展,加入了葫芦岛市和盘锦市的工业园区。至此,辽宁沿海地区的所有城市(大连、丹东、盘锦、营口、锦州、葫芦岛)已经全部列入了辽宁沿海经济带的战略规划范畴。2009年7月,国务院正式批复了《辽宁沿海经济带发展规划》,将辽宁沿海经济带的建设统一纳入国家沿海地区建设和发展的布局体系之中,标志辽宁沿海经济带发展战略成为东北地区对外开放的国家战略。同时,也标志着辽宁沿海经济带正式成为东北地区对外开放的重要门户。

随着辽宁沿海经济带的不断发展和建设,如今其已经形成了"一核、一轴、两翼"的发展布局。其中,"一核"指的是以把大连建设成东北亚国际航运中心为核心,带动经济带整体发展。具体布置为:一是以大连大窑湾保税港区为重要抓手扩展保税区功能,进而有顺序地将保税区功能辐射到营口港、鲅鱼圈港以及金州港等港区。二是构筑具有国际竞争力的产业聚集区。以建设集装箱物流基地、金融服务中心、装备制造基地、海洋产业基地等为核心举措,逐步完善港口的综合服务体系。三是形成优势化明显的港口集群。将经济带内的港口以大连为首,进行科学合理布局和分工,形成优势互补的港口产业和发展集群。"一轴"指的是将大连、营口和盘锦连接在一起的经济发展线作为主轴,布局各个工业园区的重点发展方向,综合构建现代化的多功能产业园区,进而形成辽宁沿海经济带的产业发展特色。"两翼"即渤海翼和黄海翼,渤海翼是指渤海沿岸的葫芦岛市和锦州市。其主要的发展思路是将锦州湾建设成为国家石油炼化和储存基地;同时将石油化工、制药业以及船舶修造等产业作为重点,积极发展锦州滨海新区,构建东北地区陆海协同发展新通道。另外,以葫芦岛北港工业区为重要依托,建设综合海港服务基地,将机械加工制造业、医疗化工业、物流运输业、海洋产品加工业等形成规模效应。黄海翼指的是黄海沿岸的大连市和丹东市。其主要是以大连黄海沿岸一侧的庄河、花园口以及长山群岛等几个经济区为重点,发展现代旅游、水产品养殖以及现代物流等产业。另外,丹东地域则依托丹东产业园,将汽车及零部件制造加工、口岸物流以及海港旅游等向系统化、集约化和专业化方向发展。

(二)辽宁沿海经济带的发展优势及现实

1. 地理区位优势

辽宁沿海经济带位于黄海和渤海沿岸,是我国发展海洋经济的重要平台区域。对于东北地区来说通过辽宁沿海经济带可以发展海洋贸易,实现对外贸易方式的多样化。同时,辽宁沿海经济带是东北地区的陆海交接线,是实现陆海统筹、协调发展的重点区域;更是东北地区推进对外开放、对接亚太经济发展圈的关键地带,北上对接我国东北和内蒙古经济发展区,可以延伸至蒙古国和俄罗斯直至欧洲,南下可以实现与山东半岛经济区的有效融合发展,向西可以连接京津冀发展圈,东进可以对接日韩对外发展战略。

2. 港口资源优势

辽宁沿海经济带拥有优良的港口资源,且在多年的发展基础上已经自发地形成了以大连港为中心的港口集群,建成东北亚航运中心的趋势明显。在该地区拥有生产性泊位296个,其中万吨级以上的泊位就达到了111个,最大停靠能力达到30万吨。同时,辽宁省进行了有效的港口资源整合,实现了港口资源的有效配置,为东北地区港口相关行业结构进行转型升级、实现可持续发展提供了重要的动力。其一,对于沿海港口进行了宏观布局。辽宁省出台了《辽宁省沿海港口布局规划》,按照主要、辅助和补充的角色定位细化了港口发展布局,持续性完善了基础设施和服务能力,为东北地区构建参与全球化新路径、扩大对外开放区域、提升对外开放质量提供了重要的依托。其二,优化了港口功能分区,统一规划了港口码头岸线的使用,明确和细化了各个港口的主体功能区和总体空间布局。再者,辽宁省通过统一的整合框架协议,加速了沿海经济带内的港口一体化发展进程,提升了港口货物吞吐能力。2019 年,沿海经济带内的港口货物吞吐量再创新高,达到了 86 124 万吨,集装箱吞吐量也实现了较大的提升达到了 1 689 万 TEU。其中,大连港、丹东港和营口港货物吞吐量更是实现了跨越式增长,分别达到了 36 641 万吨、5 669 万吨和 23 818 万吨,同比增长率分别为 104.3%、56.3% 和 64.4%。

3. 对外开放程度较高

东北地区的对外开放开始于辽宁,辽宁省的对外开放开始于辽东半岛,辽东半岛的对外开放则开始于以大连为核心的沿海经济带。沿海经济带以其沿海的特殊地理优势以及丰富的口岸资源走在了东北地区对外开放的前列,不仅形成了丰富的对外开放经验,同时也享有优厚的对外开放政策资源。这些都成为沿海经济带进一步发展的优势所在。2019 年,辽宁沿海经济带引进的项目以及实际利用外资金额在整个辽宁省的比重均超过了 60%。2020 年,沿海经济带的进出口贸易额达到了 705.3 亿美元,占辽宁省的 74.7%,可以说是实现了跨越式增长。

4. 腹地支撑优势明显

辽宁沿海经济带作为整个东北地区发展海洋贸易的重要节点,可以说是东北地区的"出海口"。因此,辽宁沿海经济带的腹地不应该仅是辽宁一省,而应该扩展到整个东北地区,即黑、吉、辽三省都是辽宁沿海经济带提升经济水平、实施对外开放的腹地资源。通过庞大的腹地支撑,不仅能够直接承接东北地区丰富的资源、技术和工业优势,还可以与腹地形成联动效应构建陆海统筹发展的经济格局,为东北地区持续推进对外开放进程注入新动力。另外,东北地区"走出去"和"引进来"战略也急需路径和渠道,辽宁沿海经济带的发展和建设正好满足了东北地区的发展需求,可以有效地实现内地与沿海的无缝对接,构建陆海统筹发展的新的对外开放模式。

5. 营商环境进一步优化

营商环境的改善是地区对外开放和经济发展的重要因素。辽宁沿海经济带地区采取多项举措优化了区域营商环境,在行政效能提升、服务功能改善以及法制法规等方面都构建了切实可行的制度和机制。并于 2017 年率先在全国制定实施了《优化营商环境条例》,进一步激发了辽宁省及辽宁沿海经济带的开放活力和开放潜力。

(三)辽宁沿海经济带建设过程中存在的问题

辽宁沿海经济带作为东北地区发展海洋经济、提升对外开放能力的前沿地带,承担着构建陆海统筹发展格局的重要作用。其建设和发展进程中存在的问题也就直接关系到了东北地区经济发展以及对外开放路径创新和实施的程度。

1. 近岸海域受到了不同程度的污染

辽宁沿海经济带所在的渤海海域由于半圆形的特殊地理形状海水流动性较差,致使整个渤海海域区域内环境自我恢复能力不强,防御海洋污染的能力也较为薄弱,在近岸海域中就有10%左右的海域污染严重,其中盘锦海域全部为水质重度污染海域。同时,由于海洋资源的过度开发,使得海洋生态系统和生态功能遭到了破坏,近年来辽宁沿海经济带海域的生物种类减少了50%以上。当经济发展与生态发展之间产生矛盾的时候则说明经济发展的路径和举措存在一定的问题。

2. 协同发展原则不够细化,一体化发展能力不强

虽然,在2008年经济带内的6个沿海城市共同签署了《辽宁沿海经济带六城市协同发展行动计划》,明确了各地协同发展的整体目标。但是,从整体操作和执行的角度看,协同发展缺乏统一的管理和协调机构,同时在执行力、合作领域、整合程度等方面缺乏细化举措,仍有一定的提升空间。在沿海经济带的6个港口城市之间地方保护主义、生产壁垒和贸易壁垒并没有消除,阻碍着生产要素在经济带内外的自由流动。

3. 与东北地区的互动能力有待进一步提升

辽宁沿海经济带几乎集中了东北地区的所有港口,是东北地区海洋经济发展的支点区域。但是综合来看,辽宁沿海经济带的辐射作用以及与东北地区内地之间的互动发展模式仍没有健全,还没有形成东北地区陆海统筹发展的良性模式。尤其是在"十四五"时期构建陆海统筹发展的经济模式已经成为重要的经济发展路径的背景下,对于东北地区来说,辽宁沿海经济带是实现区域陆海统筹发展的唯一平台和窗口区域,但是辽宁沿海经济带的窗口能力作用的发挥并不明显,没有将整个东北地区的腹地优势完全发挥出来,也没有建立起与东北内地地区互动的良性机制,黑、吉、辽三省之间的行政壁垒仍然存在。

4. 海洋经济发展动力不足

辽宁省的海洋经济发展速度不快,传统海洋产业的发展在全国仅处于中等偏上的水平,新兴海洋产业的发展还没有形成一定的规模,在全国处于较为落后的位置。辽宁沿海经济带作为辽宁省乃至于整个东北地区的海洋产业发展"带动器"还没有形成带动区域海洋经济转型升级的新动能。

5. 发展空间不平衡

辽宁沿海经济带中的"五点一线"经济分割线没有实现统一均衡的经济发展空间分配,辽东半岛东西之间的经济发展水平和能力并不均衡。大连港作为"一枝

独秀"凸显出来,由于其国际港口城市的特殊性抢占了更多的经济发展资源,发展能力也进一步突出。2020 年大连市的地区生产总值为 7 030.4 亿元,其余经济带内港口城市地区生产总值的和为 5 755.7 亿元,仅为大连市的 82%。由此可见,在经济带内大连市处于绝对的优势地位,巨大的差距不仅阻滞了区域一体化的进程,同时也使得大连市不断吸取和截留了经济带内的资源和发展机会,这就使得经济带内的发展空间出现了不平衡的趋势。

因此,在辽宁沿海经济带建设和发展过程中要高度重视海洋环境的保护,要积极健全相关的法律法规体系,形成海洋环境监管的高压态势,实现经济发展和海洋环境保护的同向发展。在协同发展领域,一方面要完善管理体制和协调机制,细化合作领域和举措,着实整合渠道和手段。另一方面梳理经济带的发展思路,结合各地发展实际突出经济带的产业和地域核心,划定辅助产业和区域,实现互补式合作与发展,进而构建区域协同发展的良好局面。

三、沈阳经济区

区域经济一体化进程的逐步加快是区域快速发展的明显标志。城市群作为区域发展的空间依托和平台载体自然就承担了促进区域经济一体化快速发展的重要职能,因为城市群的发展不仅可以有效解决区域空间经济联系松散、产业分工不合理的问题,还可以通过城市群的整合来加速区域经济一体化的进程。沈阳经济区位于东北地区的南部,在日本、韩国、蒙古国以及俄罗斯等国的城市等距离辐射线上,地处东北亚经济圈和环渤海经济区的核心区域,更是东北地区实现陆海联运的枢纽地带,具有良好的对外交往基础。沈阳经济区以沈阳市作为中心,辐射了 150 千米的地域范围,其中包括三个特大城市:沈阳市、鞍山市和抚顺市;五个大城市:本溪市、铁岭市、辽阳市、阜新市和营口市。下辖七个县级市,地域面积为 7.5 万平方千米,占辽宁省国土面积的 50.8%,总人口达到了 2 300 万,占辽宁省人口的一半以上。如今,沈阳经济区作为辽宁省最重要的经济发展板块,成为推动辽宁省和东北地区区域经济一体化、加速对外开放进程的重要抓手。

(一)沈阳经济区的缘起与发展

沈阳经济区起步于辽宁中部城市群,是辽宁省城市一体化发展的最优代表,总体来看,沈阳经济区的形成与发展经历了三个阶段。

1. 联合体阶段(1983—1994 年),城市一体化发展效果并不理想

沈阳经济区缘起于辽宁省中部 6 个城市的共谋发展,希望建立一个统一的经济发展模式。1983 年 7 月沈阳单列城市。10 月,沈阳市成立了辽宁中部六城市联

合调查组,对于位于辽宁省中部地区的6个城市的经济发展状况进行了集中调研,最后提出了建立辽宁中部群体经济的设想。1984年,"辽宁中部城市经济技术协作联合体"成立,标志着辽宁中部经济区建设的起步。之后通过出台经济协作协议政策、加强城市间联系等方式进一步巩固了辽宁中部城市经济技术协作联合体内的横向经济联系,加深了各个城市之间的经济发展和技术协作。1994年,辽宁中部城市经济技术协作联合体更名为辽宁中部城市群经济区。在该阶段,虽然形成了6个城市间联合发展的雏形,但是并没有进行一体化发展的深入实施,同时缺乏顶层设计,所以一体化发展并没有取得理想的进展。

2. 城市群阶段(1994—2008年),城市一体化发展进入实施阶段

在该阶段实现了由萌芽到雏形的转变,初步形成了城市群的一体化发展模式。1994年,辽宁中部城市群经济区正式更名之后,城市群的进一步建设也成为辽宁省城市建设和经济发展的重要内容。2003年,建设辽宁中部城市群被辽宁省列入辽宁老工业基地发展的举措之中。2005年4月《辽宁省中部城市群合作协议》正式签署,明确了以沈阳市为中心,打造1小时经济群,整合中部城市群整体优势,构筑东北地区经济发展极的构想。2008年,辽宁省正式出台了中部城市群的发展规划,细化了下一步整合城市发展的具体路径,标志着辽宁中部城市群经济区正式进入实施阶段,且明确了建设国际装备制造业基地和区域经济一体化试验区的发展定位。

3. 经济区阶段(2008年至今),城市一体化发展成效显著

在该阶段区域城市经济一体化进程取得了积极进展,城市间的行政壁垒和资源壁垒进一步被打破,为辽宁省和东北地区的振兴发展提供了有力支撑。2008年8月,辽宁中部城市群增添阜新市,在全国综合配套改革试验区建设的政策机遇下正式更名为沈阳经济区,明确提出到2015年基本实现区域经济一体化的目标。2010年,以国务批准沈阳经济区为国家新型工业化综合配套改革试验区作为标志,沈阳经济区的建设正式被调整为东北地区的国家战略。

(二)沈阳经济区建设的主要路径

1. 提升经济发展能力

沈阳经济区以沈阳市为经济发展中心,可辐射到周边的各个城市,并构建协同发展的区域城市群,该城市群经济发展能力的提升不仅可以提升以此城市群为核心的辽宁省的经济发展水平,同时还可以形成东北地区经济发展的"城市基地",通过辐射效应带动东北其他区域的经济发展。因此,沈阳城市群的建设和发展将区域自身经济发展能力的提升作为基础。沈阳经济区以沈阳市为发展核心,结合

区域发展实际深化了装备制造、钢铁工业、石油化工三大支柱产业的优势,同时通过提升科技水平、人才新政 3.0、优化市场经济环境等一系列举措形成了区域经济发展合力。2008 年沈阳经济区的地区生产总值达到了 8 782.1 亿元,超过辽宁省地区生产总值一半以上,占辽宁省生产总值的 64.9%,占整个东北地区的比例也达到了 30.1%。规模以上工业增加值与地区生产总值一道都成了辽宁省乃至于东北地区的重要组成部分,比例分别为 61.0% 和 32.8%。到 2020 年,沈阳经济区的地区生产总值达到了 10 786.3 亿元,虽然占辽宁省地区生产总值的比例有所下降,但是仍然也达到了 42.95%。由此可见,沈阳经济区俨然已经成为辽宁省区域经济发展的重要支柱区域,同时沈阳经济区的发展也加速了东北区域内经济增长速度,为东北地区推进对外开放奠定了良好的经济基础。

2. 积极推进一体化发展

沈阳经济区积极推进一体化建设,打破了部分城市间的行政和发展壁垒,建立了一个经济发展的"特殊区域",在这个特殊区域中实现产业一体化发展、产业园区的同城化发展,逐步建立起了有影响力、有竞争力的城市集群,构建了同城化、珠链式和组团式的发展模式。目前,沈阳经济区内的各个城市间在户籍管理、人力资源流动、企业注册、个人购房、生态治理、电信体系、旅游体系以及商贸流通等领域都已经实现了"异地同城化"。沈阳经济区 1 小时交通圈建设顺利,沈阳至抚顺、铁岭、本溪以及辽阳的城际间的公交运营体系都已经健全,实现了定时、定路段通车;同时,各类城际铁路、公路以及快速干道等交通基础设施建设进程进一步加快,推进了经济区交通一体化的进程。2018 年,辽中环线全线正式闭环通车,经济区内的各个城市之间的交通联系程度进一步得到了提升。再者,在交通基础设施不断完善的基础上强化了物流发展能力,逐步建立了现代化的物流体系,促进了经济区货物转运的一体化发展。截至 2009 年,沈阳经济区内的沈阳、鞍山、抚顺、本溪、辽阳五个城市的货物运输总量已经达到了 7.8 亿吨,其中沈阳、鞍山、抚顺、本溪四个城市货物运输量的金额都超过了亿元,成为东北三省的佼佼者。这种物流业的发展形势也契合了中国向全球市场转变以及全球物流中心向东北亚地区转移的世界物流业发展形势。

3. 积极构建产业集群

沈阳经济区结合经济区内各个城市的产业发展现实状况,积极集聚产业集群,推进了区域产业结构的优化升级。沈阳经济区内形成的产业集群呈现出两方面特点:一方面是几乎都是以地域作为基础聚集地,之后整合了该地域内主要的优势产业资源。第二方面是在一个地域中选取有代表性、优势较为突出的产业进行集聚式发展。最终,沈阳经济区内形成了十个产业集群,支撑起了沈阳经济区的产业结构优化升级体系。十个产业集群分别为：沈阳市的航空制造业、铁西区的装备制造业、浑南区的电子信息业、鞍山市的钢铁加工业、抚顺市的新材料产业、本溪市的生物制药业、营口市的石油化工产业、辽阳市的芳烃及化纤原料产业、铁岭市的专用车产业以及阜新市的林产品加工业。

（三）沈阳经济区建设中存在的问题

经过多年的不断努力，如今沈阳经济区的政治作用和经济作用越来越重要。然而，在建设过程中存在的一系列问题随着时间以及东北地区经济发展形势的变化也逐步凸显出来。

1.沈阳市的中心城市辐射能力有待进一步提升

沈阳市本身虽然相对比较发达，但是周边城市的发展速度不一、市场体系仍不健全、沈阳的辐射作用发挥得并不理想。在 2020 年地区生产总值数据中，沈阳市的地区生产总值是 6 571.6 亿元，是辽宁省地区生产总值的 26.17%，而沈阳经济区内的其他城市的地区生产总值的总和才达到 4 214.7 亿元，比沈阳市少了 2 356.9 亿元。经济区内这种"一家独大"的经济分配模式不利于区域内形成整体的、一体化经济发展模式，更不利于沈阳市的辐射作用的发挥。因为在这种"不平衡"的经济体量模式下，小城市的接受能力有限、市场资源有限，使得大城市的资源很难向小城市移动。

2.经济区内的产业结构仍需优化

受东北地区整体产业结构的影响，沈阳经济区内的各个城市的产业结构呈现出重工业比重较大，钢铁、石油和装备制造业仍然是各个主要城市的发展重点。此外，资源型城市发展困境也出现在了沈阳经济区内，经济区内的抚顺市、鞍山市以及本溪市都是资源型城市。这些资源型城市如何转型升级、如何解决生态保护与经济发展之间的矛盾以及如何寻找接续替代产业都已经成为当务之急。在东北地区本身转型升级路径匮乏的整体区域发展背景下，这些资源型城市困境对于沈阳经济区的发展无疑是较大的挑战。

3.城市间整体协作规划还不够完善

各个城市之间仍然存在"各自为政"的现象，几个城市之间并没有建立统一的发展规划纲要，在经济体量大小不一的城市之间没有建立协调发展的利益契合点，整体协作发展规划还没有完全实现协调和"捆绑式"的协同发展。

4.市场体制仍不够健全

受计划经济体制的影响，经济区内市场经济体制发挥得还不够彻底，民营经济发展空间仍然较小。此外，在沈阳经济区内存有典型的"政府主导式"发展，行政区划的观念仍然较重,行政力量仍然是影响区域生产要素自由流动的重要因素。

5. 产业集群之间的关联性不大

沈阳经济区内的十大产业集群是根据区域优势产业进行整体分类得出的结果,如果各个产业集群之间没有必然的关联性,也就很难形成集群集聚发展的矩阵,产业空间和市场空间不是特别大,相关配套服务和政策也很难精准到位。

因此,可以说沈阳经济区的发展和建设仍然任重而道远,在大城市建设、都市圈建设、一体化机制建设、转型升级以及市场环境建设等方面仍需创新模式,才能逐步实现经济区又好又快的发展。

四、哈长城市群

哈长城市群处于全国"两横三纵"城市化战略格局京哈京广通道纵轴北端,其发展的战略定位是增长极、重要门户、创新先行区和绿色生态城市群,2016 年被批准为东北地区城市发展的国家规划。哈长城市群主要包含哈尔滨—长春—延吉一线内的重要城市,面积共有 52.14 万平方千米,是黑龙江省和吉林省共同施力建设的城市发展基地,更是国家建设城市发展集群、提升东北地区对外开放核心竞争力的重要举措。

(一)哈长城市群的发展优势

1. 区位优势明显

哈长城市群北部毗邻俄罗斯远东地区,可以对接俄罗斯发展远东地区的优惠政策,与远东地区的城市群共同搭建中俄两国区域发展的合作平台。东部接邻朝鲜半岛,具有得天独厚的同东北亚地区经济体发展经济的优势。总体来看,哈长城市群是东北地区对外开放的重要门户和打造新型发展驱动力的关键区域。

2. 发展基础相对较好

虽然在全国来看,黑龙江省和吉林省的经济发展能力较弱。但是在东北地区来看,哈尔滨市和长春市作为省会经济发展能力已经位于东北地区的前列。哈尔滨和长春两地不仅是政治中心,更是区域内的经济中心,因此通过辐射作用可以构建出一个发展能力较强的城市群。首先,城市人力资源丰富,在哈长城市群中人口超过 500 万的城市有 4 个,人口在 100 万~300 万的城市有 7 个,这些特大城市和大城市的人口成为哈长区域重要的人力资源来源,同时也吸引了大量外来人力资源在此汇集。再者,在整个哈长城市群的范围内拥有重要的工业基地以及较为完备的工业发展体系,是东北地区经济发展的关键地域,为区域推进对外开放提供了更多的内在动力。

3. 东北老工业基地发展振兴的政策和战略背景

黑龙江和吉林两省是东北地区的重要组成部分,而以两省省会为基点的哈长城市群所覆盖的区域也是东北老工业基地建设的重点区域,一直在享受着老工业基地振兴战略的政策福利。随着老工业基地振兴战略的深入推进,该区域已经进入了全面振兴的关键阶段,经济发展方式和结构性改革都取得了一定的进展,这为哈长城市群的建设提供了新的历史性机遇。

4. 对外贸易历史悠久

黑龙江省作为我国的边境、边疆省份,具有悠久的对外贸易历史,积累了丰富的对外贸易经验。哈长城市群的成熟和发展建立了较为完备的区域经济发展基地,在国家对外开放政策、经济全球化的国际背景下对外贸易将成为该城市群转型升级、提升区域经济发展的重要动能。因此,哈长城市群可以在已有的对外贸易历史的基础上分析区域对外贸易的内在规律,进而结合区域城市发展实际、产业实际结合历史、人文以及经济互补性等因素构建城市群进行对外贸易的独特模式。

5. 位于中国粮食的主产区内

哈长城市群的大部分地域都位于松嫩平原,是我国重要的粮食生产基地,玉米、大豆、水稻等农业产品的产量较大且发展潜力巨大,该地区平均每年可以向市场提供 350 亿千克的商品粮产量。粮食作为基础中的基础,是经济发展和社会进步的根本保障,哈长城市群拥有的巨大的粮食产量也成为了区域深入发展、构建对外开放体系的关键性因素。

(二)哈长城市群的发展定位及建设

哈长城市群要构建的是"双核一轴两带"的城市群空间格局。具体是指以哈尔滨市和长春市作为城市群建设的双核心,在两市分工协作的基础上带动周边城市形成功能齐全的发展体系,进而在基础设施、技术互助、服务共享以及体制协同等方面探索建立哈长一体化功能示范区。建立哈长发展主轴,在现有的城镇集群和产业集群的基础上建成东北地区面向东北亚的产业发展走廊。将哈大齐牡发展带和长吉图发展带作为重要的发展区域,通过与口岸城市的双向互动、与中心城市的协调发展,以及依托长吉图开发开放先导区等方式建立面向东北亚的开放性城市发展带。

哈长城市群具体的发展定位主要集中在四个方面:

1. 将哈长城市群建设成为东北老工业基地振兴发展的重要增长极

作为东北老工业基地的重要组成部分,哈长城市群可以引领东北地区推进区域内的结构性改革、转变增长方式,实现创新型发展。东北地区经济发展持续性陷入颓势的原因主要产业结构和体制机制的不合理。哈长城市群区域是东北老工业基地的重要构成区域,更是老工业基地的典型代表区域。因此,随着哈长城市群产业结构的不断调整,东北地区的产业结构体系也就逐步得以完善。在 2013—2016 年,哈长城市群的二三产业结构由 50.2% 和 37.7% 调整为 41.3% 和 45.7%,第三产业比重首次超过第二产业。自此,哈长城市群的三次产业结构分布开始逐步优化,转向了"三二一"模式,进而也就带动了东北地区的转型升级节奏加快,东北地区的新兴产业和服务业的比重也逐步得到了提升。

2. 北方开放重要门户

哈长城市群水陆空交通体系较为发达,与周边国家之间可以顺畅地联通,是连接东北亚地区的重要通道。黑龙江和吉林两省具有沿边的对外开放优势,通过哈长城市群的建设不仅可以集聚两省的发展动能,也可以优化东北地区发挥沿边优势推进对外开放的路径体系。对俄罗斯可以积极对接远东发展战略,创新合作机制,一方面享受俄罗斯发展远东的政策红利,另一方面实现黑龙江、吉林两省经贸领域发展方式的更新。对蒙古国可以通过满洲里、阿尔山通道构筑中蒙合作走廊,融入中蒙俄经济走廊之中,实现与国家对外政策的有效对接。对日、韩两国可以通过黑龙江省和吉林省的沿边开放试验区以及长吉图开发战略吸引日韩的资金和先进技术,同时推进区域"走出去"战略对接日韩的对外发展战略。近年来,黑龙江、吉林两省对外开放效果较为明显。黑龙江省形成了"一窗四区"的发展定位,截至 2019 年,黑龙江省的对外贸易合作伙伴已经扩展至 200 多个国家和地区,年实际进行对外贸易的企业已经多达 2 000 家,对俄投资企业达到了 385 家,累计投资额达到了 23.9 亿美元。吉林省创新完善"丝路吉林"大通道,对外开放渠道更加便利化,截至 2020 年,与吉林省建立政治和经贸关系的国家和地区已经达到了 155 个,开展国际产能合作的国家和地区达到了 18 个。

3. 建成东北地区体制机制的创新先行区

哈长城市群可以以其区域内较为成熟的工业体系、较有创新潜力的竞争优势以及对外开放的区位优势率先进行体制机制的改革,为东北老工业基地全面改革提供区域示范。

4. 绿色生态城市群

哈长城市群具有厚重的金、满文化遗产以及黑土地、长白山等独特的生态资源,冰雪文化更是享誉世界的旅游资源。近年来哈长城市群的生态宜居小城市建设进程不断加快,城市生态空间正在逐步向利好的方向发展。

(四)哈长城市群发展存在的问题

哈长城市群在国内几大城市群中是区域面积较大的,但是整体效能却并没有排在前列。这种现象的出现固然与东北地区整体发展水平较低有关,但是与哈长城市群自身建设能力不强也有直接关系。

1. 基础设施不完善

哈长城市群内的各个城市建立的都比较早,一些基础设施更新速度没有与城市发展速度相匹配,尤其是在交通运输、水电工程、生态保护、民生发展等领域的基础设施完善度不高,阻碍了城市间的协同合作。

2. 中心城市的带动辐射作用有限

哈尔滨市和长春市本身也处在转型升级、改革发展的关键时期,对于周边城市的辐射作用发挥得并不理想。此外,城市群的建设需要大城市的引领和带动,但是哈尔滨和长春市的城市建设能力仍需进一步提升,智慧城市建设、创新型城市建设以及都市圈建设能力和水平还有一定的提升空间。

3. 城市间产业结构趋同

城市群内部的各个城市间的大产业多偏向于资源型、传统型和重化工型的产业结构,新兴产业和服务业的比重都不高,低水平同质化的竞争现象较为明显。在哈长城市群内,长春市的汽车工业、大庆市的石油及石油加工业具有一定的区域独特性,区域同质化竞争的几率比较小,但是其余的城市之间都或多或少的存在同质化竞争现象。例如,哈尔滨市和齐齐哈尔市的装备制造业、食品制造业,四平市和辽源市的农副产品加工业和专用设备制造业以及延边州和牡丹江市的木材加工业和农副产品加工业等。

4. 缺乏统一的一体化规划

《哈长城市群发展规划》作为整体的国家规划,仅仅是方向性、政策性的指引。在各个城市之间并没有形成统一的一体化具体举措,还处在"各自为政"的发展阶段。同时,跨区域的管理体制也不健全,跨省级的利益争端还没有合理有效地补偿和管理机制。再者,部分城市间的规划和整合程度也不够。以吉林省四平市为例,四平市的伊通满族自治县距离四平市政府 135 千米,而距离长春市政府则仅有 56千米。这种远距离的行政规划不仅浪费了行政资源和人力以及时间资本,同时也阻碍了城市的整合发展进程。

5. 整体对外开放程度较低

哈长城市群内除了长春和哈尔滨两个核心城市外,其余的城市对外开放程度并不理想,整个区域的对外开放水平处于全国中下游水平。尤其是齐齐哈尔市、四平市以及松原市等城市对外开放进程较为缓慢,这些城市由于地理区位以及历史现实等因素缺乏对外开放的路径和创新的对外发展模式。

因此,哈长城市群建设应该在完善基础设施的基础上积极强化核心城市的经济发展能力,提升辐射半径。同时,细化发展举措,形成城市集聚发展状态。首先,加快城市集群一体化建设。随着哈长城市群建设的逐步深入,可以实现哈长城市群与辽中南城市群的有效对接。两个城市群如果实现了有效对接,将为东北地区城市集群一体化建设添上浓墨重彩的一笔。不仅可以推进东北地区的整体城市发展布局,还可以实现区域资源的有效流动,加速区域的整体发展进程。其次,建立区域发展网络和集中配置平台。这种经济发展平台建立后,不仅可以解决低端同质化的恶性竞争,同时还可以实现区域内和区域外的资源统一调配,合理进行产业分工和产业布局,凝聚区域发展优势,增强区域竞争力,进而可以将城市群打造成区域内新的经济增长空间。再次,建立现代化都市圈。2019年2月,国家发展改革委颁布了《关于培育发展现代化都市圈的指导意见》,成为东北地区城市群发展和建设的指导性意见,也为哈长城市群的深入发展提供了终极目标,即要在现有城市群的基础上推进建立都市圈,进而形成推进区域对外开放的发展合力。按照以上指导意见的要求,都市圈的建立有三个基本要求,其一是城市群内要建立超大特大城市。其二是超大特大城市要发挥辐射作用。其三是协同合作,将城市群内城市间的距离缩小到1小时。因此,哈长城市群可以在一体化建设的基础上将哈尔滨市、长春市等有一定发展基础的大城市逐步建成超大城市和特大城市,进而辐射周边的城市,实现都市圈的建立。同时,还可以激发大城市及其辐射圈的产业带动力和体制机制创新潜能形成对外开放的合力。

第二节　边境口岸体系的建设

边境口岸是东北地区布局对外开放格局的重要组成部分,更是与周边国家之间进行经济合作与交流的直接平台。本节拟在分析东北地区边境口岸布局、特征以及发展阶段的基础上,研究口岸体系对于东北地区对外开放的作用以及东北地区口岸建设和发展进程中存在的问题。

一、边境口岸的发展特征

我国的东北地区毗邻俄罗斯和朝鲜,在毗邻区域分布着60多个各种类型的口岸,构筑成了东北地区对外开放的直接平台和重要载体。其中,黑龙江省有国家一类口岸27个,吉林省建有各类口岸21个,辽宁省建有一类口岸13个。

(一)边境口岸的发展阶段

1. 中华人民共和国成立之前

当时由于一些特殊的历史原因及地理原因在东北地区就已经形成了一些口岸

雏形或者以简单地过货通道模式存在的口岸。例如黑龙江的黑河口岸的历史可以追溯到 1858 年签订的《中俄瑷珲条约》，绥芬河铁路口岸建成于 1899 年。吉林省的南坪口岸、三合口岸分别建立于 1929 年、1930 年。吉林省开山屯口岸兴起于 1933 年中朝图们江公路桥和铁路桥的建设，其中铁路桥于新中国成立后停用。辽宁省大连港、葫芦岛港分别始建于 1899 年和 1908 年。

2. 中华人民共和国成立后到改革开放之前

这段时间内东北地区共批准开放了 8 个对外开放口岸，其中一类口岸有 5 个，分别为黑龙江省的绥芬河陆路（铁路）口岸（1952 年开放）、吉林省的古城里陆路（公路）口岸（1953 年开放）、图们陆路（铁路）口岸（1960 年开放）、辽宁省的丹东陆路（铁路）口岸（1954 年开放）、大连水运（海港）口岸（1960 年开放）。二类口岸 3 个，分别为吉林省的三合陆路（公路）口岸（1950 年开放）、南坪陆路（公路）口岸（1951 年开放）和集安陆路（铁路）口岸（1954 年开放）。该阶段口岸对外开放有两方面特点：一是均为开设或者建立时间较早的口岸，拥有一定的建设历史和基础。二是多为向朝鲜开放的口岸，这与中华人民共和国成立后中朝两国的睦邻关系走向以及两国间口岸的建设历史较早有直接的关系。

3. 改革开放之后

改革开放后我国东北地区的边境口岸建设进入了迅速发展阶段，呈现出遍地开花的态势。截至 2019 年，黑龙江省建成了国家一类对外开放口岸 27 个，吉林省建成 21 个，辽宁省建成 13 个，分别覆盖了海陆空领域，形成了海陆空协同发展的口岸经济体系。

（二）边境口岸的布局特点

1. 主要分布趋势呈现出南少北多的态势

从整个东北地区的地理位置看，位于最南端的辽宁省一类口岸有 13 个，位于中间的吉林省一类口岸有 10 个，而位于最北端的黑龙江省一类口岸则达到了 27 个，比辽宁和吉林两省的总数还多，且多为主要对俄罗斯开放的口岸。这种状况的出现主要有四方面原因：其一，黑龙江省作为最重要的中俄毗邻地区，与俄罗斯远东地区之间有建立口岸经济的地域优势。其二，黑龙江与俄罗斯之间具有非常悠久的边境贸易合作历史，很多对应口岸都是在边境贸易的推动下建立起来的。其三，从历史渊源看，中国与苏联之间的关系虽有波折，但是中华人民共和国成立后苏联作为中国的"社会主义阵营老大哥"，两国之间联系紧密。其四，在中俄关系阶段，两国更是建立了世界大国之间合作和交往的范例，建立了深厚的友谊，这也成为两国之间在边境地区建立对应口岸、发展口岸经济的政治基础。

2.从口岸的交通运输性质角度看,东北地区的口岸主要以水运为主,公路次之,铁路和航空口岸分布较少

在东北地区的一类口岸中,水运口岸数量有24个、公路口岸11个、航空港8个、铁路口岸5个。但是,总体来看东北地区口岸的运输形式和口岸类型较为齐全,已经初步建立起了水陆空共同发展、协同运输的格局。

3.开放方式多样

东北地区的对外开放口岸的开放状态主要分为两种,一种是国际常年,指的是口岸的开放范围较大,常年对所有国家都开放;另一种是双边常年,指的是这类口岸只针对对应的国家常年开放。另外,在开放时间上也有差别,绥滨、富锦、佳木斯以及哈尔滨等水运口岸由于特殊的自然条件限制,开放时间均是季节性的。

4.一些口岸的建设历史时间较长

在东北的口岸体系中很多口岸并不是"新建立"的,而是拥有悠久的建设历史,甚至一些在中华人民共和国成立以前就已经存在,在对外贸易和边境贸易体系中发挥了重要的作用。

5.口岸规划体系逐步完善

东北地区口岸在地区对外开放和区域经济发展中的作用不断增强,不仅取决于东北地区外向型经济发展模式的逐步深化,另外也取决于东北地区各省逐步完善的口岸发展规划体制。首先,各省都分别制定了各个时期的口岸发展规划,例如黑龙江省制定的《黑龙江省"十五"口岸基础设施建设规划》和辽宁省发布的《辽宁省"十二五"口岸发展规划》等,这些口岸发展规划夯实了口岸发展基础,明确了口岸发展路径。其次,针对口岸存在的问题及时治理,完善了口岸发展体系。例如,辽宁省2000年颁发的《辽宁省政府关于印发全省清理整顿二类口岸实施意见的通知》,进一步加强了全省二类口岸的管理,整合了口岸发展资源,梳理了口岸法规体系,补足了口岸发展体系混乱、职责不清等一直存在的发展短板,实现了口岸管理的透明化和规范化。最后,个别口岸也根据自身的发展实际制定了详细的发展规划。例如《图们江区域(龙井)边境口岸基础设施改造及对外开放专项规划》《辽宁电子口岸建设方案》《绥芬河口岸中长期发展规划》等都明确了口岸的基本建设方向和发展思路,加速了口岸体系的成熟。

二、边境口岸的重要作用

1.口岸承担了东北地区重要的政治和安全功能

边境口岸不仅具有经济发展的功能,还具有重要的政治和安全功能,即在避免出现国家分裂、民族分裂以及其他不利于边疆稳定等方面发挥积极作用,确保边境

地区的地缘安全和国家安全。东北地区不仅是我国重要的经济发展板块,同时也是我国重要的边疆边境和民族地区,对于我国国家安全、地缘政治安全、边疆发展和民族团结都具有重要的意义。而边境口岸作为区域中的重要经济发展极和主要的对外交往区域,自然要承担起国家和地区安全、边疆发展和团结的重要责任。

2. 口岸成为东北地区对外开放的直接平台

口岸以其特殊的地理优势、功能优势和经济优势首当其冲地成为东北地区对外开放的直接平台,推进了东北地区的对外开放进程。口岸经济为东北地区的对外贸易做出了重要贡献。2010年,黑龙江省口岸进出口贸易总额达到了61.15亿美元,同比增长8.4%,占当年全省进出口总额255亿元的24.37%;吉林省的口岸外贸额则达到了73.78亿美元,占全省进出口总额的43.8%。

3. 加速了区域的经济发展速度

对外开放口岸的建立和发展加速了东北地区边境小额贸易的发展,促进了区域经济的持续性增长。绥芬河口岸通过边境小额贸易和旅游倒包相结合的方式助力了区域经济发展,到1997年其口岸贸易额已经达到了2.2亿元,占整个绥芬河市对外贸易额的40%,过境旅客达到了20万人次,创造了近亿元的财政收入。到了2020年,绥芬河口岸发展能力进一步提升,综合过客能力达到了600万人次,口岸过货量已经达到了整个黑龙江省的85%,进行对外贸易的国别数在中国口岸中排名第一。黑河口岸与布拉戈维申斯克口岸之间开展的互市贸易,1993年就吸纳了过境旅客74万人次,贸易额达到了4.1亿美元。2006年,出入境旅客就已经达到100万大关。同时,黑河口岸的对外贸易能力也在持续增长,截至2018年,黑河口岸的对外贸易额已经增长到了36.25亿元人民币。

4. 口岸经济夯实了与周边国家之间的务实关系

对外开放口岸是我国与周边国家之间进行经济交往的直接平台,其衍生出的口岸经济也成为我国与周边国家政治交往之外的又一主要交往形式,不仅可以夯实双边和多边的政治关系,同时也可以助力解决"政热经冷"的交往弊端。另外,通过口岸与口岸之间的对应发展,可以在一定程度上减少地缘政治以及领土主权等政治矛盾给经济合作带来的阻碍,助力跨境次区域合作程度的加深。

5. 推动了东北地区跨国旅游业的发展

通过口岸的便利条件可以大力实施边境跨境旅游业务,一方面增加区域经济收入,另一方面也可以实现文化和旅游的融合发展。2006—2010年,辽宁省口岸进出境旅客从210万人次增加到258.4万人次,年均增长率5.3%。黑龙江省绥芬河口岸在1990—2005年,进出境旅游人数增长率为34.8%,达到了51万人次,实现了8 283万美元旅游外汇收入,年均增长率达到了41.6%。2019年,吉林省的珲春口岸出入境旅客达到了478 033人,相比上一年同期增长了17.2个百分点。

三、边境口岸发展中存在的问题

如今东北地区的口岸经济发展已经进入了新阶段,跨境贸易便利化、经贸合作多样化、口岸电子化已经成为新的发展趋势和口岸经济的重要发展内容。尤其是在国务院印发了跨境电子商务意见以及新时期口岸的发展规划之后,口岸经济在区域经济发展和对外开放方面的地位越来越重要。但是综合来看,在建设高水平开放型经济体制以及日趋复杂的国际环境下,东北地区的口岸发展面临着一定的挑战。

1. 口岸安全风险加大

口岸在承担经济作用的同时,作为"前沿防线"还承担着抵制"洋垃圾"、毒品、病毒输入以及保护濒临动植物及其制品等安全和防控应急事件的功能。口岸的特殊位置使得其往往处于应急事件和安全事件的直接"冲突区"。例如,2020年爆发的新冠疫情,使口岸成为"内防扩散、外防输入"的关键关卡。东北地区毗邻的俄罗斯、日本和韩国的疫情形势都非常严峻,致使很多东北地区的口岸都不得不选择闭关抗疫。即使在当前抗议常态化的背景下,口岸仍然是"外防输入"的重要阵地,构建多边口岸安全风险联合防控机制、抵御病毒传播也成为了东北地区口岸的头等大事。

2. 数字口岸建设仍需进一步加强

随着国家贸易"单一窗口"的全面启动,数字口岸建设已经成为一种必然的发展趋势。东北地区的口岸在信息共享、数字化应用、智能管理系统应用等方面仍有很大的提升空间,距离国际先进行列仍有一段距离。

3. 口岸的发展能力参差不齐

在东北地区的口岸体系中地理位置、区位优势、历史条件、基础设施都是口岸发展的重要条件和基础。这也就导致逊克、虎林等一些地理位置不好、区位优势不明显、基础设施相对薄弱的口岸发展速度较慢。而黑河、绥芬河以及珲春等地理位置优越、区位条件良好、基础设施完善的口岸发展速度较快,发展规模也比较大。这种发展参差不齐的现状在一定程度上限制了东北地区口岸经济规模和效能的持续扩大。

4. 口岸的带动和辐射能力有限

从全国来看,东北地区的口岸整体辐射能力有限,还没有形成一定的口岸经济发展规模,对于地方经济以及周边城市的带动和辐射作用还没有完全发挥出来。尤其是一些规模较小的特殊口岸,仅仅是"政策性"开放,很难发挥口岸经济的持续性带动作用。

5.受到季节和气候的影响较大

东北地区的特殊气候影响着该地区口岸经济的发展。其中,部分口岸只能是季节性开放,主要包括绥滨、富锦、佳木斯、哈尔滨等几个水运(河港)口岸。另外,同江、漠河、呼玛、逊克等口岸在冬季开放也需要解决严寒、雪阻等问题。

第三节　特殊经济区的布局

特殊经济区指的是东北地区存在的各种类型的经济开发区。按照批准成立的政府级别可以分为国家级和省级经济区,按照不同性质又可以分为经济技术开发区、自由贸易试验区、跨境经济合作区、海关特殊监管区等类型。截至2018年,东北地区有国家级新区3个、国家边境(跨境)经济合作区5个、自由贸易试验区2个、海关特殊监管区域9个、国家级经济技术开发区22个、国家级高新技术产业开发区16个、国家其他类型开发区4个;黑龙江省有省级经济开发区74个、辽宁省有省级经济开发区62个、吉林省有省级经济开发区48个。在东北地区的对外开放体系中,各类特殊经济区以其特殊的经济发展空间和发展政策发挥了对外开放区域先行者和引领者的作用,成了东北地区对外开放新的成长空间,加速了东北地区对外开放基本格局的构建速度。

一、特殊经济区的特殊性

(一)特殊经济区的设置时序

1.起步阶段(1984—1992年)

在该阶段,东北地区第一个国家级经济技术开发区——大连经济技术开发区批复建设。之后,随着东北地区进入了对外开放的起步期,东北地区各类特殊经济区的建设也进入建立阶段,在9年时间里东北地区建立了16个国家级特殊经济区。1991年和1992年是该阶段特殊经济区建立的集中年份。1991年建立了4个国家高新技术开发区,1992年有20个特殊经济区建立,其中国家级的有11个:边境(跨境)经济合作区4个、高新技术产业开发区3个、其他类型开发区2个、海关特殊监管区1个、经济技术开发区1个;省级的有9个:黑龙江省级经济开发区6个、吉林省级经济开发区3个。该阶段特殊经济区的建立强力推进了东北地区经济改革和对外开放的进程,探索了经济发展的新方式。其中边境(跨境)经济合作区的建立更是联通了国内外市场,拓展深化了东北地区对外开放的格局,创造了更多的区域经济发展机遇。

2. 省级经济开发区大力发展阶段(1993—2009年)

在该阶段,一共建设了98个特殊经济区,其中省级经济区有90个。从20世纪90年代开始"东北问题"逐步凸显,经济发展速度持续性放缓的"东北现象"开始出现,如何缓解经济发展颓势已经成为东北地区经济发展的燃眉之急。大量经济开发区的建立挖掘了区域资源和经济发展潜力,整合了生产要素,尤其是一些沿边地区的经济开发区更是成为东北地区"走出去"和"引进来"的重要桥梁。

3. 迅速发展阶段(2010年至今)

在该阶段,无论是国家级还是省级的特殊经济区建设都进入了快速发展阶段。一方面是由于我国整体经济发展进入了"新常态",特殊经济区作为一种激发区域经济潜力、整合发展资源的有效手段承担起了促进区域经济发展的重担。另一方面随着我国整体对外开放程度的加深以及东北地区对外开放格局的初步显现,经济开发区、保税区、技术开发区、开放示范区等特殊经济区已经成为承接产业转移、优化资源要素配置,扩大对外开放的重要平台。在该阶段建设了117个特殊经济区,国家级的有33个,其中边境(跨境)经济合作区1个、国家级新区3个、高新技术产业开发区9个、自由贸易试验区2个、经济技术开发区15个、海关特殊监管区域(保税区)2个以及1个其他类型的开发区——中德(沈阳)高端装备制造产业园,其余的均为省级经济开发区。

(二)特殊经济区的总体特征

1. 以省级特殊经济区为主

在东北地区245个特殊经济区中省级特殊经济区的比重达到了75%。其中,黑龙江省的省级特殊经济区最多有74个,辽宁省次之有62个,吉林省最少有48个。黑龙江省的省级特殊经济区主要包含经济开发区、工业园区、产业园区、工业示范基地、沿边开放示范区等五种类型,主要以农副产品加工、装备制造、食品以及医药等领域为主导产业。辽宁省省级特殊经济区主要包含经济开发区、技术产业开发区、经济区、能源化工区、产业基地(园区)等类型,主导产业主要包括装备制造、有色金属制品加工、新能源、石化、汽车及零部件以及农产品加工等领域。吉林省省级特殊经济区主要包含经济开发区、产业园区、工业集中区、产业开发区、经济示范区、工业园区等类型,主要包括林产品加工、农副产品加工、汽车及零部件、通用设备以及医药等主要产业。

2. 东北地区国家级特殊经济区的主导产业存在同质化现象

特殊经济区作为东北地区产业发展的主要承载空间，其主导产业的发展程度对于引导区域经济新发展模式、推动区域产业布局以及产业结构调整具有重要的意义。虽然在东北地区的 60 多个国家级特殊经济区中包含了东北地区的装备制造业、汽车及零部件、石油化工、仓储物流以及生物制造等优势产业，但是从各个经济区的主导产业来看，个别经济区之间存在主导产业同质化的现象。例如，主导产业为装备制造、智能制造等的经济区有旅顺、营口、大连长兴岛、沈阳、哈尔滨、大庆、松原经济技术开发区、营口、哈尔滨、齐齐哈尔、长春高新技术产业开发区以及中德(沈阳)高端装备制造产业园等；主导产业为石油化工的经济区有大连长兴岛、大连、盘锦辽滨沿海、锦州、大庆、吉林经济技术开发区以及大庆、吉林高新技术产业开发区等。这种地区内同质化产业发展的现象不利于特殊经济区发挥经济引领作用，难以通过特殊经济区的辐射作用将优势产业扩大。同质化的产业模式在一定程度形成了同区域内的竞争，也不利于区域的整体经济发展水平的提升。

3. 东北地区特殊经济区的聚集度不断加强

从整体来看，东北地区的特殊经济区的分布呈现出由南向北逐渐降低的整体态势，但是其空间联系却在不断加强。沈阳市-辽阳市-鞍山市带状经济区聚集格局已经形成并在不断扩大，辽阳市和鞍山市已经演化成较为高级的经济区聚集中心，并在不断发挥着辐射作用。吉林省的"一主六双"产业空间布局更是规划了以长春市为中心的经济区聚集格局，构建了"环长春四辽吉松工业走廊"，发挥了区域的产业优势，绘制了吉林省创新转型升级、经济区聚集发展的新蓝图。相对来说，虽然黑龙江省的特殊经济区聚集度不是很高，但是也形成了以哈尔滨为中心、周边聚团分布的总体格局。

二、特殊经济区建设的重要意义

(一)建构了区域新的经济增长空间

在东北地区经济增长缓慢、经济下行压力持续增大的发展背景下，东北地区亟须多元化经济增长方式，发挥区位、资源和产业的综合优势，建立新的增长空间。而各类特殊经济区的建立则正好满足了东北地区经济发展的模式需求，集约化、一体化、专业化的特殊经济区成为东北地区产业转型升级、提升区域发展新动能的重要空间。例如长春汽车经济技术开发区以政企共建、以企拓区、园为企用的发展和开发模式推动了长春汽车制造业向高端化和集聚化方向发展，建立了吉林省汽车及零部件制造的专业产业园，打造了吉林省经济增长的新空间。

(二)助力地区对外开放

国务院 2017 年印发的《关于促进开发区改革和创新发展的若干意见》中明确指出,开发区已经成了对外开放的重要平台。各类开发区的成功实践对于构建区域开放型经济发挥了不可替代的作用。在对外开放的过程中各类特殊经济区更是成为"排头兵"。边境经济合作区、保税区作为一种特殊的经济区在吸引外资、引进技术方面的优惠政策加速了外国企业的入驻。经济技术开发区、工业园区等则在营造良好的对外开放环境、促进外向型经济发展方面发挥了重要的作用。自由贸易试验区则成为东北地区吸引外资企业的重点区域和优势区域。

(三)提升区域整体竞争力

在东北地区的特殊经济区中,各类高新技术开发区、产业示范区在科学和技术创新方面都取得了一定的成绩,并积极发挥了辐射作用,建立了以科技创新为主体的经济发展园区。随着我国对外开放程度、经济发展要求的提升,科学技术必将成为提升区域竞争力的核心,因此这类以科技为支撑的经济园区将成为区域经济发展的主力军。例如中德(沈阳)高端装备制造产业园在智能制造、装备制造、汽车等领域发展迅速,促进了"中国制造 2025"与"德国工业 4.0"战略的高效对接,成为东北地区重要的科技创新区,也提升了东北地区的区域竞争力,建立了科技与科技、创新与创新的对外合作模式。

三、特殊经济区的战略定位及存在的问题

总体来看,东北地区的特殊经济区有三项核心功能定位,分别为增长极、示范区和扩散源。但是,其具体核心功能定位也根据其类型的不同有所差异。

(一)国家级新区

国家级新区是承担国家重大改革开放战略任务的综合功能区。1992 年国家成立了上海浦东新区,至今国家已经成立了 19 个新区,东北地区有 3 个,分别为大连金普新区、哈尔滨新区和长春新区。

大连金普新区位于东北地区实现陆海统筹发展、向东北亚地区对外开放的节点区域。其战略定位是"一地一极三区",分别从关于东北亚地区的合作、引领老工业基地振兴以及城乡统筹发展等几个方面进行了战略部署。如今,金普新区已经成为东北地区走向世界的海洋前沿和窗口,东北地区 70% 以上的外贸货物和90% 以上的集装箱运输都要由此通往世界。

哈尔滨新区是我国唯一一个将与俄罗斯合作作为发展主题的国家级新区。该新区位于中蒙俄经济走廊与欧亚地区货物运输通道的节点地区,连接东北亚范围

内的各个国家的交通方式都极为便利,同时可以以江海联运的方式直通日本海区域,可以对接"冰上丝绸之路"等国家海运通道。其战略定位是"四中心一高地",将对俄罗斯以及东北亚地区的合作作为新区发展的重中之重。

长春新区是长吉图开发开放先导区的重要组成部分,是吉林省、东北地区以及东北亚地区的地理核心,具有实施对外开放的距离优势。其核心战略定位是打造图们江区域发展的战略平台,以临空经济示范区、国际陆港和国际空港为主要发展依托,分阶段推进国际"大通关"开放通道建设,为吉林省和东北地区的振兴发展和对外开放提供重要的经济支撑。同时,长春新区地缘优势突出,不仅是长吉图区域核心点,同时也是推进东北地区融入中俄蒙经济走廊建设的重要节点。

但是总体来看,东北地区的国家级新区在运行中也存在一定的问题,主要表现在以下三个方面:一是经济压力较大。2011年后东北地区的经济发展呈下降趋势,其经济增长速度一度排在了全国的末尾区域,这种经济发展背景增加了各类国家级新区的经济运行压力;二是区域整体发展环境不佳。虽然通过老工业基地振兴战略的推动东北地区的整体发展环境有所改善,但是营商环境不佳、人才生活环境较差等问题始终是东北地区经济发展的短板所在,这也就成为东北地区国家级新区进一步发展的阻滞因素;三是三个新区的对外开放定位趋同。虽然三个新区都根据自身的发展特色划定了对外开放的定位,但是整体来看都定位在了优化东北地区对外开放的节点区域以及重要平台和窗口上,缺乏创新点的进一步挖掘。

(二)自由贸易试验区

自由贸易试验区的建设是我国推进对外开放、创新对外贸易发展模式的重要内容。试验区的建立对于区域贸易和投资便利化、区域营商环境改善以及贸易管理模式创新都具有重要的作用,已经成为我国对外开放战略中的重要抓手。截至2020年,东北地区建有两个国家级自由贸易试验区,分别为辽宁自由贸易试验区(以下简称辽宁自贸区)和黑龙江自由贸易试验区(以下简称黑龙江自贸区)。

辽宁自贸区于2017年创建,是辽宁省经济发展增长极的集合地,其核心战略定位是成为提升东北老工业基地发展竞争力的关键区域,同时成为东北地区提升对外开放水平的新引擎和新动力。经过几年的运作和发展,辽宁自贸区已经成为辽宁省振兴发展和推进对外开放的新高地。一是形成了可复制推广的改革创新发展经验。截至2019年年末,自贸区承担的国家123项试点任务全部提前完成,且辽宁省的"自贸区经验"已经形成品牌,"进境粮食全流程监管新模式"成为国务院全国推广施行的做法、大连港的集装箱码头股权整合路径以及大连冰山集团混合所有制改革方案成为商务部推选的全国自贸区最佳实践案例。另外,该自贸区有

88 项改革创新经验在全省范围内得以推广。二是成为辽宁省企业的聚集地。截至 2020 年,自贸区入驻企业已经达到 5.8 万户,其中东北亚地区的外资企业达到了 217 家,2020 年比成立之初注册资本新增了 6 987 亿元,可以说自贸区的企业集聚效应已经初步形成。三是对外开放效应不断增加。一方面对外开放营商环境不断改善,自贸区内的营商环境成为了辽宁省乃至于东北地区的标杆。自贸区内创新实行了"一站式服务",将项目施工许可证的审批时限压缩短到 15 天以内。项目的通关流程也进一步得以优化,相比 2019 年进口、出口岸通关时间分别缩减了 77.9%、79.7%。另一方面,口岸业务实现了全覆盖、无死角,自贸区贸易便利化水平得到了切实提升。

黑龙江自贸区创建于 2019 年,其战略定位主要是建成东北地区向北开放的重要窗口和我国与俄罗斯及东北亚区域合作的枢纽和平台。自贸区在黑龙江省的经济发展中起到了重要的推动作用。一是带动引领作用较为明显。哈尔滨片区拟打造的国际陆港公铁联运集疏运中心将加快带动黑龙江省乃至于东北地区形成"网上网下、境内境外"相结合的全天候、多维度国际物流发展体系。二是政策红利不断得以扩大,可以逐步形成较有特色的政策高地。例如,哈尔滨市在积极利用自贸区的"黄金 30 条""新驱 25 条"等优惠政策优化和完善营商环境的同时,建立起了符合城市发展实际的跨境电商产业集群。三是通过自贸区的建设逐步扩大了区域合作"朋友圈"。截至 2020 年,哈尔滨片区新增企业 3 609 家、黑河片区签约项目总额达到 32.65 亿元,为区域发展营造了十分良好的发展局面。

虽然总体来看,辽宁和黑龙江两个自贸区发展成效显著,但是对于东北地区来说自贸区的建设和发展尚处于探索阶段,所以结合区域实际的发展经验缺乏、国家对于自贸区的法律授权不充分以及区域创新发展路径缺乏等方面已经成了自贸区深入发展关注的重要领域。此外,在新时代、新技术的时代背景下,自贸区金融服务技术化、自贸区功能网络化和信息化以及政府服务的主动化、区域贸易发展便利化等领域的建设也都应该成为自贸区创新发展的重点方向。

(三)国家级经济技术开发区

东北地区现有 22 个国家级经济技术开发区,这些经济技术开发区享有类似于经济特区的优惠政策,将完善工业发展体系、吸引和利用外资以及实现技术产业向高新方向发展作为区域发展的重要目的,因此其发展定位就是建设东北地区的"特殊经济区"。东北地区的经济技术开发区中有很多"最",例如大连经济技术开发区是我国改革开放以来最早建立的经济技术开发区、长春汽车经济技术开发区是全国唯一一家汽车领域的专业开发区、旅顺经济技术开发区是全国最大的军工类制造基地等。

东北地区的国家经济技术开发区对于东北地区经济增长和对外开放都发挥了重要的作用。在地区经济增长方面：一是实现了区域内资源和技术的集中集聚，成为地区内经济发展的经济和社会发展极。二是享受一定的优惠政策，在实现自身发展的同时促进了所在区域的整体进步，成为所在区域经济发展的新引擎。三是在先试先行中积累了丰富的经济发展经验，成为区域内其他地域经济发展的借鉴和参考。在对外开放方面：一是享有部分经济特区的优惠政策，在吸引外资和对外合作方面最具活力和潜力，可以成为推动对外开放的重要抓手。二是可以成为区域对外开放的缓冲带，相关对外政策在这里试行，通过实践判定政策体系的可行性和成熟度。三是经济技术开发区是实现对外开放与国内区域发展政策有机结合的结合点和尝试区域，地位重要、作用突出。

同时，受到地区经济发展状况以及区域发展历史的影响，东北地区的国家经济技术开发区产业发展趋同、抵御风险能力较差、市场化程度不高等现象一直存在，已经成为该地区经济技术开发区发展的短板所在。

（四）国家级高新技术产业开发区

国家级高新技术产业开发区（简称国家高新区）是国家在 1988 年开始组织实施的一项特殊经济区域发展政策，主要建立目的是推广高新技术，集聚高新技术的发展动能，形成区域内的科学发展高地。目前东北地区建有国家级高新区 16 个，其中主要的产业包括信息技术、生物医药、工业自动化、装备制造、汽车零部件以及农产品加工等领域。东北地区的国家高新区呈现出了集中扎堆建立的现象，1991年建立 4 个、1992 年建立 3 个、2010 年建立 4 个、2012 年建立 2 个、2013 年建立 2个、2015 年建立 1 个。东北地区的国家高新区已经成为东北地区科技和技术创新的核心区和关键区，对于东北地区整体竞争力的提升发挥了重要作用。其主要的发展定位也是对于区域技术和科技的进步起到积极的带动和引领作用。

东北地区的高新区对于东北地区对外开放起到了重要作用：一是提升了区域创新能力，建立了创新型对外开放的模式，逐步改变了我国向国外输出贸易的产业结构。二是提升了工业化和信息化水平，夯实了东北地区对外开放的"科技基础"。三是科技创新为东北地区下一步高水平、高质量对外开放提供了技术支撑。四是可以助力东北地区突破困局。无论是在区域经济发展还是对外开放层面，东北地区可谓是困局不断，而东北地区的高新区作为区域发展的"发动机"，可以通过提升区域科技动力的方式提升发展动力，进而助力区域摆脱经济发展和对外贸易低端的困局。

但是,需要重视的是东北地区的高新区科研投入力度不大、人才结构不合理以及区域竞争力不强等问题限制着高新区的深入发展。

(五)海关特殊监管区域

海关特殊监管区域主要包括保税区、出口加工区、保税物流园区、跨境工业园区、保税港和综合保税区等六种类型。我国的海关特殊监管区是在经济全球化和区域一体化的大背景下设立的具有特定业务的、专属功能的特殊经济区。东北地区的海关特殊监管区域共有9家,分别包括保税区、出口加工区、保税港区和综合保税区等几种类型。海关特殊监管区域作为东北地区对外开放的先行区,集聚了东北地区内陆区域的资源和市场优势,因此其发展定位就是成为东北地区推进对外贸易发展和扩大对外开放规模的关键区域。

东北地区的海关特殊监管区域有三方面特点:一是从区位布局角度看,9家海关特殊监管区域均位于沿海或者沿边地区,具有开展边境贸易、集聚国际国内资源、实现"境内关外"运作方式的直接优势。二是辽宁省以其特殊的海洋资源优势拥有5个海关特殊监管区域,分别为大连保税区、出口加工区、大窑湾保税港区以及沈阳和营口综合保税。三是海关特殊监管区的发展前景广阔。当前,海关特殊监管区域对于我国的对外贸易发展做出了巨大的贡献。截止至2019年,我国对外贸易总量中有六分之一是来自海关特殊监管区域的。随着我国全面、全方位对外开放格局的构建,东北地区的对外开放程度也已经进一步加深,因此海关特殊监管区在促进外贸、引进外资的先导作用方面必须得到不断加强才能适应大好的对外开放形势。

海关特殊监管区域不断完善和发展过程中存在的问题主要表现为区域发展功能同质化、产业发展特色不突出以及后期监管体系不健全等几个方面。

(六)边境(跨境)经济合作区

边境(跨境)经济合作区是我国沿边地区发展边境贸易、对外贸易以及出口加工等项目的重要区域和关键区域。东北地区拥有5家边境经济合作区,分别为黑河、绥芬河、珲春、和龙、丹东边境经济合作区。其中黑龙江省的黑河和绥芬河合作区的主要战略定位均是对俄罗斯合作,吉林省的和龙合作区是对朝鲜合作,珲春合作区是对朝鲜和俄罗斯合作,辽宁省的丹东合作区主要是对朝鲜合作。东北地区的这5个边境经济合作区对于东北地区创建良好的周边国际环境、发展积极健康的对外贸易以及繁荣区域经济都发挥了积极的作用。一是构建了边境地区的经济增长空间,可以有效对接周边政治经济体的对外开放战略。二是可以通过特殊的经济发展政策构建政策高地,引领区域经济发展。三是可以提升东北地区边境城市的发展能力。

但是,不容忽视的边境(跨境)经济合作区在推进过程中也存在一定的问题。一是区域内经济规模不大,还没有形成一定的经济和技术溢出效应。二是个别合作区以资源作为合作和发展的基础,缺乏长远运行的经济发展思维和模式。三是跨境合作的便利化和电子化程度还不够,尚不能与当前边境(跨境)经济合作区的发展速度相匹配。

(七)其他类型的开发区

1. 国家级开发区

根据 2018 年公布的《中国开发区审核公告目录》我们可以整理出东北地区有 4 个特殊的国家级开发区,分别为中俄东宁–波尔塔夫卡互市贸易区、大连金石滩国家旅游度假区、沈阳海峡两岸科技工业园以及中德(沈阳)高端装备制造产业园。这四个国家级开发区统一存在的问题就是区域空间的使用和发展的混乱,国家级开发区的建立集聚了发展要素,使得一定区域的空间属性和产业属性都发生了可能的转变,如果政府的整体规划缺乏前瞻性,则很可能形成政策发展"孤岛",阻滞生产要素的集聚发展和片状发展进程。

2. 省级经济开发区

随着国家各类开发区的发展,东北地区各个省份也根据自身的发展实际和发展诉求创建了不同类型的经济开发区,推进了各省经济的快速发展。截至 2018 年,东北地区已经建成省级经济开发区共计 184 个。与各类国家级的开发区一样,各省的开发区也将发展定位和作用锁定为区域经济增长极的建立。但是,省级经济开发区的建立普遍存在经济体量较小、主导产业相对单一、生产规模效应难以形成的问题。

第四节　跨境合作的开展

东北地区的跨境合作具有一定的历史和现实优势,所以东北地区在摸索中逐步建立了相对成熟的跨境合作模式,在提升区域经济发展水平的同时,也提升了区域的对外开放水平。同时,也使得国际环境成为东北地区发展的重要资源。因为,东北地区的主要对外开放对象是东北亚地区,因此在本小节的研究中东北地区跨境合作的对象也只选取了东北亚地区的国家。

一、跨境合作的现实优势

(一)跨境合作具有历史地理优势

从历史维度分析,中华人民共和国成立后,随着与东北亚区域内国家逐步建立外交关系,我国东北地区作为外交和经济合作"前沿"开始了与东北亚范围内各个国家之间的经贸合作。黑龙江省和吉林省借助沿边毗邻和国际政治形势的优势走在了前列。黑龙江省 1957—1966 年与俄罗斯的进出口总额达到了 3 476 万卢布,吉林省 1954 年与朝鲜签订了《物资交流合同书》,开始了与朝鲜的地方边境贸易。这种有历史积淀和经验积累的跨境合作为新时期东北地区与东北亚各个国家间跨境合作的深入推进积累了经验,提供了借鉴。从地理位置和交通条件维度分析,东北地区与东北亚各个国家进行跨境合作具有天然的距离优势,与俄罗斯和朝鲜边界相交,与蒙古国、韩国和日本相临而居,再者东北地区本身就在东北亚的地理范围之内。借助这种地理优势东北地区可以实现直接的"跨陆"和"跨海"合作,边界的"屏蔽"功能进一步被"距离优势"冲击,为跨境合作的深入发展提供了极大的可能性。

(二)跨境合作契合了东北亚各国发展战略

东北亚范围内各个国家的区域发展战略为跨境合作奠定了直接的政策基础,不仅加速了跨境合作的进程,同时也为跨境合作打破地缘政治"桎梏"、实现经济领域的互惠双赢提供了政治保障。

中国积极推进对外开放政策,通过"一带一路"倡议开启了世界合作共赢发展的新时代。在东北亚区域内更是通过东北地区的对外开放以及一系列国家战略积极推进了区域一体化进程。俄罗斯推进的"向东转"战略实现了国家发展政策的向东倾斜,将远东地区建设成了俄罗斯撬动亚太经济圈的直接"杠杆",同时通过在远东地区实施的各项优惠政策吸引了东北亚地区的经济发展"注意力"。韩国推出了创新发展战略,且"新北方政策"积极推进了与中国"一带一路"、俄罗斯远东发展战略以及欧亚经济联盟的对接,并提出了"东北亚+责任共同体"的构想,希望通过和平与合作构建发展繁荣的东北亚局势。日本虽然正在借助国际格局变动的"机会窗口"推行所谓的"新国际主义",但是,其在东北亚区域内积极发展经济合作的意图是很明确的。蒙古国一直在倡导"发展之路"规划与中国的"一带一路"倡议和俄罗斯的远东发展战略协同发展。朝鲜积极推进经济发展战略,通过对外开放优化了与东北亚国家合作的国际环境。

因此,总的来看东北亚区域内各个国家的区域战略发展诉求都是希望通过积极的对外开放政策建立和谐、共赢的经济关系,实现本国的繁荣和发展。跨境合作则成为满足这种诉求的直接途径,通过跨境合作可以实现区域内各经济体发展战略之间的有效对接,建立良好的双边和多边关系,进而实现区域的高质量对外开放。

(三)跨境合作有利于东北亚一体化进程

从国家间经济互补性以及区域整体资源占有量的角度来看,东北亚地区是全球经济互补性最强、经济发展活力最强、经济发展趋势最好的地区之一,2018年东北亚地区内的六个国家的地区生产总值约占全世界的四分之一。同时,在该区域内资源丰富的俄罗斯、蒙古国,经济体量占世界前列的中国以及经济发展迅速的日本和韩国都成为世界经济发展的重要推动力。然而这种现实优势和发展潜力并没有被充分挖掘,在历史和现实的矛盾制约下,东北亚地区的一体化进程仍存在一定的阻滞因素。其中,地缘政治环境复杂无疑不是最大的障碍性因素,东北亚地区也是全球政治安全矛盾最为复杂的地区之一。虽然经济合作不能对政治安全局势产生直接的影响,但是经济合作可以在一定程度上缓和政治因素带来的矛盾,也可以在一定程度上加快各个国家搁置争议进行经济合作的进程。东北地区对外开放的诉求就是实现区域经济水平的快速提升,这与周边国家对外发展的目的不谋而合,加之东北地区的政策、市场、资源以及良好的发展前景都为周边国家与东北地区进行跨境合作提供了助力。所以,东北地区通过跨境合作可以构建一个东北亚区域内的"合作场",在一定程度上有利于东北亚区域经济一体化的深入发展。

二、与东北亚区域跨境合作的实践模式

(一)东北地区与俄罗斯的跨境合作

1.东北—远东跨境合作的历史基础

中国东北和俄罗斯远东地区是中俄的边疆、边界地区,是两国间国家利益接触最直接、最频繁的区域。1978年中国开始改革开放,中国对于周边国际环境的改善,特别是中苏之间关系的重新构建尤其关注和注意。在勃列日涅夫和戈尔巴乔夫释放出良好信号的基础上,最终于1989年5月邓小平在与戈尔巴乔夫会晤中提出"结束过去、开辟未来"。至此,两国关系历经波折后开启了一个新的起点,进入正常化阶段。

1982年4月16日,经过中苏政府批准两国恢复边境贸易。自此,中断了11年的东北远东地区的边境贸易逐步恢复并快速发展起来。在叶利钦时期我国东北地区与俄罗斯边境贸易呈现出了特殊的发展变化趋势,具体表现为迅猛发展–有所下

降-低谷徘徊。以黑龙江省为例,1991—1993 年为迅猛发展阶段,同俄罗斯的边境贸易发展迅速,增幅达到了 123%。1994—1997 年为下降阶段,与俄罗斯的进出口总额由 1994 年的 161 086 万美元,下降到了 1997 年的 141 847 万美元。1998 年开始有所回升,但是 1999 年又呈现了下降趋势,由 164 225 万美元下降到了 91 670 万美元。

普京时期,远东地区成为其重点关注的区域,希望借助远东地区的平台实施亚太战略,融入亚太经济发展圈。相继出台了一系列支持远东地区发展的专项文件,不仅重新进行了远东地区的国家发展定位,同时也为中俄东北远东进行深入的跨境合作奠定了基础。尤其是 2009 年,中俄两国共同签署的东北远东合作纲要更具有历史意义。之后,随着中国"一带一路"倡议的推进以及中蒙俄经济走廊、"冰上丝绸之路"等国家间合作战略的实施,东北远东之间的跨境合作更是迎来了发展的历史性机遇。

2. 东北-远东跨境合作的现实基础

(1)两国地区发展的政策基础。一是 2003 年我国正式开始了东北老工业基地振兴战略,将东北地区的经济发展提升到了国家区域发展的战略高度。二是远东地区承载了俄罗斯东转的地缘作用。2000 年,普京从叶利钦手里接过了一个"千疮百孔"的俄罗斯,经济社会问题严重、人民生活水平不高、国家发展方向不够明确、国家民族思想缺失且在"东西选择"中摇摆不定。针对此种情况普京进行了多领域的政治改革。其中,在对外政策领域,充分发挥俄罗斯"双头鹰"的外交智慧和"欧亚"双重身份的优势,一方面不放缓融入欧洲的步伐,另一方面实行"向东转"战略,以远东地区的开发作为突破口,积极融入亚太发展圈。2015 年,普京创立东方经济论坛,通过政治手段和经济手段的综合运用撬动远东地区的发展机遇,彻底发挥出远东地区的地缘位置优势。东方经济论坛确实也不负众望,到 2019 年已经吸收的投资额达到了 3.4 万亿卢布,照比 2015 年成立之初的 1.3 万亿卢布增长了 162%。同时,俄罗斯通过建立远东发展部,创立"符拉迪沃斯托克自由港""超前发展区"以及实施优惠税率等举措吸引外资,切实发挥了远东地区的对外开放平台作用。截至 2019 年远东联邦区的地区生产总值达到了 110 万亿卢布,较比 2001 年该地区的地区生产总值(60 万亿卢布)增长了 83%。由以上数据我们可以看出俄罗斯正在以远东地区作为平台实现经济东转的战略。这些战略举措成为我国东北地区选择与远东地区进行深入合作的优势。

(2)东北远东合作的现实优势。一是中蒙俄经济走廊为东北远东提供了过境经贸合作提供了可能。中蒙俄经济走廊有东北和华北两条合作路线,东北路线是由大连出发经长春过满洲里最后到的赤塔。华北路线则是由京津冀地区出发途经呼和浩特最后到达蒙古国和俄罗斯。通过两条合作线,中蒙俄经济走廊成为了蒙古国等内陆国家和地区发展海洋贸易,利用海上交通的过境线和传输线的机遇,这大大丰富了日本海沿岸海洋经济的发展内容和沿岸经济体的合作领域。东北和远东地区可以通过海上合作构建环日本海沿岸的海洋经济圈,一方面拓展自身经贸发展领域,另一方面实现承接内陆国家和地区的过境资源和海上航运要求,实现区域经济的发展。二是"一带一盟"的对接为合作创造了国际战略背景。2015 年,《关于丝绸之路经济带建设与欧亚经济联盟建设对接合作的联合声明》正式签订,中俄之间的区域发展战略实现了有利对接。这两个国家间战略的对接为东北与远东地区实现深入合作创造了利好的战略背景。其一,两地可以利用国际战略对接的"东风",在基础设施完善、项目合作、人文交流等领域夯实区域合作基础。其二,这种国际战略对接为两地间的跨境合作扫清了政策障碍,两地合作大有可为。其三,东北与远东地区共同承担了"一带一盟"对接合作的"合作点"和"发展点"的角色。三是"冰上丝绸之路"将成为两地海上合作的重要载体。"冰上丝绸之路"由中国北方地区港口作为起点,北上途经白令海峡、并入俄罗斯北方海巷道,进而连接欧洲西部地区的新的运输通道,比传统的"马六甲通道"缩短了 5 100 英里(约为 8 207 千米)的里程。东北和远东地区则正好位于"冰上丝绸之路"的关键节点区域,甚至于本身就是"冰上丝绸之路"的一部分,因此两地可以发挥出区位优势和港口优势,大力发展海上合作,在航运中心建设、造船业、仓储物流发展、水产品加工业、海洋工程产业以及滨海旅游等领域做好"大文章",拓展两地双边合作的内涵。2017 年 12 月,亚马尔液化天然气项目的投产成为中俄海洋合作的重要支点,标志着中俄共同开辟北极航道已经取得了巨大的成功。2018 年 7 月 19 日,来自亚马尔液化天然气的液化天然气(LNG)首次通过"冰上丝绸之路"运抵我国江苏如东 LNG 接收站,将"冰上丝绸之路"的蓝色经济带作用直接凸显出来。

3. 东北-远东地区实现了对接式跨境合作

2009 年 9 月,中俄签订《中华人民共和国东北地区与俄罗斯联邦远东及东西伯利亚地区合作规划纲要(2009—2018 年)》,标志着东北远东之间已经由传统的边境地区合作转化为国家战略之间的系统性合作。2015 年 5 月,东北-远东地方合作理事会成立,2016 年 11 月,东北-远东政府间合作委员会成立。总之,在中俄两国的共同推动下,中国东北与俄罗斯远东之间实现了对接式的发展,两地的发展诉求更是实现了有机的统一和对接。基础设施层面,滨海 1 号、2 号国际交通走廊的建设已经进入务实推进阶段。预计到 2030 年以前,两条国际交通运输走廊的年货物运输量将突破 4 500 万吨大关,运输走廊途经的港口和运输公司的年收入将增加 910 亿卢布。跨境桥梁建设更是成果丰硕,以同江、黑河以及东宁为起点的跨境铁路桥、公路以及索道桥等跨境桥梁将打通两地合作的通行障碍,实现互联互通;经贸方面持续增长。截至目前,中国已经成为俄罗斯远东地区的第一大贸易伙伴国,且贸易额一直在持续增长。2019年进出口贸易额就达到了104.72亿美元,同比增长了7.1%。

4. 东北-远东合作存在的问题

虽然东北-远东之间的合作无论是在合作历史、合作基础以及合作形式方面都具有一定的优势,但是在区域自身发展能力、贸易结构、营商环境以及思想认知等方面仍然存在着一定的问题。

(1)东北和远东地区都是在本国经济发展能力相对滞后的区域,自身经济体量并不大,两地之间的合作很难形成"强强联合的合作优势"。

(2)东北三省与俄罗斯之间对外贸易额不均衡,且贸易结构较为单一。2019年东北地区的对俄贸易额中黑吉两省占比都在5%以下,东北地区从俄罗斯进口几乎都以矿产品为主,2018年黑龙江省从俄罗斯进口的矿产品占该省从俄进口产品的82.4%。

(3)合作的基础配套设施需要进一步完善,一方面是两地区的口岸承载能力、过境能力以及基础设施完善能力需要进一步优化,另一方面两地的交通网络体系还不够健全,尤其是远东地区公路覆盖率、承载能力以及各种交通功能之间的转化能力需要进一步加强。

(4)东北和远东地区的营商环境都是影响两地招商引资的重要因素,更是两地之间深化合作的影响因素。主要表现在商业服务体系不完备、法律法规不够健全、腐败现象时有发生以及政府越位、错位等。

(5)思想认识上也存在一定的差异,例如中俄双方合作项目的"兴趣点"不统一致使个别合作项目一直处于搁浅状态,再者"中国威胁论"以及"人口扩张论"等说法在俄罗斯仍有一定的市场。

(二)东北地区与韩国的跨境合作

东北地区与韩国隔海相望,拥有便利的跨境经济合作的优势。东北地区是韩国的重要经济合作区域,韩国也是东北地区实施对外开放、发展对外贸易的重要经济体。虽然近年来,韩国的投资主要倾向于我国的东部沿海地区,东北地区与韩国之间的经贸往来并不活跃,但是不可否认的是,东北地区对外开放进程中韩国是重要和关键一环,中国东北地区是韩国推进"朝鲜半岛新经济地图"战略最重要的地区之一。

1.韩国是东北地区重要经贸合作对象

韩国一直都是我国经贸合作的重点地区,2015年中韩两国签署了自贸区协议,这为两国加深经贸领域的合作提供了直接的助力。虽然,受"萨德"的影响两国经贸合作有所减少,但是2018年,我国与东北亚各国的贸易合作中,与韩国的经贸额仍占41.3%。再者,东北地区与韩国之间的地理距离也决定了韩国对于东北地区的对外开放具有特殊的意义。因此,东北地区的三个省份也都在不断提升韩国在其对外合作中的地位、加深与韩国之间的经贸合作。

黑龙江省对接"一带一路"倡议提出了建设"黑龙江陆海丝绸之路经济带"的思路,韩国是该经济带中的重要经济体,更是黑龙江省在东北亚地区设想合作的重要国家之一,并且其建立的"哈绥俄亚"经济运输通道更是可以通过俄罗斯港口直接到达韩国的釜山港,建立了黑龙江与韩国之间的直接经贸联系,比经过大连至釜山港距离缩短了224千米,标准集装箱的运输成本缩减了1 000元/个。该通道已经成为黑龙江省与韩国之间的重要的经贸合作通道。

吉林省与韩国的合作更具有先天的优势,历史、语言和文化的优势加速了吉林省与韩国的经贸合作。中韩(长春)国际合作示范区已经于2020年成立,构建了"一核、两翼、多园"的空间格局,推进了中韩之间在新能源汽车、现代科技以及食品加工等领域互利双赢产业链的建设进程。

辽宁省是东北地区的陆海联运前沿,借助"前沿优势"辽宁省加深了与韩国之间的经贸合作。辽宁省提出创建的"一带一路"综合试验区中将东北亚区域作为了重要合作对象,明确指出要建立以中俄日韩朝蒙为主体的"东北亚经济走廊",同时构建"中日韩+X"发展模式。另外,辽宁省与韩国的经贸合作额也稳居东北三省之首,成为东北地区与韩国跨境合作的代表。

2.中韩自贸区推进了东北地区与韩国的跨境合作进程

2015年12月,中韩两国签署了自由贸易协定。这不仅成为中韩两国经贸合作的"加速器",同时也成为东北地区与韩国之间进行跨境合作的"推进器"。一是创造了良好的合作环境。两国自由贸易协议的达成为东北地区与韩国之间的商业和经贸往来创造了更加便利、自由和规范的合作空间,可以进一步激发中韩两国合作的潜力。二是为东北地区扩大对外合作范围、优化对外合作市场提供了对象。三是在区域经济一体化得以推进的背景下,东北地区可以以与韩国合作为契机尝试构建两国区域间跨境合作的新模式和新渠道。

3."新北方政策"与东北地区对外开放的对接

韩国的"北方政策"最早见于卢泰愚执政时期,其目的是推动韩国优化周边国际环境。通过"北方政策"的实施和推进,韩国的外交空间得以改善,使得东北亚区域内的政治活力和经济活力都有所提升。文在寅政府上台后,针对东北亚复杂的地缘政治局面,提出了"新北方政策",希望进一步扩展韩国在东北亚地区的经济发展空间。

"新北方政策"的直接目的是实现与俄罗斯远东发展战略对接,同时对接中国的"一带一路"倡议和中亚国家的经济发展战略,进而挖掘韩国的对外经济增长动力。虽然,韩国的"新北方政策"的头号合作国家是俄罗斯而非中国,其主体政策中的"九桥战略规划"也主要是对接俄罗斯远东地区发展的各项战略规划。但是政策中将中国东北地区作为"最为活跃"的合作对象之一,规划了例如珲春国际物流园、大图们江开发等针对中国东北地区的合作项目。韩国政府在规划项目之前都做了非常细致的调研,而且一些与中国东北地区合作的项目也具有相当的可操作性。

4. 东北地区与韩国跨境合作存在的问题

(1)跨境合作的支撑力不足。东北地区推进与韩国之间的跨境合作仅仅是在历史、区位以及中韩国家交往的背景下进行的常规合作,并没有专门的区域合作规划。韩国的"新北方政策"主要是想对接俄罗斯的远东开发战略,与中国东北地区之间的合作仅仅是"顺带而为"。

(2)东北地区的市场资源有限、发展能力不强,对于韩国的吸引力自然就不强。

(3)韩国民众对于中国的心理认知偏差,当前韩国民众对中国存有"警惕心理",阻碍了两国民众以及企业之间的深层次交流。

(4)东北地区与韩国的经济发展状况不佳。东北地区一直陷入经济下行压力增大的"魔咒"中,韩国的经济发展一直处于艰难攀升阶段,经济发展较为低迷,2019年经济增长率仅为2%。

(三)东北地区与蒙古国的跨境合作

1. 蒙东地区是重要连接点

虽然在本书研究中东北地区的概念界定中不包括蒙东地区,但是在研究东北地区与蒙古国的跨境合作中绕不开蒙东地区,因为东北地区与蒙古国之间开展的跨境合作很多都是通过蒙东地区以及内蒙古自治区展开的。蒙东地区的5个盟市下辖51个旗县市区,国土面积为66.49万平方千米,北面毗邻俄罗斯和蒙古国,东南部与黑、吉、辽三省均接壤。在东北老工业基地振兴战略以及《中国东北地区面向东北亚区域开放规划纲要(2012—2020年)》中都将蒙东地区划入东北地区范畴内,尤其是在对外开放层面,蒙东地区更是成为东北地区与蒙古国合作的桥梁。

(1)地理位置优越。蒙东地区与俄罗斯和蒙古国的接壤线长达2 948千米,具有极为优越的跨境合作优势。一方面可以直接实现东北地区与蒙古国之间资源、技术、贸易和交通领域的合作。另一方面也可以通过长时间的交流历史、相同相似的语言和习惯逐步搭建起东北地区与蒙古国跨境合作的平台。

（2）蒙东地区口岸聚集度高。分布在蒙东地区的对外开放口岸有 13 个，占内蒙古自治区对外开放口岸的 68%。其中满洲里口岸更是集多种功能于一身的国际口岸，主要是对俄罗斯合作，是我国沿边地区唯一一个公路、铁路和航空三种功能集合的国际口岸。二连浩特口岸是全国最大的对蒙古国合作口岸，承担着我国对蒙古国 90%以上的贸易量。

（3）政策保障是推进蒙东地区东北地区跨境合作连接点的重要支撑。在《中国东北地区面向东北亚区域开放规划纲要（2012—2020 年）》中不仅明确了蒙东地区在构建中蒙国际通道以及沿边重点地区口岸通道建设中的重要作用，同时指出要积极发展内蒙古东部经济区，提升蒙东地区在东北亚区域内的地位。在《黑龙江和内蒙古东北部地区沿边开发开放规划》中更是将蒙东地区规划到了我国的对外开放带上，将黑龙江与蒙东地区的协同对外开放上升到了区域发展的战略高度，蒙东地区也就成为东北地区向蒙古国对外开放的新高地、桥头堡和重要枢纽。通过一系列政策的支持，蒙东地区已经成为东北地区向蒙古国开放的重要先导区。

2. 图们江国际区域合作推进了蒙古国与东北地区的跨境合作

始于图们江发展计划的"大图们倡议"合作机制的参与国有中国、蒙古国、俄罗斯和韩国。这一合作机制虽然由于各种原因进展缓慢，且很多项目都没有落实，但是对于蒙古国来说意义重大。一方面便利了蒙古国参与东北亚经济圈的通道，合作机制中对于国际通道的建设和各类基础设施的完善都为蒙古国融入东北亚经济圈提供了支持；另一方面该合作机制的建立为蒙古国与东北亚国家之间建立良好的政治和经济关系提供了契机，在此基础上可以与这些成员国家之间开展不同领域的合作，实现本国的"走出去"。因此，蒙古国对于图们江国际区域合作一直极力支持，尤其是在国际运输走廊合作、能源合作、旅游合作等领域。在交通运输方面积极改进基础设施，在 2010—2015 年，蒙古国在道路发展方面的投资就超过了 17 550 亿图格里克；在旅游政策方面，积极利用现代化的技术和手段改进了签证和信息传递服务，便利了图们江合作机制内各国间的签证申请程序，于并 2014年与俄罗斯之间签订了免签手续。蒙古国的这种发展诉求成为东北地区与之合作的重要助力。

3. 中蒙俄经济走廊背景下东北地区与蒙古国的跨境合作

从历史角度看，东北地区与蒙古国之间进行跨境合作拥有良好的历史基础。1985 年，内蒙古自治区就已经与蒙古国开展了地方边境贸易，当年贸易额达到了

63万瑞士法郎。随着中蒙两国合作的逐步深入,到1990年内蒙古与蒙古国的边境贸易额实现了重大飞跃,达到了2.65亿瑞士法郎,到1991年两国就已经在边境地区开辟了8对常年开放的口岸。

从现实角度分析,中蒙俄经济走廊的构建已经成为东北地区与蒙古国开展跨境合作最直接的优势。中蒙俄经济走廊不仅是中俄蒙三国之间的发展战略对接,同时也是三国之间共同构建的国际运输走廊和跨境区域合作平台。运输通道建设方面不仅加强了公路、铁路、口岸、港口以及航空等交通基础设施发展,同时强化了三方口岸软环境和硬环境能力建设,进一步完善了海关和检疫监管体系。另外,通过国际合作通道的建设推动构建了边境地区合作机制,进而发挥了边境城市的比较优势,实现了多边经贸合作。再者,随着东北地区与蒙古国之间的跨境经贸合作程度不断加深,蒙古国也有望成为东北地区较有潜力的对外开放合作国。2017年,首趟"辽蒙欧"中欧班列运行通车,途经蒙古、俄罗斯,到达明斯克。2018年,吉林省与蒙古国的中央省签署了友好关系协议书,实现了多领域的协议合作。

4. 东北地区与蒙古国跨境合作存在的问题

(1)在东北地区与蒙古国之间外向型经济发展合作领域缺乏直接优势。

(2)合作缺乏细化机制,当前东北地区与蒙古国之间的合作很多都是停留在中欧班列、中蒙俄经济走廊、大图们合作倡议等大的规划和战略上,如何进行区域间的对接合作还缺乏较为细化的机制和意见。

(3)由于历史原因以及中国发展能力的不断提升,"中国威胁论""戒备中国论"在蒙古国中有一定的市场。

(四) 东北地区与日本的跨境合作

东北地区与日本之间的经济合作具有较为悠久的历史,在中日邦交正常化后东北地区就与日本之间开展了经贸往来。1991年,东北三省与日本之间的对外贸易额已经达到了30.7亿美元,占整个东北地区对外贸易额30.6%。随着中日关系的持续稳定,东北地区与日本之间的经贸往来得到了稳步发展,2008年对外贸易额达到了142.2亿元,占整个东北地区的15.62%。虽然,近年来受钓鱼岛事件以及各种历史遗留问题的影响,东北地区与日本的经贸关系进程受阻,但是日本仍然是东北地区的重要经贸合作国。

总体来看,东北地区与日本之间的跨境经贸合作存在以下几方面问题:

(1)省际差异较大。东北地区与日本的跨境经贸合作主要集中在辽宁省,在辽宁省中也几乎集中于沈阳和大连两市,对于黑龙江和吉林两省的投资则相对较少。2015年辽宁省对日本进口总额达845 091万美元,吉林省对日本进口总额为

108 829 万美元,而黑龙江省对日本进口总额仅为 32 594 万美元。

(2)日本对东北地区的投资多集中于资源型和劳动密集型产业。

(3)日本的部分投资产业环境污染程度高,不利于区域的长足发展。

因此,在东北地区的对外开放进程中,虽然不可忽视日本这个东北亚范围内重要的经济体,但是也要坚持"有原则"的经贸合作,应该在尊重历史的基础上,在积极引进日本先进的技术和资金的同时加强节能环保类企业和项目的引进,将绿水青山作为区域发展的底线条件。

(五)东北地区与朝鲜的跨境合作

东北地区与朝鲜之间的跨境合作是中朝经济合作的重要内容。总体来看东北地区与朝鲜合作有两方面特点:

(1)吉林省、辽宁省是与朝鲜合作的主力军。中朝之间 80% 的贸易交易额是通过东北口岸进行的,其中丹东口岸就在 60% 左右。

(2)东北地区的对外开放程度明显高于与朝鲜的毗邻地区。

2010 年,中朝两国共同签署了《关于共同开发和共同管理朝鲜罗先经济贸易区和黄金坪、威化岛经济区的协定》,推进了两国之间建立跨境合作新模式的进程。随后,吉林省借助沿边毗邻的地理优势和长期进行经贸合作的历史优势与朝鲜罗先市共同建立了中朝罗先经贸区,优化了通关环境、拓展了经贸合作的领域。近年来,随着中朝两国政治经济合作的逐步深入以及两国对外开放格局的逐步深化,为东北地区与朝鲜进行跨境经济合作创造了契机,尤其是吉林省的珲春国际合作示范区、中朝罗先经济贸易区以及借港出海模式的建立,辽宁省的沿海经济带和口岸体系的形成都成为推进东北地区与朝鲜合作的重要推手。

另外,在东北地区与朝鲜的跨境合作中也存在一定的问题,主要表现为:朝鲜的整体对外开放度不高,东北地区与之进行合作的领域不够广泛;与东北地区相邻的口岸和城市经济发展能力不强,缺乏区域间合作的直接优势契合点;朝鲜的经济发展政策存在一定的不确定性;同时地区安全环境也是重要的影响因素。

总之,跨境合作作为对外开放的基本途径推进了东北地区的对外开放进程,同时也为东北地区的发展构建了良好的周边国际环境。

第五章 东北地区对外开放的作用与问题

第一节 东北地区对外开放的作用

东北地区对外开放作为一种"渐进式"的发展模式,在很多领域实现了"从无到有、从小到大"的变化和发展。所以,以时间作为纵轴,通过自身发展的纵向比较会发现东北地区的对外开放对于区域经济发展、边疆治理能力提升、国家对外开放格局构建以及周边国际环境的优化都起到了一定的积极作用。

一、加速了区域发展动能集聚

(一)对外贸易稳健发展

总体来看,东北地区对外贸易的发展呈现出了"三段式"的发展规律,与东北地区对外开放发展的进程相吻合。

第一阶段为改革开放至加入世界贸易组织之前(1978—2000年),东北地区对外贸易起步,实现了由少到多、由小到大的发展,外贸体制机制、思想观念等都得到了发展。1978年东北地区的对外贸易额仅为26.96亿元,到2000年则达到了2 033.2亿元,是1978年的75倍。

第二阶段为加入世界贸易组织至党的十九大召开之前(2001—2016年)。2001年中国加入世界贸易组织,对外贸易关税缩减、贸易壁垒逐步取消,东北地区也正式进入了国际市场,有了更多的发展对外贸易的机会和机遇,东北地区对外贸易发展进入了新的阶段。在该阶段内,东北地区的对外贸易领域不断扩展、水平不断提升、结构不断优化,对外贸易实现了稳健且迅速的发展。

第三阶段为党的十九大至今(2017年至今)。2017年,党的十九大报告明确提出了要通过建立贸易强国积极构建对外开放新格局,这为东北地区的对外贸易发展提出了新的要求,在贸易强国建设的背景下东北地区对外贸易的建设也进入了新业态和新模式的构建阶段。其新业态和新模式的构建最终目的就是提质增效,提升区域经济竞争力,进而推进对外开放新格局的形成。2018 年,东北地区的对外贸易达到了 10 656.4 亿元,同比增长了 14.8%。

（二）对外开放对于经济的拉动作用增强

对外开放对于地区经济的拉动作用主要体现在两个方面,一个方面是对外贸易对于地区生产总值的贡献率;另一个方面则是对外贸易增长额对于地区生产总值增长额的贡献率。

对外贸易对于地区生产总值的贡献率方面:从东北地区对外贸易占地区生产总值比例表(表 5-1)中我们可以看出,在 1978—2018 年东北地区对外贸易对于地区生产总值的贡献率虽然有升有降,但是总体呈现出上升趋势。1978 年对外开放之初,东北地区对外贸易额仅占地区生产总值的 5.61%,到了 2008 年比例则超过了 30%,虽然到 2018 年出现了下降趋势,但也达到了 22.38%,仍高于 1978 年16.77 个百分点。这种整体上的上升趋势说明了对外贸易对于地区生产总值的贡献率在持续提升。

在此需要单独分析的是东北地区对外贸易对于地区生产总值的贡献率下降的两个时间节点出现的原因。第一个是 1998 年。1997 年亚洲金融危机爆发,东北地区的对外开放进程受到了一定的影响,1998 年东北地区的对外贸易额仅为 1 358亿元,同期增长率为-5.2%。第二个是 2008 年。2008 年以后贡献率比例出现了下降趋势主要有三方面原因。一是受 2008 年开始的国际金融危机影响,全球贸易市场萎缩,我国的对外贸易也受到了影响。东北地区受此影响,对外贸易有所萎缩。二是中国经济发展进入新常态,经济增长转为中速,经济结构也进入了不断调整的状态之中。三是东北地区本身的发展。虽然在东北老工业基地振兴战略等国家政策的支持下东北地区经济提升效果明显,但是体制机制以及经济增长动力等方面的深层次矛盾也在逐步凸显,阻滞了地区经济发展水平的提升,东北地区经济下行压力持续增大,地区对外贸易也随之增长缓慢,所占地区生产总值的比例自然也就有所减小。

对外贸易增长额对于地区生产总值增长额的贡献率方面:我们以 2003 年东北老工业基地振兴战略开始到 2019 年为一个时间段,从东北地区各个省份的地区生产总值和对外贸易额的变化分析东北地区对外贸易对于地区经济的拉动作用。黑龙江省 2003 年的地区生产总值为 3 609.7 亿元、2019 年为 13 612.7 亿元。2003年对外贸易额为 441.2 亿元,占地区生产总值的 12.2%,2019 年为 1 865.9 亿元,占地区生产总值的 13.7%。总体来看,对外贸易占地区生产总值的比例虽然变化不大,但是呈现出了增长的趋势。16 年间,黑龙江省地区生产总值增长了 13 171.5亿元,对外贸易增长了 1 424.7 亿元,占地区生产总值增长额的 10.8%,即东北地区 16 年间的地区生产总值增长中对外贸易拉动了 10.8 个百分点。

表 5-1　东北地区对外贸易在地区生产总值中的比例情况(单位:亿元)

项目 \ 年份		1978 年	1983 年	1988 年	1993 年	1998 年	2003 年	2008 年	2013 年	2018 年
对外贸易额	黑龙江省	0.80	6.50	46.20	190.10	166.40	441.20	1 590.40	2 407.90	1 747.70
	吉林省	0.06	4.30	26.30	259.20	136.80	510.90	926.50	1 601.00	1 362.70
	辽宁省	26.10	78.80	165.60	487.50	1 054.80	2 198.40	5 031.00	7 077.60	7 545.90
	东北地区	26.96	89.60	238.10	936.80	1 358.00	3 150.50	7 547.90	11 086.50	10 656.30
地区生产总值	黑龙江省	169.20	263.10	499.00	1 075.30	2 470.20	3 609.70	7 134.20	11 849.10	12 846.50
	吉林省	81.98	150.14	368.67	718.58	1 577.05	2 141.03	4 834.68	9 427.89	11 253.81
	辽宁省	229.20	364.00	881.00	2 010.80	3 881.70	5 906.30	12 137.70	19 208.80	23 510.50
	东北地区	480.38	777.24	1 748.67	3 804.68	7 928.95	11 657.03	24 106.58	40 485.79	47 610.81
对外贸易占地区生产总值的比例		5.61%	11.53%	13.62%	24.62%	17.13%	27.03%	31.31%	27.38%	22.38%

数据来源:根据东北三省各年统计年鉴整理所得。辽宁省对外贸易额按照当年的平均汇率计算。

吉林省 2003 年地区生产总值为 2 141.03 亿元、对外贸易额为 617 230 万美元(约合人民币 510.9 亿元),2019 年地区生产总值为 11 726.82 亿元、对外贸易额为 1 889 578 万美元(约合人民币 1 303.5 亿元)。16 年间吉林省地区生产总值增长了 9585.79 亿元,对外贸易额增长了 792.6 亿元、占地区生产总值增长额的 8.3%,即 16 年间吉林省地区生产总值增长额中有 8.3 个百分点是来源于对外贸易。

辽宁省是东北地区对外贸易额较大的省份,2003—2019 年地区生产总值实现了由 5 906.3 亿元到 24 909.5 亿元的增长,增长额达到了 22 003.2 亿元。同期,对外贸易额由 265.6 亿美元(约合人民币 2 198.4 亿元)增长到了 2019 年的 1 052.6亿美元(约合人民币 7 261.4 亿元),增长额达到了 5 063 亿元,占地区生产总值增长额的 23%,即 16 年间辽宁省的地区生产总值的增长额中有 23 个百分点是来自于对外贸易的拉动。

因此说,总体来看东北地区的对外开放对于区域经济增长的拉动作用在逐步增强。

(三)外资利用效率逐步提升

1.实现了从无到有的变化

随着东北地区对外开放程度的不断加深和区域发展政策体系的不断完善,东北地区利用外资的效率也在逐步提升,实现了从无到有、由小到大的变化。由于各省份的地理位置和经济发展水平不同,所以开始利用外资的时间也就有所差异。东北地区利用外资起步于辽宁省,1979 年辽宁省实际利用外资 113 万美元,1980年吉林省实际利用外资 80.7 万美元,1984 年黑龙江实际利用外资 2 398 万美元。2001 年中国加入世界贸易组织之后,利用外资能力和水平都得以改善。从 2001 年开始,东北地区的实际利用外资额占全国的比重始终保持在 10%以上(2005 年除外),2012 年、2013 年、2014 年连续三年占全国的比重都超过了 30%。

东北地区利用外资有一定的特点。一是纵项看东北地区实际利用外资金额在不断提升。这说明东北地区的对外开放水平和程度正在不断提升,东北地区的投资和市场环境等条件都得到了明显的改善。二是地理位置和省域经济发展水平对于利用外资水平有一定的影响。从表 5-2 中我们可以明显地看出辽宁省的利用外资水平要明显高于黑龙江省和吉林省,吉林省的水平最低、金额最少。三是近年来东北地区利用外资额出现了下滑现象,这与中国经济进入新常态阶段、东北地区发展瓶颈凸显、国际经济逆全球化等皆有关系。

表 5-2　东北地区实际利用外资情况表(单位:万美元)

年份＼省份	1984 年	1989 年	1994 年	1999 年	2004 年	2009 年	2014 年	2019 年
黑龙江省	8317	15347	49054	111309	144546	250900	515551	54324
吉林省	239	4581	80852	42055	57000	356661	765252	53505
辽宁省	1523	58900	198135	303820	540679	1544390	2742335	332292
东北地区	10079	78828	328041	457184	742225	2151951	4023138	440121
全国实际利用外资	286600	1006000	4321300	5265900	6407200	9180400	11970500	13813500
占全国的比重	3.52%	7.84%	7.59%	8.68%	11.58%	23.44%	33.61%	3.19%

数据来源:笔者根据东北三省历年统计年鉴以及历年《中国统计年鉴》整理所得。

2.利用外资的溢出效应显现

东北地区利用外资过程中的溢出效应,带动了区域经济的深入发展。

（1）弥补区域资金不足的现实。吸收国外资金是对外开放的重要目的之一。东北地区利用国外资金不仅拉动了区域经济增长，同时也加速了区域对外开放的进程。2001—2019 年近 20 年间东北地区外商投资企业注册数由 18 891 个上升为 25 410 个，增长率达到 34.5%，投资金额由 795.45 亿美元增长到 5 131.73 亿美元、增长了将近 6 倍。其中，2006 东北地区外商投资企业进出口金额为 320.5 亿美元，占地区对外贸易额的 46.3%，到了 2019 年达到 543.1 亿美元，占地区对外贸易额的 36%。虽然总体比例有所下降，但是一直保持在占对外贸易总额 30% 以上的势头仍然没有消减。所以说通过对外开放吸引的外资弥补了东北地区发展资金不足的短板，成为东北地区经济发展的重要动力。

（2）增加了地区工业总产值。改革开放以来，东北地区利用外资创造工业产值的能力不断提升，推动了东北地区的工业发展水平。以 2019 年数据为例，东北地区仅外商投资（不包括我国港、奥、台商投资企业）企业工业总产值就达到了 6 168 亿元，占东北地区工业总产值的 16.23%。辽宁省利用外资的能力更强，在 2004—2014 年，外资企业的工业总产值占辽宁省工业总产值的 20%，2004 年更是达到了 26.8%。

（3）创造了税收收入。外资企业在进行商业活动的同时也创造了大量的税收收入，为地区经济发展提供了重要的资金储备。以辽宁省为例，2019 年规模以上工业企业中各类港、奥、台商投资企业，合资合作经营企业，独资经营企业等多类型的涉及到外资的企业共计 2 321 个，工业总产值 13 227.5 亿元，利税总额达到了 1 976 亿元，增值税金额达到了 313 亿元。

（4）缓解了就业压力。外商投资企业雇佣了大量的工人，有效缓解了区域内的就业压力。2019 年，辽宁省外商投资企业和港澳台投资企业共计解决了 54.5 万人的就业，吉林省仅港澳台和外商投资企业解决就业人数就达到了 11.9 万人。

（5）助力了地区技术和科技创新。东北地区的外商投资不仅为东北地区发展提供了大量的资金，同时也通过技术示范、人员雇佣、竞争效应等方式刺激了区域的技术和科技创新。

（四）对外投资的步伐加快

在中国改革开放的大背景下，东北地区对外开放程度逐步提高，对外投资也随之发展迅速，东北地区的很多企业都将发展目光投向了国外市场，并充分利用国内和国际两种资源在实现自身快速发展的同时带动东北地区的经济发展。东北地区对外直接投资的起步较晚，且在全国总体上处于相对落后的状态，但是从东北地区对外投资的历史进程分析，可以说该地区的对外投资发展较快，对于东北地区经济发展起到了一定的带动作用。

从对外投资的存量看,2004 年东北地区对外直接投资累计金额为 2.7 亿美元,到了 2017 年已经增长至 213 亿美元,是 2004 年的 79 倍。从对外投资的流量看,2004 年东北地区对外直接投资金额为 1.27 亿美元,2017 年东北地区对外直接投资金额为 19.12 亿美元,是 2004 年的 15 倍。对外直接投资对于东北地区的经济发展的作用主要体现在四个方面:一是可以通过对外投资学习国外的先进技术和管理经验。通过对发达国家的直接投资,东北地区的企业可以在了解了投资国的市场运行机制、管理体制机制以及技术经验等的基础上,学习先进技术和管理经验,之后将这些技术和经验带回本国、本地区。通过这种"逆向投资"形成了参与国际竞争的优势。二是激发本国区域的创新力。通过企业的对外直接投资,尤其是对发达国家的直接投资可以明确看到本国与发达国家之间存在的差距,进而在学习的基础上结合本地区的发展实际进行创新发展,提升区域的整体竞争力。三是有利于实现资源的有效整合。企业通过对外投资可以在全球范围内实现资源的调配和整合,实现资源利用的最大化。同时,可以进行全球布局发展,逐步形成全球性的跨国企业。四是建立境外经贸合作区成为东北地区企业"走出去"的重要平台和载体。截至 2019 年,东北地区企业通过考核与俄罗斯之间建立的境外经济贸易合作区较有代表性的主要有:俄罗斯乌苏里斯克经济贸易合作区,该合作区是距离中国最近的境外经贸合作区;中俄(滨海边疆区)农业产业合作区,在该合作区内拥有中俄最大的农业合作项目,集种植、养殖及加工于一体的经营模式为中俄两国农业合作搭建了平台;俄罗斯龙跃林业经贸合作区,这是我国重要的林业产业型境外经贸合作区,计划投资 13 亿元,引进 40 家企业入园;中俄托木斯克木材工贸合作区,该合作区规划面积达到了 6.95 平方千米,主要以森林采伐、木材加工以及商贸物流等作为主导产业。这些经济贸易合作区的建立不仅提升了东北地区企业的资源配置能力和技术创新水平,同时也成为东北地区企业"走出去"的重要范例。

二、提升了边疆治理效能

边疆地区是我国与周边国家增强合作的重要枢纽区域。东北地区作为我国重要的边疆地区同样承担着"一带一路"北上建设的重点空间、契合线、重要合作区域以及重要枢纽地区的作用,这些作用归根到底都是东北地区通过对外开放才实现的。所以,在东北地区对外开放已经成为边疆治理中重要的内容和抓手。

(一)提升了沿边城市的治理和发展能力

沿边城市的发展得益于对外开放,对外开放为沿边地区城市的发展提供了重要的路径。东北地区通过对外开放将小城市建成了"重要节点",不仅提升了边境城市的治理能力,同时也提升了东北边疆地区的治理能力和水平。在《兴边富民行动"十三五"规划》中提出的"沿边重点城镇建设工程"中就明确了要将一些发展潜力大、区位优势突出的沿边重点城镇打造成为边境地区统筹发展的重要节点。边境地区统筹发展重要节点所要统筹的内容涉及两个方面,一个是统筹国内和国际两个市场,另一个是统筹区域内和区域外两种资源,所以说这项工程直接突显了对外开放在城镇发展和区域发展中的作用。

下面以黑河市为例简要分析一下对外开放对于沿边城市治理能力和发展的促进作用。黑河市原本是中国东北地区的一个边陲小镇,但是该地区积极发挥自身比较优势,依托对外开放的区位优势,构建了对外开放促进地区发展、城市建设的发展体系。黑河市以黑龙江为界与俄罗斯远东地区的布拉戈维申斯克市隔江相望,两市之间形成了对应口岸城市,为东北地区与远东地区之间开展经贸合作、发展口岸经济提供了重要的助力。同时,两市之间共同组成的口岸经济发展区不仅是中俄发展边境贸易的典型区域,更是中国边境地区城市发展的典范。

(1)成为对俄开放的重要口岸。1992年黑河市对外开放并建立了黑河边境经济合作区,成为了我国对俄开放的重要合作口岸。之后通过各种形式,黑河市正式成为东北地区与俄罗斯合作的关键节点。2006—2012年出入境人数已经超过百万,2018年进出口货物量达到了57.9万吨,同比增长51%。

(2)对外开放基础设施逐步完善。为了进一步拉动区域经济发展,发挥对外开放的推动作用。黑河市以对俄互联通道建设为契机,逐步完善了城市发展的互联互通通道。黑河-布拉戈维申斯克公路大桥正式合龙、跨境空中索道开工建设、国际航空港建设取得了积极进展,这些都为黑河市经济发展奠定了坚实的基础。

(3)特殊经济区发展体系逐步完善。近年来黑河市不断强化特色产业园区的建设,实现了区域资源和发展的优化配置,推进了区域对外开放的进程。截至2016年,黑河市在境内建成的产业园区一共有8个,在境外建立的产业园区主要有3个。

(4)特色旅游业格局已经基本形成。黑河市通过多年的不断建设已经形成了依托对外开放的特色旅游业格局。在中俄边境城市展览会、中俄文化大集成功举办的基础上,创新建立了中俄冰雕雪雕大赛、冰球友谊赛、青少年冬季体验营等形式的旅游交流模式。同时,主推火山疗养、历史文化、生态休闲以及边境特色风情等旅游功能区,在中俄之间搭建了旅游观光的交流和发展平台。

(二)促进了边疆地区民生保障水平的提升

通过对外开放,东北边疆地区主动利用国际和国内两种资源、两个市场,实现了区域经济快速增长,1978—2020 年,东北地区的地区生产总值增长了 105 倍、对外贸易额增长了 346 倍。区域经济的增长推进了区域发展成果的全民共享,提升了区域的民生保障和民众生活水平。一是边境地区农民人均可支配收入实现了较快增长。在 2006—2015 年,黑龙江省增长了 2.61 倍、吉林省增长了 2.19 倍、辽宁省增长了 1.75 倍,除辽宁省以外均都高于全国平均水平。二是居民收入占比持续增大。随着对外开放程度的加深,东北地区经济发展成果全民共享程度也在进一步加深,农民人均可支配收入与地区生产总值之间的比率上升趋势明显。在"十三五"期间,黑龙江省居民收入占比增长了 6.6%,吉林省增长了 8.2%,辽宁省增长了 14.4%,三省人均收入均高于全国平均水平。三是脱贫攻坚成效显著。地区经济增长对于摆脱贫困、提升边疆民族地区民众的幸福感和获得感都有直接的推动作用。截至 2021 年,东北地区实现了 248.6 万建档立卡农村贫困人口的全部脱贫,其中,黑龙江省 62.5 万、吉林省 102.1 万、辽宁省 84 万。

(三) 减小了国内区域间的发展差距

东北边疆地区的经济发展水平相对落后,人民群众的生活水平也与内地部分地区以及东部沿海地区有一定差距。通过对外开放创新了东北边境地区的经济发展路径,构建了"带区结合"的对外开放和经济发展格局,即以辽宁沿海经济带、沿边对外开放带和沈阳经济区、长吉图开发开放先导区等战略发展区和发展计划为依托发挥辐射和带动作用,提升区域经济发展水平,进而提升了区域内民众的生活层次和生活质量,减小了东北地区与国内其他地区之间的区域差异,为留住人才、提升区域创新力和竞争力奠定了基础。

(四) 深入推进了兴边富民行动

兴边富民行动对于推动边疆地区的社会经济发展、提升边疆民族地区民众的生活水平、巩固国家边防和维护祖国统一都具有重要的意义。东北地区不仅是我国对外开放的前沿地区,同时也是我国重要的边疆地区,实施对外开放是推动区域发展、强化边疆建设的必然之举,更是实现东北地区的"兴"和"富"直接路径。也就是说,只有坚定不移地实施对外开放的基本国策,东北地区才能实现"兴边富民"的最终发展目标,进而实现边疆地区治理体系的持续完善、治理能力的持续提升。经过 20 多年的不断实践,"兴边富民"行动已经与边境对外开放融为一体,成为边境地区发展进步的重要举措,也为边境地区经济水平提升、人民生活水平提升、民族群众幸福感提升发挥了重要的作用。一是边境地区的经济综合实力显著提升。与 2010 年相比,黑龙江省 18 个边境县(市)2015 年的地区生产总值增长了 55%、人均地区生产总值增长了 57%、农村人均收入增长了 66%。吉林省 10 个边境县(市)2015年地区生产总值达到了992.7亿元,比2010年的535.9亿元增长了85.2%。二是基础设施建设逐步完善。截至2015年,黑龙江省边境地区公路里程已经达到3.5万千米,吉林省公路建设速度更快,已经初步形成了四通八达的公路运输体系。三是对外开放水平持续提升。随着"兴边富民"行动和边境地区对外开放的结合度加深,边境地区的对外开放水平得以持续提升,口岸交通设施日益完善、边境经济合作能力得以凸显、边境贸易额持续增长、边境开放型经济体系逐步建立。在2021年出版的《中国兴边富民发展报告(2021)》中边疆9个省区对外开放度排名情况中,辽宁省整体得分为100分,对外开放度位列9省区之首。虽然,黑龙江和吉林省排名相对较低,分别为第五(26.84分)和第八(24.4分),但是综合来看兴边富民行动已经成为东北地区提升对外开放水平的关键性举措。

(五)提升了区域文化影响力

随着对外开放程度的不断加深,东北地区与世界之间的联系更加紧密。这种联系不仅是经济贸易领域的持续性深化,同时更是中国文化影响力的持续性输出,在不断地交流和互鉴的过程中,中国文化的影响力不断得以提升,成为中国在世界范围内实现合作共赢的强大动能。

1.实现了较为有效的文化输出

中国的文化不是侵略和霸权的文化,而是谦虚、包容的文化。东北地区借助边疆、边境的地理和历史优势与外部世界之间进行了良好的互动,不仅加快了区域经济增长速度,同时也向周边世界展示了中国文化开放、包容以及求同存异的独特性,输出了合作、共赢和发展的文化诉求和理念。尤其是在世界面临百年未有之大变局的背景下,我国通过"一带一路"倡议的推进为东北地区建立了新的国际经济合作模式,搭建了拓展对外开放深度和广度的平台。人类命运共同体的构建在向世界合作贡献中国智慧的同时为东北地区推进构建周边利益共同体提供了借鉴和思维参考。总之,在东北地区40多年的对外开放进程以及中国整体对外开放布局中,周边世界看到了中国文化共商共建、合作共赢的特性。东北地区对外开放合作共赢的诉求也赢得了周边国家和民众的支持和认可,可以说通过东北地区的对外开放进一步夯实了我国与周边国家之间的文化联系基础和信任基础,文化已经成为我国构建良好周边国际环境的重要资源。在中国东北远东合作机制中,俄罗斯存有"中国威胁论"的声音,认为俄罗斯远东与中国合作是中国对远东地区资源和市场的掠夺,但是随着两地之间合作程度的加深,这种"不和谐"的声音一直在减弱,很多俄罗斯学者已经认识到远东地区发展需要中国巨大的市场、资源以及劳动力,已经成开始出现了驳斥"中国威胁论"的声音。

2. 促进了区域文化的形成

随着东北地区对外开放步伐的加快,东北地区作为边疆和边界的重合区,其"文化过滤器""文化融合器"的作用更加凸显,一方面过滤了来自西方以及周边国家不适合我国的文化理念,另一方面通过求同存异的方式融合了来自域外的文化样式,进而也逐步形成了具有东北特色的"东北文化",这种区域文化的出现和形成增加了区域民众的文化自信和文化认同。一是增强了区域凝聚力,特殊的"东北文化"理念凝聚了区域民众的"内聚力",在这种精神的支持下区域发展、振兴和对外开放的精神动力可以直接转化为行为动能。二是加快了区域文化产业繁荣。无论是区域的振兴发展还是对外开放,文化都是重要的组成因素。在区域振兴发展中,文化事业是基本内容,文化产业更是产业体系建立的重要基础。在对外开放中,只有坚定文化自信才能抵御住外来文化的侵蚀,才能在守住自我文化本心的基础上结合发展需要与国外文化产业实现融合式、嵌入式发展。三是强化了区域经济的发展。经济活动只有在文化认知相同或者相近的基础上才能够实现双赢和互惠,在文化冲突的背景下进行的经济活动往往是一种不平衡的经济交往,例如政治侵略或者经济打压等。通过对外开放,东北地区与周边国家以及其他一起合作的国家在交往中经历了文化的磨合和交融,避免了文化冲突,进而逐步形成了一定的文化共识,在这种文化共识的基础上自然就加快了双方在经济领域的合作。

3. 国际教育合作发展较快

东北地区将与域外国家之间进行教育合作作为重要的对外开放内容,逐步形成了较为完善的国际教育合作机制。一是积极创新教育合作品牌。东北地区结合各个省份的比较优势积极推进教育对外开放的品牌建设。黑龙江利用冰雪平台,开展了中俄、中东冰雪嘉年华、大学生雪雕大赛以及冬令营等活动;辽宁省则积极打造国际教育合作产学研合作平台,2021 年获批了 246 个中外双导师研究生计划,同时创建了中国–乌克兰大学联盟、鲁班工坊等国际教育合作新模式。二是合作办学进程较快。随着对外开放进程的不断加快东北地区各个省份与国外学校进行合作办学的进程也不断加快。截至 2017 年,黑、吉、辽三省的中外合作办学数量分别达到了 176 所、56 所和 50 所,三省的国际合作办学规模均都进入了全国前十名。同时,东北地区来华留学生的数量和规模也实现了快速发展。仅 2017 年东北三省接收超过 500 名留学生的院校就达到了 32 所,接受留学生人数达到了 38 855 人。三是孔子学院"走出去"进程加快。孔子学院作为中华文化的重要载体,已经成为外国人学习汉语、了解中华文化的直接机构。东北地区也借助区域和国家对外开放的历史性机遇创新了区域教育开放的体制机制,加快了孔子学院的建设进程。截至 2021 年,辽宁省已经在全球建立了孔子学院 27 所、孔子课堂 1 个、汉语中心 1

个,成为东北地区乃至于全国举办孔子学院较多的省份。另外,在 2019 年"辽宁省孔子学院大学合作联盟"正式成立,标志着辽宁省以孔子学院为载体的教育对外开放走在了全国前列。

三、助力了国家全面开放格局的构建

(一) 优化了国家对外开放格局

东北地区的对外开放对于我国的整体对外开放来说具有三种特殊的角色,一是重要的沿边地区,二是重要的沿海地区,三是我国对外开放的重要节点地区。东北地区通过这三种不同"角色"的开放优化了我国对外开放的格局,加速了我国整体对外开放的进程。

东北地区是我国重要的沿边地区,且其对外开放在一定程度上引领了中国沿边地区对外开放的进程。一是中华人民共和国沿边开放起步于东北地区。解放战争时期,东北地区就已经有针对性地开始了沿边开放的进程。当时对外开放的主要国家是苏联和朝鲜。1946 年,东北解放区就已经与苏联签订了贸易合同——《商业合同》,输出价值 36 亿元 (东北流通卷) 的物资,1947 年与苏联先后签订了《煤炭买卖合同》《枕木买卖契约书》,之后于 1948 年、1949 两年根据东北解放区的发展实际先后两次与苏联签订了《对苏贸易合同》。同时,东北解放区与朝鲜之间也进行了贸易往来,1948 年与朝鲜签订了《中朝经济协定》。中华人民共和国成立后中朝两国的经贸关系得以进一步发展,1953 年两国又签订了《中朝经济及文化合作协定》。该阶段东北地区与苏联和朝鲜之间的对外贸易不仅为东北地区的对外开放打下了坚实的基础,同时也成了中国沿边开放的重要起点。二是东北地区成为中国沿边地区封闭阶段后较早的"启封"区域。20 世纪 60 年,由于国际形势复杂,出于对国防安全的考虑,中国东北沿边对外开放基本处于中断阶段,进入了封闭期。随着改革开放程度的逐步加深,中国周边国际环境逐步向好,沿边地区进入了对外开放的"恢复期"。1982 年,中国和苏联两国对外贸易部换文,批准恢复了黑龙江省与苏联之间的边境贸易,成为"相对封闭状态"后中国沿边地区对外开放的起点。之后,随着中越沿边地区的开放,以及《边境小额贸易暂行管理办法》和《关于口岸开放的若干规定》等沿边地区经贸交往和口岸开放文件的颁布,中国沿边地区开放型经济发展逐渐步入正轨。1992 年,黑河市、绥芬河市、珲春市开放,并各自都建立了边境经济合作区,东北沿边地区的"恢复式"开放走在了全国的前列。

广义上讲可以说东北地区临近渤海、黄海和日本海,是我国重要的沿海地区。

因此说,东北地区沿海港口的开放在一定程度上加速和带动了我国整体沿海地区的开放进程。渤海沿岸的辽东半岛是我国重要的沿海经济带、中国第二大半岛。1984 年,大连作为国家首批开放的沿海港口开放,成为了东北地区正式对外开放的起步。之后,东北地区的沿海港口开放如雨后春笋一般涌现出来。1985 年丹东港开放。1988 年国务院下发《关于扩大沿海经济开放区范围的通知》,将辽宁省的丹东、营口等主要沿海港口城市及下辖的 24 个市、县全部划为沿海经济开放区,占此次全国开放的沿海市县的 17%。因此说,东北地区沿海港口的不断开放本身就是我国沿海地区对外开放的重要进程。

东北地区是我国对外开放的重要节点区域。这里有两层内容,一是中国对东北亚地区开放的节点区域,二是"一带一路"倡议北上的节点区域。东北亚地区地理范围广阔,主要包括中国的东北地区、俄罗斯远东地区、朝鲜半岛、日本以及蒙古国。从对外开放和跨境合作的意义分析,东北亚地区则可以扩展为中、俄、蒙、日、韩、朝六个国家。东北亚地区是当今世界上最具经济发展活力的地区之一,也是我国对外开放最重要的合作区之一。东北地区由于其东北亚区域地理核心区的地理位置首当其冲地成为我国对于东北亚地区开放的前沿和节点区域。"一带一路"倡议为我国与沿线国家之间的合作搭建了新平台、创造了新机遇。"一带一路"倡议的持续性深入推进、中蒙俄经济走廊建设机制的逐步完善、"冰上丝绸之路"内涵的拓展都成为东北地区对外开放的战略背景,而且这些国家对外开放战略的节点都在东北地区。因此,东北地区对外开放程度、对接国家政策的程度以及自身发展的程度都将对这些国家政策的深入推进产生一定的影响。

(二)优化了我国对外开放的空间布局

对外开放的最终目的是寻找与世界上其他地区国家和组织之间的合作潜力和利益契合点,加快自身的发展速度,最终达到互惠双赢的目的。中国之所以不断地优化对外开放布局,就是要在复杂多变的国际局势下寻找最好的开放点和开放方式,进而加快社会主义现代化建设进程。东北地区对外开放布局作为国家整体布局中的一个点,通过不断抢抓发展和开放机遇优化了我国对外开放的总体空间布局。

(1)通过对接"冰上丝绸之路"建立陆海统筹对外开放格局的优势明显。第一,"一带一路"倡议与欧亚经济联盟对接夯实了中俄双边关系的发展基础,为"冰上丝绸之路"的推进和发展创造了良好的国际战略对接背景,减少了实际运行中的障碍。同时,在"一带一路"倡议的背景下,东北地区已经实现了区域角色的转变,由原来的边疆、边境地区变成了现在的中俄双边、东北亚区域内多边合作的中心区域。从广义的"冰上丝绸之路"的角度来看(指由我国北方港口出发连接俄罗斯北方海航道直接到达欧洲西部地区),中国东北地区可以作为东北亚区域内的一个航运起点,通过水域航道北上穿越北极圈,连接北美、东亚和西欧;如果单纯从中俄协同开发北极航道的角度看,东北地区已经成为中俄共同开发俄罗斯北方海航道的战略性对接起点区域,而"冰上丝绸之路"则是中俄海洋经济通道的直接依托。从狭义的"冰上丝绸之路"的角度来看(我国日本海沿岸出发经俄罗斯北方海航国北极地区,联通西欧的海上航运线),东北地区可以作为"冰上丝绸之路"我国的起点地区。一方面是因为东北地区处于我国东部沿海经济带的整体发展线上,另一方面是多年与俄罗斯区域互补式发展的经验也成为对接的优势条件。尤其是黑龙江省和吉林省与俄罗斯远东地区接壤,这两个省可以在与俄罗斯远东地区已有联系的基础上,利用区位优势,通过陆路和海上合作加入"冰上丝绸之路",向东对接日本和韩国两个经济体,向北穿越北冰洋到达北欧,从而大大扩展地区交易市场。第二,从地缘政治和地缘经济角度分析,东北地区对接"冰上丝绸之路"有两方面优势:其一是"冰上丝绸之路"作为"一带一路"倡议的延伸线和扩展内容,为中俄边境地区的发展开创了新的领域。在俄罗斯战略东转的国家背景下,俄罗斯的远东地区开发诉求强烈,急需国外资本注入、国外合作伙伴的加盟。而如今,虽然我国的东北老工业基地振兴战略正在积极推进,但是对外开放合作路径仍需不断升级。而"冰上丝绸之路"的建设则开创了远东与东北地区海上合作的路径,在解决传统陆路合作弊端的同时能够联动东北和远东的振兴发展战略。其二是"冰上丝绸之路"是一种海洋航运体系的综合开发,作为一种新的交通运输方式挖掘的是海洋的经济潜力。这对于蒙古国这类内陆国家来说是一次经济方式的转型和扩展,更是融入亚太地区海洋经济圈的重要机遇,其可以借助中国便捷发达的陆路运输体系,通过中国东北地区实现货物的陆海联运。东北地区则可以充分发挥地缘位置和交通优势,承接内陆国家的出海诉求,发挥过境优势,在夯实自身基础设施、拓展合作领域、提升合作层次的基础上实现自身的快速发展。

(2)东北地区沿边开放模式的逐步成熟夯实了我国向北开放的基础。我国向北开放主要针对的是俄罗斯,经过多年的开放和发展我国东北地区已经积累了向北开放的独特经验,形成了东北远东合作模式。

(3)东北地区的对外开放辐射力将进一步增大。随着全球化的程度不断加深,人类命运共同体的构建已经进入了实践阶段,东北地区的对外开放范围也将持续拓宽,在发展陆上和海上交通的基础上,逐步打通各类国际通道。对外将开放的辐射范围覆盖到欧美,对内将辐射范围覆盖到内陆和东南沿海地区,进而将东北地区打造成我国面向东亚、欧美的对外开放辐射中心以及国内各区域对接合作的重要平台。

四、优化了我国的周边国际环境

(一)推进了中国对于周边国际环境再营造的进程

中国的发展离不开良好的周边国际环境,东北地区作为我国重要的边境地区,承担着建立、营造和维护良好周边国际环境的职能和任务。东北亚区域内虽然有一些域外势力的干预、国家间意识形态分歧、区域战略利益争夺以及领土和主权纠纷等一系列问题,但是在经济全球化和区域经济一体化的总体趋势下,搁置争议、发展经济已经成为区域内所有政治经济体之间的共识,即东北亚区域内的利益共同体正在向较好的方向发展。东北地区的对外开放一方面确保了中国与东北亚区域内国家之间的双边和多边关系的不断夯实,另一方面不掺杂政治意图的经济合作模式已经成为东北亚区域内各国合作的重要手段。未来,中国需要进一步营造良好的周边环境、需要将拥有的周边国际环境进行升级,要逐步剔除一些观念性、机制性、传导性和功能性障碍,通过利益共同体和命运共同体的连续建立对中国与周边国家之间的良好关系进行再塑造。然而,当前国际形势复杂多变,个别国家地区利益争夺明朗化,国家间的战争时有发生,逆全球化、贸易保护主义有所抬头、东北亚地区内威胁安全的因素一直存在,等等;这样都成为我国良好周边国际安全环境建设必须要考虑的因素。所以,这个"再塑造"的过程考虑的因素很多,需要解决的问题也很多。而东北地区的对外开放作为一种经济行为正在与东北亚地区的国家之间建立一种经济领域内合作共赢的发展模式,且领域和程度正在逐步扩大和加深。这种持续加深且"不能断"的经济联系也就推进了中国与东北亚国家之间良好关系的深化进程。因此说,东北地区的对外开放推进了中国对周边国际环境再营造的进程。

(二)推进了区域贸易自由化和便利化

东北地区对外开放的过程就是东北地区建立开放型经济发展模式的过程。开放型经济所要实现的目标就是提高贸易的便利化和自由化水平,通过自由贸易试验区、各类对外开放平台实现国际和国内之间的生产要素有效自由的流动,进而建立开放公平、竞争有序的现代化市场体系。在经济全球化和区域经济一体化的国际经济发展背景下,各个政治体和经济体之间也将经济发展放在了主要地位,将一些很难解决、无法解决的政治问题进行了搁置。在东北亚范围内,虽然有各种各样的政治障碍,致使"政经分开"不可能,但是在多年的经济合作基础上,各国间已经默认将经济发展作为双边关系的主要内容。我国东北地区的对外开放加快了区域经济一体化的进程，提升了区域贸易自由化和便利化的水平。这主要缘于四方面原因：一是中韩自由贸易协定已经生效，为中韩之间贸易便利化水平的提升和产业集聚区的建立创造了条件。二是东北地区的对外开放提供了东北亚范围内经济体与中国合作发展双边关系的契机和机遇，贸易便利化和自由化成为东北亚范围内的经济体与中国东北地区合作甚至与中国合作的直接优势。三是通过中国东北地区的对外开放体系的逐步成熟，中国可以在东北亚地区建立有效的、开放的多边贸易服务体系，实现贸易合作的利益最大化，为其他国家与中国进行合作提供有利条件。四是东北地区通过对外开放为东北亚各个经济体建立了一个"投资场"和"合作场"。便利的交通运输条件、丰富廉价的人力资源条件、广阔的市场基础、优惠的政策、稳定的区域发展环境、强烈的对外合作诉求、逐步改善的营商环境等等都成为东北地区吸引外来资金注入的优势，也更是东北亚范围内各个经济体与东北地区进行经贸合作的优势所在。

（三）加速了东北亚地区跨境合作的进程

通过对外开放东北地区已经与周边国家之间建立起了相对稳定的经贸合作体系，这为深入发展跨境合作提供了基础。东北远东地区合作已经成为中俄毗邻地区重要的经济发展空间；东北地区和韩国之间的贸易额呈现了增长趋势，2005年东北地区与韩国的贸易额仅为66.4亿美元，到2018年已经增长到了122.6亿美元，增长了85%，年平均增长率为4.8%。同时，韩国实施的"新北方政策"积极倡导与我国的"一带一路"倡议和东北地区发展之间的对接，希望通过与中国的合作扩大韩国的市场并缓解紧张的局势。在东北地区的经贸格局中，日本也是重要的合作伙伴。在2011—2016年，辽宁省、吉林省与日本之间的对外贸易额分别占了全省对日贸易额的14.88%和11.19%，均高出了中日对外贸易额与国家对外贸易额7.45%的比重。此外，东北亚范围内的国家都希望与中国之间保持良好的经贸关系，希望通过建立强大的贸易伙伴关系、深化经济依存度进而在一定程度上防止双边关系的恶化。

总之，随着东北地区与东北亚范围内政治经济体之间的合作不断深入，东北地区的角色也正在不断多样化和多元化，成为东北亚范围内各个国家实施对外开放优先和重点考虑的合作区域。东北地区也成为东北亚区域内各国跨境合作的重要区域，东北地区的对外开放成为东北亚区域内各国跨境合作重要机遇。

第二节 东北地区与东部沿海对外开放比较分析

纵向比较来看,东北地区的对外开放对于东北地区区域发展能力的提升起到了较为重要的推动作用。但是,横向与我国对外开放成效显著的东部沿海地区比较,我们会发现东北地区的对外开放还存在一定的滞后性。因此,对比东北地区与我国东部地区对外开放,分析两地对外开放的相似性和差异性有助于进一步紧扣东北地区对外开放的主题,明确对于东北地区对外开放作用的认知。

一、两地对外开放的共同特点

东北地区与东部沿海地区实施的对外开放政策具有一定的相似性,都是在国家整体对外开放政策的推动和支持下,因地制宜地实施区域发展政策,且都成为区域经济发展和社会进步的重要助力。

(一)因地制宜是基础

无论是东北地区还是东部沿海地区,所实施的对外开放都将因地制宜发展作为基础。一是因地制宜谋划对外开放的具体政策。东部沿海地区具有丰富的海洋和港口资源,向海发展、对海开放则成为其重要的对外开放形式,不仅发挥了海洋运输运量大、运费低的优势,还通过海洋构建了多条蓝色经济带,加速了区域对外开放的进程。而东北地区则利用沿边地区优势将沿边贸易作为重要的对外开放形式,通过沿边合作程度的不断加深形成了一系列切实可行的跨境区域合作模式。二是结合区域发展优势形成了对外开放的竞争力优势。东北地区利用区域内的工业基础、产业布局以及丰富的自然资源推动装备制造、石油化工以及农产品加工业成为了区域加快对外开放的比较优势。东部沿海地区将传统工业与现代技术进行了有机地融合,区域发展向知识密集型和技术密集型产业方向发展,形成了多个对外开放的重要核心区。三是根据区域发展特点形成了具有自身特色的对外开放"聚焦点"。东北地区黑、吉、辽三省对外开放的主要聚焦点是积极推进与俄罗斯之间的跨境合作,在推进长吉图区域合作的基础上实现"借港出海"的创新发展以及通过沿海经济带的建设构筑陆海统筹发展新模式。东部沿海地区的浙江省则是将小商品、家庭和市场作为区域对外开放的直接优势,江苏省构建了以大城市为主、以中小城市为辅的区域发展模式助力对外开放,广东省利用区位优势将吸引侨商、侨眷回国投资以及外资进驻作为对外开放的重要手段。

(二)以各类特殊经济区作为着力点

我国的对外开放施行的是渐进式的模式,即通过部分区域先试先行的方式保证政策的可行性和适用性。因此,特殊经济区首当其冲地就成为各项对外开放的政策高地,成为东北地区和东部沿海地区推进对外开放的重要抓手和着力点。例如,自由贸易试验区的建立不仅加速了区域内对外贸易自由化和便利化的程度,同时通过辐射作用也加速了整个区域内经济发展模式和政府工作职能的转换速度,夯实了区域对外开放的基础。另外,跨境经济合作区聚集了双边合作的优势资源,加快了生产要素的流动速度,减弱了边界屏蔽作用的发挥,不仅为对外开放模式的创新提供了基础,同时也通过辐射作用带动了区域周边经济的发展。

(三)地缘环境是对外开放的重要影响因素

对外开放的对象是域外国家,因此域外地缘环境是区域对外开放的重要影响因素。和谐、稳定的地缘环境能够加速区域对外开放的深入推进,反之则会阻碍区域对外开放的进程。例如,东北地区对外开放的主要区域是东北亚地区,在该地区不仅存在着个别国家之间的领土纠纷,同时还有域外势力的直接或者间接干预,致使区域一体化进程发展缓慢。因而东北地区推进对外开放的进程也受到了一定的影响。而东部沿海区域也面临着海洋岛屿归属权、海洋安全以及沿海地缘环境复杂等一系列问题,也对东部沿海地区的对外开放有着直接的影响。

(四)国家的对外发展战略是重要的发展契机

东北地区和东部沿海地区作为我国重要的组成部分都应该将自身融入国家的对外发展战略体系中,一方面可以借助国家战略的机遇享受政策红利,助力自身区域实现跨越式发展。另一方面也可以通过区域的发展加快国家对外战略的推进速度。以"一带一路"倡议为例,"一带一路"倡议不仅为东北地区与东部沿海地区的发展创造了历史性机遇,同时也将两地区融入了"一带一路"建设的体系中。东北地区作为"一带一路"倡议北上的重要节点区域,通过参与"中蒙俄经济走廊"和"冰上丝绸之路"建设融入了"一带一路"建设已经成为东北地区推进对外开放的重要发展思路。东部沿海地区本身就是 21 世纪海上丝绸之路的重要组成部分,更是通过推进"一带一路"建设进程构建了区域对外开放新模式、新路径。

二、两地对外开放的差异性表现

我国的对外开放始于东南沿海地区,以经济特区的形式先试先行,通过在经济特区取得一定的成绩,证明对外开放政策的正确性。于是,1984 年我国将对外开放扩展到了 14 个沿海城市,之后又将对外开放的范围进一步扩大到整个东部沿海地区,鼓励东部沿海地区发展以出口为导向的外向型经济。在国家对外开放政策的支持和鼓励下,东部沿海地区对外开放成果丰硕,实现了率先发展。而东北地区对外开放则相对较晚,且一直处于构建体系、协调布局、探索路径的阶段之中。总的来说,东北地区与东部沿海地区之间的对外开放在进程、方式和成效等方面都存在一定的差异。

(一)开放时间和模式差异

从开放时间角度看,东部沿海地区是我国实施对外开放政策的第一梯队。1978 年党的十一届三中全会开启了我国改革开放和社会主义现代化建设的历史新征程,东南沿海地区先试先行,有选择性地、有目的性地尝试对外开放。1979 年我国在深圳、珠海、汕头以及厦门创办出口特区。1980 年 5 月,国家将这四个出口特区改为经济特区。由此,中国迈出了对外开放的第一步,开启了轰轰烈烈的伟大征程,东部沿海地区正式进入了国家对外开放的第一梯队,并为我国的经济发展做出了巨大的贡献。2007 年,东部沿海地区省份创造了国家一半以上(57.3%)的生产总值,进出口总额所占的比重更高,占全国的 90% 以上,其中长三角和珠三角地区更是一跃发展成为我国经济发展的核心区域。东北地区的对外开放则开始较晚,并没有进入国家对外开放的第一梯队之中。虽然东北地区的边境贸易具有一定的历史,但是直到 1984 年大连开放才正式开启了东北地区的对外开放进程。

从整体开放模式看,东部沿海地区对外开放是由东南沿海试行开始,之后相继经历了 14 个沿海港口开放、扩大沿海经济开放区、建立开放新区等进程,最后实现了沿边、沿江及内陆省会城市全面开放,是一种"点线面"结合的、渐进式对外开放模式。东北地区的对外开放采取的是由大连开始,到辽东半岛、辽宁省,再到整个东北地区的"渐进式""由点及面"的开放模式。虽然东部沿海地区与东北地区的对外开放采取的都是"渐进式"的方式,但是综合来看,东北地区的"渐进式"对外开放进程缺少东部沿海地区对外开放进程中呈现出的"大开大合"之势。再者,也缺乏"线"的纵深推进进程,直接采取的就是由"点"及"面"的方式。

(二)对外贸易差异

(1)对外贸易方式有所差异。东北地区受传统计划经济体制的影响,对外贸易起步较晚,与东部沿海地区的差距较大。且在实际对外贸易进程中,东北地区的对外贸易表现为大规模的产品出口和低成本的价格竞争,呈现出"扩张性发展"的特点,对外贸易方式表现为以粗放型的加工贸易为主。而东部沿海地区则结合区域发展实际,将对外贸易的方式多样化、便利化,将出口型、加工型和中小型发展方式相结合,由最初的"三来一补"发展到制造业、加工业、高新技术产品、能源产业以及服务业多领域协同发展,不仅因地制宜地利用了地域和交通优势,同时也实现了对外贸易方式的创新和转型。随着改革开放程度的不断加深,东部沿海一些地区的科技化、信息化水平得到了大发展、大进步,已经成为国际创新模式培育和发展的策源地,而反观东北地区则有很多地方仍处在传统工业转型升级的"待转期"内。

(2)对外贸易的商品结构有所差异。自东北地区实施对外开放以来,逐步形成了外贸出口主导战略,虽然随着东北三省对外贸易额的持续扩大,出口商品的结构也得到了改善,其中初级产品比重呈现下降趋势、工业制成品的比重呈现上升趋势。但是,外贸出口中资源型和劳动密集型产品结构比例较大的事实仍旧没有改变,仍然面临着工业制成品技术含量不高、加工程度不高、附加值不高的出口现实,改变高新技术产品出口比重低的问题依旧任重而道远。同时,国有企业"一家独大"的现实也制约着东北地区对外贸易结构的持续性优化。所以说,东北地区出口商品结构层次还处于较低层次,国际竞争能力较弱。而东部沿海地区由于便利的海运交通方式、雄厚的经济基础以及形成的产业集聚效应使得其竞争优势明显,且贸易发展转型升级速度较快,一般贸易、加工贸易以及其他贸易方式实现了协同发展,国有、民营和外商投资企业三分天下,机电产品、高新技术产品比重较大,商品结构向精深和高附加值、高技术含量的方向发展趋势明显。所以,综合来看东北地区对外贸易的商品结构落后于东部沿海地区。

(3)进出口额差异较大。与东部沿海地区相比,东北地区的对外贸易额较小,对于地域经济的拉动作用也有限。以 2019 年为例,黑、吉、辽三省的对外贸易总额分别为 1 866.9 亿元、1 302.8 亿元和 7 259.2 亿元,整个东北地区的对外贸易总额为 10 428.9 亿元,仅占全国的 3.3%。而东部沿海地区的浙江省对外贸易总额为 30838.2 亿元、占全国的 9.8%、高于整个东北地区 6.5 个百分点,该地区的江苏省对外贸易总额为 43 383.1 亿元,占全国的 13.7%,高于整个东北地区 10.4 个百分点。由此可见,整个东北地区的对外贸易能力与东部沿海地区较为发达的一个省之间还有很大的差距。

(三)利用外资与对外投资差异

积极地吸收和引进外资、先进的技术、设备和管理经验实现自身的发展,这是对外开放进程中最重要的几个目的之一。东北地区的外资引进虽然一直保持增长态势,但是与东部沿海地区相比仍然具有很大的差距。2019 年,黑龙江省、吉林省和辽宁省实际利用外资分别为 5.4 亿美元、5.35 亿美元和 33.2 亿美元,相比之下浙江省和江苏省的全年实际利用外资则达到了资 135.6 亿美元和 261.2 亿美元,是整个东北地区的 3 倍和 6 倍。另外,从对外投资角度看,东北地区与东部沿海地区之间的差距仍然很大。2019 年,东北三个省份共计签订对外承包合同 273 个,合同金额为 63.7 亿美元,同年浙江省与江苏省分别签订对外承包合同 1 901 个、1 737 个,合同金额达到 52.1 亿美元和 68.24 亿美元。

(四)发挥的作用差异

中国的对外开放是一个渐进发展、渐进成熟的过程,具有非常明显的过程性和区域性的特点,按照"经济特区—沿海开放城市—沿海经济开发区—沿江沿边经济开发区、内地中心城市"的顺序最终构建了全方位、多层次、宽领域的对外开放区域格局。从过程性和区域性角度分析,东北地区和东部沿海地区在我国的对外开放进程中分别发挥了不同的作用。

从过程性角度看,东南沿海地区是我国对外开放的"试验田",先试先行通过建立经济特区的方式为我国对外开放"杀出一条血路来",之后通过沿海城市、沿海经济区的开放逐步勾勒出我国对外开放的整体线条和轮廓,所以说我国东部沿海地区是对外开放的"开拓者"和"先导区"。虽然,东北地区具有既沿边又沿海的地域优势,但是在我国整体对外开放进程中东北地区仅仅是"跟随者"的角色。

从区域性角度看,东部沿海地区是我国对外开放战略实施的"前沿区域",为沿边、沿江以及内陆地区的开放积累了丰富的经验,构筑了一系列切实可行的政策体系。而通过对比我们会发现,东北地区对外开放起步较晚、步伐较慢,在享受和借鉴东部沿海地区对外开放的政策红利和机制模式的基础上,借助国家构建全方位对外开放格局的发展形势,才从对外开放的"后方"逐步成为我国向东北亚地区开放的"前沿"和"平台"。

(五)对外开放的任务不同

东南沿海地区对外开放的主要任务是发挥经济的作用,建立一个先试先行的经济特区,为我国的的对外开放搭建一个窗口。而东北地区的对外开放则任务更多、更艰巨。东北地区的对外开放不仅要提升东北地区的经济发展,还要确保边疆稳定、民族团结和边疆安全。即要通过对外开放提升东北边疆地区的生活水平、改变生活状况、摆脱贫困,构建一个稳定、发展的东北边疆;要通过对外开放形成捍卫祖国核心区的重要安全地带和生态屏障带;要通过对外开放构建"安邻、富邻、睦邻"的双边和多边关系模式,构建良好的周边国际环境。

三、产生差异的原因分析

通过以上分析我们可以看到东北地区与东部沿海地区之间对外开放存在显著

的差异,因此在本小节中我们拟进行分析和探讨产生这种差异的原因。

(一)区位因素

1. 东北地区优先对外开放的条件不够成熟

东北地区没有走在第一批对外开放的队列之中主要有三方面原因:一是东北地区的特殊地理区位。东北地区虽然也是我国沿边沿海的区域,但是相较于东南沿海地区缺乏便利的交通和开放优势。广东、福建两省资源丰富、交通便利、海运发达。再者,东南沿海地区靠近我国的香港和澳门。当时的香港地区经济发展速度较快,已经成为"亚洲四小龙"之一,集聚了亚洲乃至于世界工商业、贸易以及金融业的发展优势,是国际重要的贸易和航运中心。20世纪90年代,我国与香港之间的贸易额占全部对外贸易额的比例在30%以上,在利用外商投资额中来自香港的投资占到20%以上,香港已经成为我国重要的对外开放区域。另外,香港企业家大多与广东、福建等地有着千丝万缕的关系,华侨众多,对于内地有一定的感情基础。因此,在综合考量之后,国家优先开放了东南沿海地区。二是东北地区的经济发展偏好。东北地区的经济发展以重工业为基础,第三产业比重相对较小。而当时对外开放的尝试性举措是实行特殊的经济政策和优惠措施,通过实行财政包干、外贸出口、吸引外资投资建厂、来料加工等方式发展外向型的经济。而东北地区当时的经济体量较大,是我国重要的工业产业基地,同时也是计划经济的主要实施区域。因此,转型发展、改变经济增长方式、实施对外开放的优势不明显。三是东北亚地区复杂的地缘政治环境。1978年前后中苏关系比较复杂,在《中苏友好同盟互助条约》终止、苏联入侵阿富汗、边界谈判中断等一系列事件的综合作用之下,中苏关系发展前景不好预测,东北地区作为中苏的毗邻地区,俨然已经成为中苏关系的"直接反映区",区位的敏感性限制了东北地区的对外开放进度。另外,中日两国虽然于1972年就实现了邦交正常化,并于1978年签订了《中日和平友好条约》。但是,当时的中日关系一直处于一个由"不正常状态"向"正常化"过渡的进程之中,需要进一步磨合调适。当时的中韩之间还处在互不承认、相互隔绝的状态。所以说,当时的东北地区缺乏实施对外开放的稳定环境。而东南沿海地区由于地理位置、经济基础、经营管理和技术水平等条件较好,自然就走在了开放的前列。

2. 东部沿海地区是我国重点对外开放经济区和海洋经济圈的重合区域

我国的东部沿海地区是以长三角、珠三角和环渤海地区为中心的沿海经济发展区,具有发展海洋经济的先天优势。从对外开放的角度分析,东部沿海地区更是我国对外开放的重点区域和关键区域。在2015年国家出台的《关于构建开放型经济新体制的若干意见》中明确指出要"发挥长三角、珠三角、环渤海地区对外开放门户的作用"。这三个区域通过辐射和带动作用,形成了泛区域经济发展圈,不仅推进了我国对外开放的进程,同时也成为我国连接国内外市场、积极参与国际分工的核心区域。长三角地区是"一带一路"倡议、长江经济带和我国沿海对外开放线的交汇区和重合区,对于我国对外开放格局构建、对外开放平台构建甚至对于我国的国家现代化建设大局的构建都有着举足轻重的战略地位。珠三角地区位于广东省的中部地区,是我国对外开放最早、市场化和经济外向度最高的地区。2016年,国务院发布《关于深化泛珠三角区域合作的指导意见》,进一步细化了珠三角经济区的带动和辐射作用,指出泛珠三角区域合作是提升区域对外开放水平、深化内地与港澳合作、实现国家区域协调联动发展的关键举措。环渤海地区主要是指渤海沿岸区域,京津冀地区作为该区域的核心轴,辽东半岛和山东半岛作为两翼。2015年《环渤海地区合作发展纲要》印发,指出在环渤海地区要积极构建协同发展、产业对接合作、市场统一完善的开放型经济格局。

同时,东部沿海地区也是我国重要的海洋经济圈分布地,由北向南我国沿海地区组成了北部、东部和南部三个海洋经济圈,成为我国发展海洋经济的重要依托。在2017年印发的《全国海洋经济发展"十三五"规划》中明确划定了我国海洋经济圈的具体区域。北部海洋经济圈主要为环渤海地区的半岛和主要省份;东部海洋经济圈主要是指长江三角洲区域;南部海洋经济圈几乎与珠三角经济区所包含的区域重合。我国通过这三个海洋经济圈优化了我国的海洋经济发展布局,大力发展海洋经济,推进了我国海洋强国的建设。2017年,我国海洋经济圈所创造的海洋生产总值达到了77 612亿元,占我国当年GDP的9.4%,当年与海上丝绸之路沿线国家的海运贸易额同比增长率达到了13.5%。截至2017年,涉海领域的全方位对外开放格局已经初步形成。到了2019年,海洋经济发展更是取得了突破性进展,全年海洋生产总值达到了89 415亿元,由北向南三大海洋经济圈的海洋生产总值同比提升了8.1、8.6和10.4个百分点。

总体来看,我们可以发现我国的三个海洋经济圈几乎与我国沿海地区对外开放的三大经济区重合,东部沿海地区有发展海洋经济的先天优势,也就是说东部沿海地区是我国推进陆海统筹、发展海洋经济、建设海洋强国的直接区域。相比之下,东北地区则缺乏发展海洋经济的先天条件。虽然辽宁省在北部海洋经济圈范围内,但是相对于整个东部沿海的大范围区域,辽宁省的沿海优势并不明显。

(二) 政策因素

东部沿海地区是我国自由贸易发展的政策高地。2013年,以上海自由贸易区设立为标志我国开启了优化对外贸易发展方式,建立了对外开放新高地的正式进程。截至 2019 年,我国利用 7 年时间建立了 18 个自由贸易试验区,东部沿海地区实现了自由贸易试验区的全覆盖,形成了由点到线、由线到面自由贸易发展的合理布局。所以,东部沿海地区成为我国优化对外开放布局,提升区域改革创新效能,推进对外贸易自由化、便利化的"先行区",对外贸易发展效果显著。一是建立了先进的对外贸易制度体系。各自贸区将制度改革和创新作为贸易和区域发展的关键点,从负面清单、证照分离以及单一窗口建设等几方面着手,创建了先进的外贸制度机制。例如,广东自贸区在投资便利化、贸易便利化等方面创新举措,形成了近 600 项先进技术成果,其中在全国复制推广的达到了 41 项,在全省进行推广的有 348 项。上海自贸区形成了 300 多项改革经验在全国推广。二是招商引资成效显著。自贸区利用政策优势成为了区域招商引资的"宝地"。上海自贸区截至 2021 年,入驻企业已经超过 7 万户,累计吸引外商投资金额已经达到了 450 亿美元;截至 2020 年,广东自贸区实际利用外资额度已经达到了 73 亿美元,年均增长率达到了 34%,世界 500 强企业有 77 家入驻。福建自贸区自建立以来吸引的入驻企业数已经将近 10 万户,注册资本达到了 2.1 万亿元。三是对外贸易领域和体系不断完善。电子商务体系发展较快。福建自贸区创建了"清单核放、汇总统计"通关模式,符合条件的企业最短在 4 个小时内就可以完成金融业务流程。上海自贸区率先实现了"空运跨境贸易收付汇"。首先是集约化管理模式显现。福建自贸区结合区域特色,利用对台优势集聚了对台企业,2020 年区内的台资企业占到同期全省的四成以上。其次是优化服务时间。上海自贸区将企业开业办证时间由 95 个工作日缩减到了 5 个工作日。在区域经济发展中的作用逐步增大。2021 年上半年,浦东地区生产总值达到了 7 163 亿元,是全国 GDP 的 1/80、进出口总额的 1/15。

截至目前,东北地区建有两个自由贸易试验区,分别为辽宁自贸区和黑龙江自贸区。与东部沿海地区相比,东北地区的自由贸易发展程度仍有很大的差距,发展海洋贸易的能力偏低。一是在海洋经济发展方面,整个东北地区仅能依托辽宁自贸区。但是,在实现陆海联运的过程中交通运输成本、市场成本、资源成本以及人力成本都限制了整个东北地区海洋经济的发展。二是黑龙江自贸区是典型的沿边自贸区,其主要发展定位是构建对俄罗斯开放的和合作枢纽。该自贸区面对的主要是东亚地区,贸易发展体量有一定的限制。三是吉林省作为东北地区的重要组成部分,需要"借港出海"才能逐步拓宽对外贸易路径。

(三) 市场因素

东部沿海地区拥有广大的对外合作"朋友圈"。东部沿海地区向南可以借助长三角、珠三角等地的区位优势、福建 21 世纪海上丝绸之路核心区的位置优势,将"朋友圈"扩展至东南亚、南亚、西亚和欧洲的广大地区。向西可以借助中欧班列实现与欧洲的货物直通,搭建出"一带一路"的钢铁驼队。向北可以借助"冰上丝绸之路"联通俄罗斯和欧洲,还可以利用"陆海联运、统筹发展"的方式与内陆地区对接协作,借助丝绸之路经济带的优势将"朋友圈"扩大到中亚和欧洲地区。

从地理位置角度看,东北地区位于东北亚区域的中心区,从对外开放角度看,东北地区是我国面向东北亚地区开放的前沿区域,因此在一定程度上可以说其对外开放的"朋友圈"几乎主要都集中在亚洲,尤其是东北亚范围内。在中国海关总署统计的 1992—2018 年间东北地区的对外贸易流量中,东北地区在亚洲的对外贸易流量占对外贸易总额的 43% 以上。而在东北亚范围内个别经济体的经济体量相对较小,很难直接拉动东北地区的对外开放进程。同时,复杂的区域局势也限制了东北地区对外开放程度的持续扩大。因此,综合来看合作对象的局限性使得东北地区的对外开放取得的成效并没有东部沿海地区对外开放取得的成效显著。

(四) 人力资源因素

人口因素一直都是区域经济发展的重要因素,一方面有人才能有市场,才能实现资源的有效配置,另一方面有人才能有劳动力、有人才、有创新力,进而才能促进区域的经济发展。东北地区与东部沿海地区相比人口发展有三方面短板。第一方面是人口总数较少。根据第七次人口普查数据,东北地区的人口数为 9 851 万人,占全国总人口 7%(其中黑龙江省为 3 185 万人,吉林省为 2 407 万人,辽宁省为 4 259 万人)。东部沿海地区的浙江省人口数为 6 457 万人,占全国的 4.6%,江苏省人口数为 8 475 万人,占全国的 6%。第二方面是人口老龄化现象比较严重。根据全国第七次人口普查数据显示,黑龙江、吉林和辽宁三省 60 岁以上的人口比例分别为 23.22%、23.06% 和 25.72%,均高于浙江省的 18.7% 和江苏省的 21.84%;第三方面是东北地区人口流失现象比较严重。与全国第六次人口普查数据相比,东北地区的人口流失了 1 101 万人。而浙江省人口增加了 1 014 万人,江苏省人口增加了 609 万人。

造成东北地区人口减少的原因主要有四方面:一是经济发展原因。东北地区的经济发展水平相对落后,导致出现了很多人选择去经济条件相对较好的东部沿海地区生活和就业。二是东北地区个别城市资源枯竭、气候条件不佳以及早期重工业的发展造成了一定的环境污染,进而出现了"空心城市"的现象。三是东北地区个别地域营商环境不佳、人才政策不够完善,使得很多有效劳动力和专业技术人才流向了条件更好的东部沿海地区。四是生育率比较低。近一段时期以来,东北地区的人口生育水平较低,致使人口自然增长率不高,甚至出现了下降。尤其是2000年以来,东北地区的人口自然增长率呈现出了明显的下降趋势,虽然这与全国人口自然增长率的发展趋势相同,但是东北地区的下降趋势仍明显高于全国平均水平。2011年辽宁省人口出现了负增长,2012年和2013年吉林省和辽宁省的人口自然增长率降到了1%以下。

从长期看,人口流失、老龄化以及出生率低等问题都将影响到东北地区的经济增长活力、人才创新力、区域竞争力,进而也就将影响到区域对外开放能力的持续发挥,遏制东北地区的经济发展水平的提升。

(五) 内部支撑力因素

东北地区实施对外开放主要构建的是以东北三省为主要支撑区的对外开放格局,东北三省作为东北地区对外开放的支撑区,即使从大区域的角度分析,可以将蒙东地区划入到支撑区的范围之内。但是,这种支撑力的来源也有限,仅仅是"三省一区"。而东部沿海地区实施的对外开放则是构建的由山东到海南的"向海开放"格局,山东、江苏、上海等7个沿海省市都是其支撑区,都是其支撑力的来源。一是支撑力的不同导致对外开放发展力的差异。东北地区的三个省份经济发展下行压力持续增大,经济发展希望得到对外开放的直接助力。而东部沿海地区集中了长三角、珠三角和京津冀经济发展区等国家经济最发达区域,集中了国家大部分的经济发展资源,经济发展直接助力了对外开放广度和深度的提升。二是支撑力的差异形成了不同程度的开放效应。东北地区的对外开放程度相对较低、范围相对较窄,是我国向东北亚地区开放的重要区域。而东部沿海地区的对外开放程度则较高、范围较宽,已经成为我国构建全方位对外开开放格局,形成陆海联动、东西互济开放模式的"主力军"和"重点区域"。三是腹地支撑力与对外开放的辐射能力呈正相关关系,即支撑力强则对外开放的辐射能力就强,对于区域经济发展的拉动作用也就较为重要。东北地区的"三省"与东北沿海的"七省"之间发展能力和发展水平的对比一目了然,所以,可以说东北地区的对外开放对于区域经济发展的拉动作用与东部沿海地区相比有很大的差距。

第三节　东北地区对外开放存在的问题

1984年,东北地区正式开始了对外开放进程。然而,经过近40年的不断实践和探索,东北地区的对外开放并没有像东部沿海地区的对外开放一样成为区域经济高质量发展的直接驱动力。与东部沿海地区相比,东北地区对外开放的整体水平不高,能力不强,开放程度仍有很大的提升空间。本小节拟详细分析东北地区对外开放进程中存在的问题。

一、区域自身发展困境

(一)区域发展基础薄弱

(1)基础设施水平有待提升

其一是东北地区的综合交通运输体系还需要进一步完善,各种交通运输体系之间的衔接能力不够,没有发挥出区域交通体系的组合优势,尤其是在内陆货物承转海运的衔接进程中的转换模式还不成熟,缺乏一定的衔接机制。且东北地区的交通体系布局明显呈现出了"东多西少、南多北少"的整体状态,交通路网之间的总体密度差异较大。同时,个别建设时间长的铁路、公路都已经出现了"通而不畅"的问题,例如吉林省与朝鲜之间的跨境公路和铁路,很多都面临着维修、重建的局面。其二是边境口岸建设能力需要进一步提升。边境口岸作为东北地区对外开放的重要载体,对加速区域对外开放进程起着重要的作用,但是整体来看,东北地区口岸的基础设施建设仍然存在一定的短板,例如在延边朝鲜族自治州的口岸中有5个口岸是日伪时期建造的,有7座跨境大桥都已经存在较为严重的安全隐患。同时,同江口岸的候泊压船,逊克口岸不通铁路,绥芬河口岸土地使用空间较小,萝北、漠河口岸联检查验设备落后等等问题都已经成为东北地区口岸基础设施不完善较为典型的代表。另外,东北地区口岸在数字化、网络化和智能化建设方面急需提效升级,进而助力口岸尽快由传统贸易方式向现代贸易方式的转变。其三是辽宁沿海地区的港口存在个别规模较小、相关设施建设不完备、岸线资源分布不平均以及泊位紧张和疏港能力较差等问题。再者,整个东北地区的航空运输网络枢纽分布密度较小、整体运输能力不强,不利于对外开放中运输体系的完善。

(2)产业结构不合理

东北地区是以钢铁、机械、石油以及化工为主的重型工业结构基地,重工业的比重非常高。在"一五"时期,东北地区的工业总产值就已经占全国的25%以上。在"一五"计划完成后,东北地区的重工业比重更是达到历史新高,高达70%。随着国家工业化程度的逐步加深以及经济发展形势的不断变化,高比重的重工业水平已经限制了东北地区的转型升级和区域的快速发展。同时,能源资源、原材料以及装备制造业等"原字号"重工业产业工业增加值一直居高不下。以2013年为例,黑龙江省的能源、石油化工和装备制造业的产业增加值占全省的72%,吉林省一汽一家企业的工业增加值就占全省的 19%,辽宁省的冶金、石油化工和农产品的工业增加值占全省的 54%。再者,东北地区的三次产业结构也不合理。虽然,近年来东北地区第三产业的比重在逐步提升。但是,综合来看重工业、国有企业和国有经济仍高于全国平均水平,金融、文化、电子等新业态仍然呈现出较为严重的滞后状态,生产性服务很难满足工业部门的有效需要,生活性服务还不能够成为吸引人才的关键性因素,三次产业的结构性问题仍较为突出。2019 年,黑、吉、辽三省的第三产业占地区生产总值的比重分别为 49.6%、53.8% 和 53.1%,全部低于全国平均水平。这种不合理的产业结构很难形成发展优势和国际竞争力,在对外贸易合作中也很难脱颖而出成为地区对外合作的支柱。

(3)智能化、信息化产业缺乏

现有的以技术为主的产业发展较慢、规模较小,在国内区域板块内都没有形成竞争力,更难走出国门,在世界市场范围内占有一席之地。另外,东北地区个别低端产品产能过剩,附加值小,且生产的产品大部分都集中在产业链的中上游,技术含量相对较低。甚至有的企业还存在恶性竞争,这也限制了地区内整体经济水平的提升,很难形成对外开放的优势。据统计,在东北地区制造业总产值中,劳动和资本密集型产业比重达到了 93%。

(4)专业分工程度较低

东北地区产业专业化分工程度不高,“大而全、小而全”现象仍然较为严重,“大企业大而不强、小企业小而不专”是该区域企业发展的“通病”,同时,东北地区的部分企业缺乏内部分工协作、专业化程度较低、企业整体发展能力较弱,对于区域经济发展的带动和推进作用有限。

(二)区域发展一体化机制不健全

(1)区域合作层次较低

东北地区并不是一个统一的行政区域,而是由黑龙江省、吉林省和辽宁省三个省级行政单位共同组成的一个国土区域,总体来看三个省区之间的区域合作层次较低。虽然在 2009 年东北东部 12 市州共同签署了区域框架合作协议,搭建了东北区域内地方务实合作的平台。但是,这个协议也仅是停留在东北东部地区的 12 个市州之间。而 2010 年签署的《东北四省区合作行政首长协商机制框架方案》作为东北地区共建新发展格局的重要举措,虽然在一定程度上加速了东北地区内部区域合作的进程。但是该框架合作并没有取得理想中的成绩,仍停留在信息共享、政务协商以及资源整合阶段,区域间的行业壁垒依然存在。且由于经济形势和政策形势的不断变化,该协商机制在 2014 年之后就一直搁置。这种非常态化的地区高层协商机制缺乏统一性、连续性,不利于地区之间对接发展理念,很难对东北地区统一对外开放思路和举措起到长远的推动作用。

（2）缺乏统一协调的机制

在对外开放层面东北地区并没有过多的集聚三省的优势资源破除行政区划的边界和政绩界限,个别专项联合或者个别城市间的联合并不能从整个东北地区对外开放的角度去整合资源,对外开放一体化程度较低。同时,黑、吉、辽三省都有自己的对外开放思路和理念,除了国家统一的对外开放政策和战略体系外,没有其他区域一体化发展的统一遵循,只能"各自为政",这就会造成"好的越好、坏的越坏"局面的出现。例如辽宁省和黑龙江省沿海、沿边的优势明显,边境贸易的快速发展加速了对外开放的速度,而吉林省处于东北地区的内陆地区,相对来说对外开放优势不够明显,对外开放程度相比较低。

（3）出现了区域同质化竞争的现象

各省区在对外开放层面"各自为政"发展在一定程度上就出现了发展路径、发展举措同质化、同构化的尴尬局面。各个省区各自制定的对外开放思路虽然都是因地制宜制定的发展思路,但是从全局角度来看,很可能阻碍资金、技术以及人力等生产要素在整个东北地区、全国乃至于在周边国家之间的有序和合理流动,市场的作用被区域发展诉求所限制,行政区划之间的"屏蔽"作用被扩大,这就限制了整个东北地区规模化发展的程度。例如吉林省和辽宁省的汽车工业发展之间就存在着同领域的竞争关系。吉林省是汽车产业大省,大众、奥迪、丰田等品牌均与"一汽"有直接合作。长春市更是有"汽车城"之称,建有的汽车专业化产业园区更是集聚了汽车研发、零部件制作以及市场服务等多项功能于一身,且正在向万亿级汽车产业集群基地的方向努力,2020年吉林省生产汽车总数为265.64万辆。而同在东北地区的辽宁省也是重要的汽车制造省,东风日产、奇瑞以及比亚迪等品牌在辽宁省均有生产基地,2020年辽宁省汽车产量达到了74.82万辆。虽然在产出量上辽宁省落后于吉林省,但是在销售量上辽宁省却是吉林省强劲的对手。2020年,商用车销售量辽宁省为104 564辆,吉林省为52 458辆;载货车销售量辽宁省为96 402辆,吉林省为48 453辆;客车销售量辽宁省为8 162辆,吉林省为4 005辆;新能源商用车销售量辽宁省为1 641辆,吉林省为1 201辆。这种区域内省际间的同质化竞争直接影响了整个东北地区汽车工业的发展能力,在一定程度上抑制了东北地区整体汽车产业的竞争力和资源整合能力的提升。因而,东北地区对外开放亟需创建统一、协调的区域发展和合作制度体系。

（三）发展环境不佳

1. 营商环境欠佳

良好的营商环境可以稳定投资者的预期,降低制度性交易成本,在对外开放层面通过良好的营商环境可以激发区域市场活力,大范围吸引外资注入,推动区域经济高质量发展。近年来,东北地区经济下行压力增大、振兴能力不强、对外开放增速不理想等都与东北地区的营商环境不佳有直接的关系。主要表现在:个别地域"官本位"思想仍然存在,行政壁垒、权力条块分割现象依然明显;法治环境有待进一步完善,司法领域保障机制不完善,对于外商投资和"走出去"企业的跟踪服务政策缺乏,保障体系不够完善;政府部门服务意识和服务理念没有与时俱进,"门难进、脸难看"现象依然存在;地区信用体系不够健全,推诿扯皮、"新官不理旧账"、市场主体信用水平不高、缺乏信用的监管等问题仍然制约着招商引资程度的加深;企业经营环境不佳。企业经营环境是一个区域吸引外来经济发展助力的直接因素,如果有良好的企业经营环境则会吸引大批企业投资,最终形成集聚效应,反之,则会阻滞区域经济发展能力的提升。因此,构建良好的企业投资环境是东北地区提升对外开放水平、助力老工业基地振兴的重要手段,但是不容乐观的是当前东北地区的企业经营环境建设得并不理想。2016—2019年我国企业经营环境的变化情况调查结果中全国31个省份只有7个省份总体评分出现了下降,其中黑、吉两省在列,黑龙江省总体评分下降了0.03,吉林省下降了0.02,只有辽宁省有所上升,提升额度是0.11。同时,在该报告中还做了2019年我国省份企业经营环境位次排序,其中辽宁省排位相对靠前,排名14,黑龙江和吉林省则分别排名22和23。由此可见,东北地区的企业经营环境仍需进一步加大改进力度,只有构建出尊重市场运行规律、法律保障体系健全、区域服务系统完善的经营环境,才能吸引经济发展能力强的企业入驻。

2. 科技创新环境不佳

改革开放之初,东北地区的制造业发达,占全国制造业的20%,是全国制造业的先行者。但是随着科学技术的不断发展和国家改革开放程度的不断深入,以重工业科技为主导的东北地区的科技发展逐步在市场经济体制中失去了竞争优势。同时,东北地区的科技支持力也在下降。由东北地区专利申请的授权数变化就可以直接反映出这一趋势,东北地区的专利申请授权数2000年占全国的9.18%,到了2014年该比例下降了5.74个百分点,仅为3.44%。这种专利授予比例说明了东北地区的科技创新力在逐步下降。另外,东北地区的科技资金投入也相对较少,与一些发达地区仍有一定的差距,这在一定程度上也限制了东北地区科学技术环境的持续改善。2014年,东北三省的财政在科技支出上的投入加起来仅为184.72

亿元,而同年仅北京一市的科技财政支出就达到了282.71亿元,东北三省一个地区的投入仅相当于北京市科技支出的65%。

3.社会认知环境有待提升

由于特殊的历史、人文和地理环境,在东北地区"偏居一隅"的社会思想认知一直存在,从普通民众到企业和个别政府官员都或多或少存有这种思想。因此,对于"走出去"务工、"走出去"经商和"走出去"合作的认识有偏见,个别人甚至有一定的抵触情绪。这种负面的社会认知在一定程度上也限制了东北地区对外开放环境的改善。

4.引才、留才、用才环境不够理想

人才是地方发展和科技创新的关键性因素,只有引来人才、留住人才、用好人才才能够激发区域创新能力和科技应用能力。东北地区经济不景气、科研氛围不浓厚、收入水平相对落后、引才政策不落地、整体用人环境不佳,致使人才外流现象严重,人才存量持续性减少。这种人才外流的区域在一定程度上限制了区域整体竞争力的提升。

二、对外开放能力不强

(一) 对外贸易发展不均衡

我国实行的对外开放政策是渐进式的、梯次式的,东北地区与沿海地区相比,对外开放时间较晚,能力也相对较弱。这种能力较弱在东北地区最直接的体现就是对外贸易能力不强,虽然东北地区的对外贸易实现了持续增长,但是从全国来看整体上呈现出落后状态,并表现出了一定的不均衡性。

1.东北地区的外贸依存度偏低

对外贸易依存度反映的是一个区域对于国际市场的整体依赖程度,是解读区域对外开放水平和程度的直接指标。从表5-3我们可以看出,近20年内东北地区的对外贸易依存度呈现出的特点。其一是东北地区的进出口总额在持续上升,但是其外贸依存度却呈现出了抛物线似的增长态势,2010年前后为抛物线的"顶峰",之后呈现出了明显的下降趋势,这种变化趋势的出现一方面说明东北地区受到外需变化的直接冲击,另一方面说明东北地区对外贸易的增长能力与国家对外贸易的增长能力之间还存在一定的差异,已经出现了落后的趋势。二是东北地区的对外贸易依存度均低于全国平均水平,2005年甚至低于全国平均水平30.85个百分点,这表明东北地区的区位优势和生产优势转化为区域竞争优势仍有很广阔的空间。

表 5-3　近 20 年东北地区外贸易依存度情况表（单位：亿元）

年份 项目	2000 年	2005 年	2010 年	2015 年	2020 年
东北地区进出口总额	2 033.22	4 670.15	8 327.62	8 468.38	9 361.12
东北地区的地区生产总值	9 276.00	14 793.70	28 615.10	41 918.30	51 124.80
东北地区外贸依存度	21.92%	31.57%	29.10%	20.20%	18.31%
全国进出口总额	39 273.25	116 921.77	201 722.34	245 502.93	321 556.93
国内生产总值	100 280.10	187 318.90	412 119.30	688 858.20	1 015 986.20
全国平均外贸依存度	39.16%	62.42%	48.95%	35.64%	31.65%
东北地区进出口总额占全国进出口总额的比例	5.18%	3.99%	4.13%	3.45%	2.91%

数据来源：笔者根据《中国统计年鉴》以及东北三省各省份统计年鉴整理所得。

2. 东北地区对外贸易能力不高

其一是由表 5-3 可以看出，东北地区进出口总额占全国的比例虽然是"有升有降"的抛物线的态势，但总体来说呈现出了下降的趋势，即东北地区的对外贸易额在全国中的比重在持续减小，其对外贸易能力以及参与国际分工的能力低于全国平均水平。以 2019 年数据为例，2019 年黑、吉、辽三省的对外贸易额分别为1 866.90 亿元、1 302.80 亿元和 7 259.20 亿元，东北地区的对外贸易额为 10 428.90亿元。其中，整个东北地区三个省份对外贸易的总额全国排名第八、占全国对外贸易总额的 3.3%；黑龙江省全国排名第二十一，占全国对外贸易总额的 0.59%；吉林省全国排名第二十四，占全国对外贸易总额的 0.41%；辽宁省全国排名第九，占全国对外贸易总额的 2.3%。由此可见，东北地区的整体对外贸易能力较弱，集三省之力仍然仅在全国第八名，落后于广东、江苏、上海、浙江、北京、山东以及福建等地。且除辽宁以外，黑龙江省和吉林省的对外贸易占比都已经排在了全国末尾。东北地区作为"一带一路"倡议北上的关键节点区域，这样的对外贸易能力显然与其重要的地位之间不相匹配。其二是黑、吉、辽三省之间的对外贸易规模差距也较大，辽宁省的对外贸易总额比黑吉两省的总额还多了 4 089.5 亿元。这种极度不平衡的对外贸易发展能力限制了东北地区整体对外贸易的协调和统一发展，在"好的更好、坏的更加缺乏路径"的背景下，黑、吉两省对外贸易发展将更加艰难。其三是东北地区存有外贸主体不强的情况，对外贸易不确定性风险较大。例如吉林省的对外贸易中，一汽集团成为了其对外贸易的"一枝独秀"，整个一汽集团与其上下游企业占吉林省的对外贸易额的 70% 左右，这种过于依赖单个企业的对外贸易极容易受到企业经营政策和能力变化的影响。其四是外贸商品结构较为单一,总体商品附加值不高。东北地区对外贸易能力较强的辽宁省 2017 年的出口产品中,高新技术产品仅占出口总额的 12.4%、且其中多为劳动密集型产品,机电产品占 39.9%。总体来看,辽宁省的产业链处于国际中低端的位置。

3. 东北地区一般贸易发展方式发展存有不均衡性

一般贸易和加工贸易是当前东北地区主要的对外贸易方式。加工贸易主要指的是知识产权不归我们所有,单纯地为域外厂家从事加工业务的贸易方式。一般贸易指的则是知识产权归我们所有,是中国企业自己研发、自主生产制造的产品进行的出口贸易。所以,一般贸易的增长状况在某种程度上代表了一个地区的产业转型升级以及竞争力的能级状况。近年来,东北地区一般贸易额占比实现了稳步提升,且趋势越来越强,但是综合来看,东北地区的一般贸易发展存有一定的不均衡性。第一方面是与全国对外开放程度较高、能力较强的省份相比仍有一定的差距。2019 年东北地区的一般贸易额 6 982.34 亿元,占全省对外贸易额的 66.99%,同比提升了 2.25 个百分点;加工贸易额为 1 990.25 亿元,占全省对外贸易额的 19.09%,同比提升了 0.42 个百分点。总体来看成效较好,但是与全国相比,东北地区一般贸易仍有一定的提升空间。2019 年,福建省一般贸易额占比全省对外贸易额 73%,浙江省占比 79%,均超过了东北地区的一般贸易额占比。第二方面是在东北地区内部,黑、吉、辽三省之间贸易额差距较大。对比数据发现无论是一般贸易额还是加工贸易额三省之间都存在一定的差距,辽宁省两项数据均都高出黑吉两省。2019 年,辽宁省一般贸易额为 4 345.10 亿元,分别是黑、吉两省的 3 倍和 4 倍,加工贸易额为 4 345.10 亿元,分别是黑、吉两省的 19 倍和 20 倍。

(二)利用外资规模和结构不理想

利用外资是对外开放的重要内容,因为外资不仅可以解决我国区域发展资金不足的问题,同时也可以通过引进外资带动国外的先进技术和管理经验入驻,进而加快我国区域的经济发展速度。但是,横向比较来看东北地区利用外资的规模不大,且存在一定的结构性和发展性问题。

1. 利用外资规模较小,且三省地域分布不均衡

综合来看东北地区的实际利用外资规模不大,在全国实际利用外资金额中所占的比例较小。以 2010—2020 年近 10 年的数据为例,在该时间段内以 2015 年作为一个时间节点,因为 2015 年开始辽宁省的实际利用外资金额出现了断崖式下降的状态并在之后几乎一直保持在相对较低的额度徘徊。其一,2015 年以前因为辽宁省实际利用外资的额度较大,所以整体来看整个东北地区实际利用外资的额度

占全国的比重较大,但是也仅保持在 20%左右。其二,2015 年以后整个东北地区实际利用外资的额度占全国的比重直接低于 15%,甚至在 2018 年和 2019 年已经在 10%以下。其三,抛开辽宁省的特殊性不谈,我们只分析黑龙江省和吉林省的数值会发现两省 2016 年前实际利用外资金额占全国的比重几乎仅保持在 3%~4%,之后黑龙江省在 2019 和 2020 年,吉林省在 2018 年 2019 年比重均低于 1%,规模严重偏小。我们再以 2015 年为例分析一下整个东北地区实际利用外资额度的状况,2015 年东北地区的实际利用外资额为 193 亿美元,占全国实际利用外资额的 17.14%。同期,江苏省实际利用外资额就达到了 242.7 亿美元,占全国的 19.22%,仅江苏一个省就比整个东北地区利用外资占全国的比重高出了 3.93 个百分点。江苏省的地域面积仅为 10.72 万平方千米,而东北三省的地域面积为 80.84 万平方千米,是江苏省的 7.5 倍。由此可见,地域广阔的东北地区实际利用外资的水平还有很高的提升空间。再者,在东北地区实际利用外资金额过程中,地域分布不均衡也是比较典型的表象特征。辽宁省沿海而居、向海发展,具有较为优越的外商投资平台,所以辽宁省的实际利用外资比重较大,黑、吉两省则相对较小。换一种方式理解,也可以说辽宁省的对外开放程度较高,所以实际利用外资的额度较大,而黑、吉两省实际利用外资额度较小,是因为其自身对外开放水平较低。

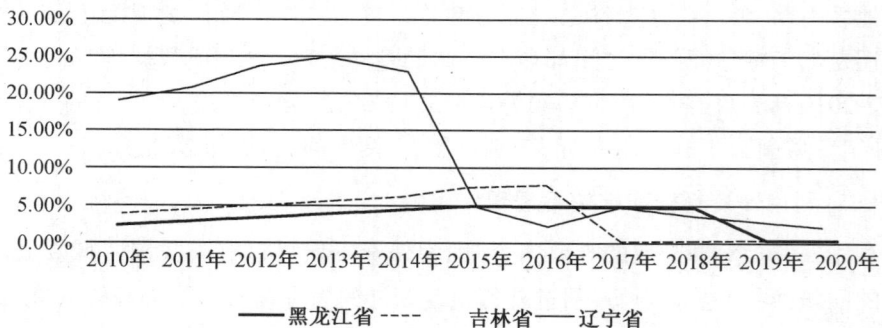

图 5-1 东北地区近 10 年实际利用外资占全国实际利用外资的比例图

（数据来源:笔者根据《中国统计年鉴》、黑吉辽三省相关年份统计年鉴以及《中国商务年鉴》）数据整理所得。其中,吉林省 2017 年、2020 年实际利用外资数据缺失,图中未做统计。

2. 单一区域的依赖性过高,出现了引进外资的不均衡性发展的态势

整体来看,东北地区的外商投资几乎都集中在省会城市以及省会直接辐射城市。2019 年,黑龙江省的实际利用外商投资主要集中在哈尔滨市和齐齐哈尔市,比例分别达到了 63%和 21%;吉林省主要集中在长春市,比例超过了 50%;辽宁省

主要集中在沈阳市和大连市,比例分别达到了50%和26%。这种现象的出现会产生两方面的影响,一方面是主要城市抢占了区域内其他城市的外资资源,限制了区域间城市平衡发展。另一方面这种依赖性较强、偏向于几个城市的利用外资不利于整体区域经济发展水平和对外开放水平的提升。

3.实际利用外资的来源和产业结构较为集中

从实际利用外资的来源看,东北地区的外资来源较为集中。以2019年数据为例,黑龙江省的实际利用外资主要来源于中国香港、新加坡和韩国,比例分别为20%、49%和1.8%;辽宁省实际利用外资主要来源主要是中国香港、日本和荷兰,比例分别为48%、7%和10%。由此,我们可以看到香港已经成为东北地区重要的利用外资来源地。从利用外资的产业结构来看,东北地区的制造业主要利用的是外资产业。2019年黑龙江省的制造业实际利用外资13 462万美元,占黑龙江省的25%;辽宁省的制造业实际利用外资159 604万美元,占辽宁省的49%。

4.外商投资的承接能力不强

在外商投资领域,东北地区的承接能力也在一定程度上限制了区域利用外资能力的提升,即外商在东北地区难以找到合适的合作伙伴。东北地区有几方面问题限制了区域承接外商投资的能力,其一是区域的营商环境有所欠缺,外商投资缺乏必要的"安全感"。其二是区域内的企业发展能力不强,对接外商发展期望的空间较小。其三是区域发展思路不够灵活,略显呆板的发展思路阻滞了外商的投资兴趣。其四是区域内整体市场环境不佳,企业成本回收速度较慢,等等。这些原因综合限制了东北地区外商投资的承接力。

(三)特殊经济区能力发挥不够

开发区作为区域对外开放和经济增长新的成长空间,承担着产业集聚、资源整合、技术创新、拓展路径的重要作用。因此,特殊经济区能力的发挥程度就成为了区域对外开放能力提升的关键性影响因素。但是,通过对比发现东北地区的特殊经济区发展速度较慢,发展能力的提升空间较大。一是东北地区的开发区分布较少。在全国开发区的区域分布中,东北地区国家和省级开发区仅占全国的9.44%,落后于华东(32.87%)、华中(15.02%)、华中(15.02)、西南(12.98%)、华北(12.31%)等地区,仅高于西北(9.36%)和华南(8.02%)两区。二是个别特殊经济区的能力辐射范围较小。例如黑龙江自贸区主要的辐射范围是俄罗斯的远东地区,该自贸区的主要发展思路是试图建立中俄双边合作的重要枢纽和平台。这种针对一个国家或者一个区域的自贸区不仅辐射能力有限,而且对于区域经济发展的促进作用也较为有限。三是东北地区的省级开发区发展面临着一系列问题。例如产业结构较为单一,第三产业发展被动;支柱型产业增长速度较慢,产学研体系不健全;口岸体系发展不够完善,开发区平台载体建设能力较弱等。

(四) 对外开放的市场性障碍

东北地区推进对外开放最直接的市场就是东北亚地区,但是东北亚地区缺乏东北地区获取直接利益的比较优势。俄罗斯远东地区经济体量较小,人口稀少,不仅缺乏市场规模,对于工业制成品的需求也较弱。蒙古国和朝鲜虽然对于东北地区的工业制成品有一定的需求,但是需求量有限。日本和韩国则比较关注资源型的合作。同时,东北地区的工业产品主要合作对象又是国内市场,这就导致东北地区的对外开放在一定程度上出现了"市场危机",国内市场并不是推进对外开放的最优选择,东北亚区域内的市场承接力和比较优势又极为有限。因此,东北地区的对外开放可以跳出"东北亚思维",将东北亚地区作为跳板,利用东北亚范围内的国际合作通道和平台进一步拓展对外合作"朋友圈"。在对接和融入"一带一路"倡议的基础上借助"冰上丝绸之路"以及"中蒙俄经济走廊"等国际通道强化区域对外开放的世界性。再者,东北地区的对外开放可以将范围进一步细化,将国内东北地区以外的区域框定在合作的范围之内,将视野延伸到京津冀地区,通过对接式发展构建区域协调发展机制。同时,关注环渤海地区和环黄海地区,将视野由内陆扩展到海上,通过陆海统筹发展形成"陆海内外联动、东西双向互济"的开放格局。

三、发展布局的局限性

发展布局是东北地区经济发展和对外开放水平提升的重要影响因素。从整个东北地区的对外开放进程中我们可以看到,东北地区的整体发展布局存在一定的局限性。

(一) 发展机遇的错失

与全国平均水平以及东部沿海地区相比,东北地区对外开放水平不高,这其中除了区域自身发展的因素外,与东北地区错失了两次发展机遇有关。第一次机遇是1978年我国实施的改革开放政策。东北地区由于地理区位、历史以及政策原因没有进入第一梯队进行对外开放,仅仅是进入了酝酿期。这虽然是当时国家的整体布局和渐进式开放的客观需求,但是对于东北地区来说已经形成了对外开放进程落后于东南沿海地区的客观事实。第二次机遇是1984年沿海地区对外开放。在此次沿海地区的对外开放队列中东北地区的大连市位列其中,大连市的对外开放标志着东北地区正式进入了对外开放的起步期。但是,在起步期内的东北地区并没有形成完备的对外开放体系和思路,走的是模仿东南沿海地区对外开放的路径,仅仅是在完成国家对东北地区对外开放做出的"规定动作",缺乏"自选动作"和结合区域发展实际形成的创新发展模式。直到 2003 年老工业基地振兴战略启动,东北地区的对外开放才真正融合了东北地区的区域发展实际和区域发展需求,成为老工业基地振兴发展的重要途径,自此东北地区的对外开放才进入了添加"自选动作"的加速期。也就是说从 2003 年开始,东北地区的对外开放才结束了"追赶"和"模仿"的进程,正式进入了"摸索"富有东北特点的对外开放的阶段。这两次机遇的错失,使得东北地区的对外开放呈现出了一定的"滞后性"。这种"滞后性"是东北地区发展机会的错失,相当于东北地区比东南沿海地区少了十几年甚至几十年的发展时间,所以说相对于东部沿海地区的对外开放,东北地区的对外开放程度较低。在当前"一带一路"倡议深入推进以及国家全方位对外开放格局构建的时代背景下,东北地区又迎来了新的时代机遇。因此,东北地区应该紧抓此次历史性的机遇并结合自身发展优势,提升对外开放能力,按照国家的总体格局和定位构筑对外开放新前沿。

(二)发展空间布局缺乏整体性

当前东北地区发展的空间布局呈现出向东和向北的发展趋势。向东布局的目的是极力利用海洋资源,发展海洋经济,例如吉林省的"借港出海"模式。向北布局的目的是对接俄罗斯远东地区的发展,拓展中俄双边合作内涵,例如黑龙江自贸区的发展定位就是要打造对俄罗斯合作的关键枢纽。这种空间布局在拓宽东北地区对外开放路径的同时,也有一些问题值得思考。一是港口租赁、通关手续办理、双边关系沟通等成本要素以及区域政治发展的不确定性因素在一定程度上阻滞了"借港出海"模式的深入推进。二是俄罗斯远东地区经济发展体量较小、发展实效不显著,单纯希望通过与远东的对接式发展改变黑龙江乃至于东北地区的经济发展颓势不够现实。三是向北、向东的布局忽略了辽宁沿海经济带的经济发展能力和对外开放潜力以及向西对内开放和融入"中俄蒙经济走廊"的优势和发展契机,在一定程度上阻碍了东北地区区域内的平衡发展。所以,东北地区应该建立整体性的发展思维,整合区域发展资源和能力,进行多点布局,进而协同发力推进区域经济发展和对外开放进程。

四、周边地缘环境复杂

东北亚范围内地缘政治环境复杂。政治环境始终是决定经济发展环境的重要因素,东北亚地区地缘政治环境复杂,制约着东北亚区域合作的深入发展。首先,两种社会制度、两种意识形态以及冷战后形成的国际格局始终影响着东北亚范围内的国家政治和经济合作。另外,在东北亚范围内中日、日韩、日俄之间都存在主权和领土争端,这种不可调和的矛盾一直是一枚"尖刺",影响着该地区双边和多边关系的发展。同时,该地区的各个国家之间的关系发展形势错综复杂。俄罗斯在军事、能源储备以及世界事务中都是大国和强国。中国作为世界上最大的发展中国家,近年来已经朝着经济大国和政治大国的方向不断发展,政治影响力和经济影响力已经拥有了举足轻重的地位。日本作为东北亚乃至于世界范围内的经济大国,其正在朝着政治大国努力,第一步肯定是要在东北亚范围内扮演和争取政治大国的身份。韩国正在试图突破经济桎梏,寻求最有效的经济发展模式,恢复曾经在东北亚区域内的经济地位。这些原因综合之下使得各国之间的关系复杂多变,例如在中俄石油合作中,日本横插一脚导致出现的安纳线和安大线之争就是明显的例子。其次,美国因素是该地区政治环境复杂的重要影响因素。美国虽然不是东北亚范围内的国家,但是美国在东北亚地区拥有比较特殊的地位。美国在日本和韩国都有军事基地,对于东北亚安全局势的发展变化有直接的影响。另外,美国在东北亚地区压制俄罗斯,遏制中国,限制东北亚区域内经济体发展壮大的企图明显,使得该地区的政治环境更加复杂。再次,朝鲜半岛问题是东北亚地区最复杂的"难题"。朝鲜半岛问题是典型的历史遗留问题,短时间内无法解决,在一段时期内都将是影响东北亚地区政治和经济发展的重要因素。朝鲜核问题不仅影响朝美之间的关系,同时也直接影响朝韩和朝日之间的关系,进而影响到东北亚范围内的政治、经济和安全环境。第四,东北亚区域内政治环境直接影响着经济环境。各国之间的政治关系复杂对于双边和多边经济合作都产生了较为直接的影响。

第六章　东北地区对外开放的评价与思考

通过前五章内容,我们从宏观和微观的角度梳理了东北地区对外开放的驱动力、战略路径、作用以及存在的问题,进而对于东北地区的对外开放有了一个整体的认识。在本章中,拟对于东北地区对外开放做一个整体的评价与思考。

第一节　东北地区对外开放的时代价值

一、东北地区对外开放的经验

1.改革与开放同行并重

从改革与开放的关系来看,对外开放本身就是改革的一个重要组成部分,是我国对于对外经济发展模式以及双边和多边关系体系建立的深层次的改革和思考。闭关锁国不能实现国家的发展和人民的幸福,所以我们必须改革理念实施开放,必须要"走出去":一是要宣传我国的优秀文化,在求同存异的基础上实现文化的繁荣和发展;二是要积极发展多边关系,构建人类命运和利益共同体,推进经济全球化和区域一体化进程;三是要积极发展对外贸易,加大对外贸易对经济增长的带动作用,强化对外贸易的助力能力,进而提升区域和国家竞争力,助力实现社会主义现代化建设。同时必须要"引进来":一是引进国外的大量资金,使用国外的资金助力我国企业发展和区域经济水平提升,同时也为国外企业创造巨大的利润,实现双赢式发展;二是引进国外的先进技术,提升我国相关行业的科学技术水平;三是引进国外的先进管理经验,加速我国相关行业的发展速度;四是刺激我国科学技术、创新能力以及思维理念的不断更新和提升。因此说,总体来看对外开放就是我国发展模式和思维的一次重要改革。

从改革和开放的作用来看,两者都是促进国家和区域快速发展的重要动力。作为基本国策,两者都承担了重要的发展任务。通过改革,加快体制创新、进行结构调整和生产方式的转变。通过开放实现资源的优化配置,拓展区域经济的发展空间。同时,改革和开放两者又是相辅相成、相互促进的。

对于东北地区的对外开放来说,改革和开放同行并重使其实现了对外开放的快速发展。一是通过深化改革,加快了体制机制的创新,为对外开放创建了良好的机制基础。行政管理体制改革,提升政府服务力、行政力,改善了营商环境。科技与经济发展融合机制改革,提升了对外开放发科学技术能力。思想观念的改革,提升了区域对外开放过程中的创新力和竞争力。二是通过发展结构调整,国有企业竞争力明显增强、民营企业发展能力明显提升,为对外开放提供了重要的动力。三是通过转型升级,东北地区的装备制造业、粮食综合生产能力等领域发展迅速,走在了全国的前列,成为东北地区对外开放的重要领域。四是通过区域经济发展的总体布局,东北地区的经济社会发展水平明显提升,成为加快区域对外开放的坚强后盾。五是通过扩大对外开放,倒逼区域深化改革,形成了适应市场经济发展的经济体制模式。六是通过对外开放为区域内的广大企业"走出去"提供了重要的机会和平台,为东北地区深化改革提供了关键的支持,为东北地区现代化建设提供了重要的助力。

2. 建立各类特殊经济区是关键

随着改革开放程度的不断加深,东北地区建立了大量的特殊经济区,主要包括国家层面建立的各类新区、自贸区、经济技术开发区、海关特殊监管区、边境(跨境)经济合作区等,以及省级层面建立的各类经济开发区。虽然横向比较,东北地区特殊经济区作用的发挥仍有很大的提升空间。但是,对于东北地区来说各种类型的特殊经济区切实推动了其对外开放的进程。特殊经济区对于对外开放的推进作用主要体现在三个方面:一是成为东北地区先行先试的重要窗口。近年来东北地区通过各类特殊经济区的建设,优化了对外开放的政策条件,在特殊经济区内形成了一种特殊的产业集聚模式,先试先行了特殊的区域发展政策,成为区域经济发展的重要支撑点。二是打破了政策洼地。通过特殊经济区实现了局部突破,打破了既有体制和政策惯性的束缚,形成了改革高地,集聚了资本、技术、人才等优势资源。三是通过特殊经济区可以享受政策红利。国家级的特殊经济区可以享受国家的政策红利和一系列对外开放的优惠条件,在实现特殊经济区开放的同时带动了区域经济的增长,还可以紧跟国家发展总体趋势,积极承接国家各项对外战略。省级特殊经济区可以享受到各个省份根据自身发展实际制定的特殊经济发展政策,形成资源和发展的集聚效应,之后通过辐射效应带动整个省份的经济发展。

总之,特殊经济区的建立已经成为东北地区对外开放的重要方式和防控对外开放风险的有效途径,成为发展对外贸易、利用外资、对接国外发展战略的有效平台,对于对外开放的深入发展起到了重要的推动作用。

3. 走渐进式和符合自身发展实际的开放之路

中国的对外开放是一种渐进式、非平衡性的对外开放,通过对东南沿海地区的"试验先行"进行探索,之后在全国进行推广,这就是所谓的"摸着石头过河",这种渐进式、非平衡性的对外开放模式不仅是中国方案,更是中国智慧。东北地区的对外开放也是如此,从大连市开始逐步推广到内陆地区,经历了酝酿、起步和加速三个主要阶段,最终实现全面对外开放的整体布局。这种渐进式的对外开放模式风险小、成本低,避免了大刀阔斧的"休克式疗法"带来的巨大风险。40多年来的对外开放实际和成果证明了东北地区采取渐进式的对外开放模式是正确的,能够为区域发展带来效益。再者,在对外开放过程中要根据自身发展实际制定开放政策。地理区位、经济发展状况、历史条件、现实基础等都将成为重要的政策制定因素。框定自身国际参与的发展定位也要根据区域发展实际,到底是跟随者,还是参与者和推动者要根据自身状况和国家形势发展因时而定。在对外开放的整体进程中,东北地区内的各个省份都根据各自的发展实际制定了相应的对外开放政策,初步建立了独具特色的对外开放格局。

4. 主动对外开放

党的十八大以来,中国经济发展取得了重大成就,成为世界经济发展的动力源和稳定器,我国已经进入了主动开放的新时代。东北地区作为我国北向开放的节点区域,在各项国家战略的推动下,积极主动实施对外开放成为区域发展的必然选择。同时,在新时代、新的发展格局背景下,通过对外开放也能为区域融入世界市场提供重要的助力。

5. 不可忽视对外开放过程中产生的"负面因素"

事物都有利弊两个方面,对外开放也一样,在对外开放过程中会产生一系列"负面因素"。一是区域内企业经济发展面临着越来越大的压力。对外开放之后国外部分行业先进的经验、技术注入,使得地区内的企业面临着巨大的竞争压力和市场压力。二是外来资本的投资注入,打破了原有行业的生产和市场状态,冲击了国内资本的运行和发展。三是西方个别不适合中国的价值观随着市场经济和对外开放一股脑地传入中国,对我国价值体系的发展产生了一定的消极影响。四是随着对外开放程度的加深,东北地区合作的国际伙伴越来越多,国际"朋友圈"的范围越来越大,因此所面对的国际形势和政治环境也越来越复杂。因此,在区域对外开放进程中,东北地区应该重视"负面因素",在正确区分、积极面对的基础上筑牢"防火墙"。

二、东北地区对外开放的启示

对外开放作为一种实践模式是东北地区提升区域发展能力的有效尝试,虽然我们会发现东北地区的对外开放仍存在一定的问题,但是对于东北地区本身来说这条摸索着前进的道路总体来说推动了区域向前发展,为东北地区正在构建的较有特色的区域发展模式贡献了力量。40多年的对外开放实践,对于东北地区的对外开放也产生了一定的启示。

1. 区域对外开放必须服从于国家对外开放大局

东北地区实施对外开放战略要坚持的最基本原则就是服从于国家的对外开放大局。东北地区作为国家对外开放布局的关键性环节,必须在国家整体布局的基础上结合自身区域发展实际制定对外开放政策,只有这样不囿于局部利益,从全局角度推进开放才能够确保实现区域对外开放的深入和持久,才能够切实提升对外开放对于地区发展的带动水平。

2. 区域对外开放服务于区域经济发展

东北地区的对外开放有一个主要目的就是提升地区经济发展水平,所以对外开放在实施过程中一定要坚持将促进区域经济发展作为基本原则,尤其是在东北地区经济发展颓势频现的区域发展背景下,对外开放更应该将发展和振兴区域经济的功能最大化。只有实现了区域的经济发展,才能推进社会主义现代化建设,才能赶超发展速度较快、经济能力较强的区域,最终实现国家区域间的平衡发展,也才能推进跨境区域经济一体化,构建良好的国家发展环境。因此,东北地区的对外开放要将积极发展对外贸易、构建良好的周边国家环境、创造优越的区域生产生活条件等作为最终目的。

3. 区域对外开放要坚持平等互利

平等互利是国与国之间的交往准则,同样也适用于东北地区对外开放的过程之中。东北地区的对外开放从性质上讲可以说是我们国家一种特殊的"区域外交行为"。因此,平等互利是基础中的基础,东北地区在实施对外开放过程中必须坚决维护国家的主权利益和区域的发展利益,坚持平等互利、双赢发展。东北地区的对外开放主要针对的是东北亚地区的国家,既有发达国家也有发展中国家,在与发达国家进行对外合作过程中尤其要遵循平等互利原则,要在平等、互利、共赢的基础上实现共同发展。另外,东北地区在实施对外开放过程中还应该注重几方面。一是不能以牺牲地区生态利益来实施对外开放。宁可不要金山银山也要绿水青山。东北地区作为我国重要的生态屏障,更是我国重要的生态功能区,因此,在引进外资企业、进行中外合资过程中要保证区域的长远发展,坚决抵制那些破坏人居环境、土地、生态环境的域外企业,将生活富裕与生态良好紧密地结合在一起。二是确保主权利益。东北地区位于我国的边疆边界地区,具有重要的防御和主权功能,在对外开放过程中主权完整是底线和红线。三是避免对某些国家某个企业的过度依赖,这种缺乏回旋余地的对外开放不利于区域经济的长远发展,风险比较大,因此要处理好适度和过度之间的关系。

4. 区域对外开放规划要将长期性和阶段性相结合

东北地区的对外开放作为国家对外开放布局的重要组成部分,在制定整体对外开放政策的同时必须坚持长期性的原则,即根据区域整体发展实际制定一个可以长期坚持的、确定能够实施的长期目标和长远规划。东北地区比较特殊,并不是一个单独的行政区域,而是三个省级行政区划的集合。因此统一的、长远的对外开放规划就显得格外重要,不仅在可以一定程度上避免"各自为政"现象的出现,还可以为各个省份制定区域对外开放政策,提供必要的政策参照。同时,东北地区的对外开放要根据世界以及国家的经济发展形势、对外开放形势积极制定阶段性目标。世界经济的发展存在一定的阶段性特征,我国的经济发展也存在着一定的阶段性特征,因此东北地区的对外开放要在这些阶段性特征的基础上制定阶段性政策,适时调整区域开放体系。当前,我国经济发展进入"新常态"的发展阶段,经济增长速度、结构以及动力都发生了变化,因此东北地区的对外开放应该在我国经济"新常态"背景下调整发展体系,积极构建开放型经济发展模式,以适应我国的经济发展。

总之,长期性与阶段性并不是对立的,而是统一的、相互促进的,阶段性目标是服务于区域对外开放的长远目标的,长远目标又为阶段性目标提供了重要的依据和方向。因此,东北地区在实施对外开放的过程中应该坚持长期性和阶段性相结合的原则。

5. 区域对外开放要以创新和体制改革为动力

观念的转变和体制机制的改革是东北地区经济发展的关键所在,更是东北地区深化对外开放的重点所在。东北地区的本土文化、中原文化、异国文化和当代体制文化从四个不同层面使得东北文化呈现出了复杂性和独特性的特点。这就导致了东北地区保守,缺乏创新意识、竞争意识的文化和观念特性。在当今经济全球化的整体发展背景下,创新和竞争已经成为发展的常态,只有创新科学技术、创新思想观念才能增强竞争力,才能在竞争激烈的国际社会中赢得发展和壮大的机会,所以东北地区在对外开放过程中逐步提升创新力已经成为必然。再者东北地区对外开放进程中体制机制方面存在的问题一直影响着对外开放的广度和深度,尤其是在营商环境方面更是成为东北地区对外开放的关键性短板所在。但是,这些体制机制方面存在的问题并不是一朝一夕就能够改变的,需要东北地区在实施对外开放和区域振兴过程中逐步发现问题、解决问题。

第二节　　东北地区深入推进对外开放的掣肘性因素

一、外部掣肘性因素

1. 全球经济发展进入低速增长期

人口增速放缓以及老龄化程度加剧、能源供给以及产业结构将有所改变、全球化面临的挑战多样等等这些问题都将限制全球的经济发展速度。据预测 2020—2035 年,全球经济增长速度将仅维持在 2.6%左右,其中发达经济体的经济增长速度将大幅放缓,大约维持在 1.7%左右,发展中国家的经济增长速度也将下降,大约维持在 4.9%。总的来看,在后金融危机时代世界经济发展虽然一直处于缓慢的恢复之中,但是其恢复速度和发展前景并不理想。世界经济发展的不稳定性、不确定性致使全球经济发展形势复杂、资源流动和配置渠道紧缩,进而不可避免地导致出现了区域对外合作风险增大。这种经济发展趋势使得东北地区的对外开放形势更加复杂、对外合作风险程度持续加大,同时也使得东北地区本身的转型升级压力增加、对外贸易措施、途径以及合作市场的选择更加"如履薄冰"。另外,东北地区的对外开放本身竞争优势并不明显,产业链靠前,多为初级产品和原材料,面对外需放缓、产能过剩的发展形势很难"掉头"寻找到新的"航路",因此,对于区域整体竞争优势和竞争能力的塑造提出了很大的挑战。

2. 逆全球化因素限制了东北地区对外开放的规模和程度

当前国际形势复杂多变,尤其是金融危机之后,一些发达的经济体为了摆脱经济危机带来的影响,尝试着在全球范围内破坏一些原有的"不利于自己发展"的经济规则,试图建立一些"自我发展优先"的经济贸易制度,致使贸易和投资保护主义有所抬头,逆全球化思潮有所发展,对于经济全球化、区域一体化的经济发展趋势产生了阻碍,对于全球产业链的正常运转产生了冲击。例如,美国政府挑起和发动的中美贸易摩擦对于经济全球化产生了重大的冲击,对于我国东北地区持续推进的对外开放也产生了重要的负面影响。一方面搅动了东北亚地区的经济发展局势,使得东北地区的对外开放的周边国际环境变得更加复杂,增加了跨境合作的难度。另一方面压缩了东北地区转型升级、扩大开放的时间窗口,使得东北地区不得不及早做好准备应对部分企业外迁带来的风险,以及持续恶化的外部环境对于区域转型升级带来的压力。

3. 地缘环境的影响

地缘环境是区域合作和国际合作的重要影响因素,对外开放要实现的就是区域一体化和国际间的双边和多边合作。因此,地缘环境的好坏直接影响到对外开放的进程、程度和领域。东北地区的对外开放受到东北亚地区的地缘环境影响比较大,一方面因为东北亚地区是东北地区对外开放的主要地区,更是东北地区实施世界开放的"第一站"和"必经之路"。另一方面中国是亚洲国家,本身就在东北亚的范围之内。东北亚范围内的地缘政治环境前几章我们已经做了详细的分析,本节不做赘述。在此,简要分析一下东北亚复杂的地缘政治环境对于东北地区对外开放产生的主要影响。其一是影响了区域跨境合作的深入程度。中日韩自贸区合作就是一个明显的例子,地缘政治因素是中日韩自贸区谈判进展缓慢的最重要影响因素。其二是限制了东北地区开放型经济的发展速度。在东北亚范围内虽然我国与其他国家都有着良好的经济贸易往来,但是由于领土纠纷、域外政治因素、文化差异以及意识形态不同等因素的影响,区域经济一体化进程缓慢,这就导致东北地区开放型经济的发展速度减慢。其三是影响了区域利益共同体的建设进程。东北亚范围日本与俄罗斯、韩国以及中国之间都存在着领土和主权纠纷,这种"不确定性"是不可调和的矛盾。如果领土和主权之间的矛盾得不到解决,以东北地区为中心的区域利益共同体就很难建立。

二、内部掣肘性因素

1. 地理位置的阻碍

东北地区各个省份的特殊地理位置对于东北地区的对外开放具有重要的影响。一方面,沿边、近海的地理优势成为东北地区加速对外开放进程的直接优势。但是另一方面,单一的毗邻国、缺乏出海口等现实因素在一定程度上限制了省区对外开放的延伸和辐射能力。其一是黑龙江省仅毗邻俄罗斯远东地区,影响了对外开放的深入发展。黑龙江省北接俄罗斯,与俄罗斯的远东地区毗邻而居,除此之外在东北地区黑龙江省再没有毗邻的国家。这种特殊的"地理位置"注定了黑龙江省扩大与俄罗斯远东地区的经贸联系和边境贸易规模,构建跨境经济合作新的发展模式具有一定的优势。但是,俄罗斯远东地区经济体量较小,2019 年的地区生产总值仅为 5 971 487.7 百万卢布、约合人民币 6 369.2 亿元,2019 年黑龙江省的地区生产总值是 13 612.7 亿元,是俄罗斯远东地区生产总值的 2 倍多。这种经济体量差异较大的区域之间的合作潜力有限。虽然近年来黑龙江也在不断扩大"朋友圈",将对外开放范围扩大到了独联体国家以及欧美的其他国家,但是这种跨越省份较多、距离较远的对外合作开展难度较大、问题较多、阻滞因素也在不断显现。其二是位于东北地区中部的吉林省紧邻朝鲜,虽然临海却没有出海口。吉林省对外开放在地理区位方面有两个特点,第一个特点是与朝鲜隔江相望,有与朝鲜合作的便利条件。第二个特点是吉林省虽然有沿江近海优势,但是缺乏出海口。朝鲜经济发展潜力较大,但是其对外开放程度和经济建设水平有限,所以吉林省与其进行经贸合作的现状自然也就并不理想。再者,吉林省虽然距离日本海仅有 15 千米的距离,但是这 15 千米已经成为"限制距离",限制了吉林省出海发展,虽然近年来吉林省创新建立了"借港出海"的模式,但是其中存在的很多问题仍然不可小觑。

2. 区域发展能力不强

"打铁还需自身硬"这是亘古不变的道理,也就是说内因是一切事物变化发展的根本,东北地区对外开放的深入发展也是如此道理,东北地区自身能力的提升是影响对外开放成效最关键因素。东北地区产业结构不合理,重工业、国有企业比重较高,三次产业分配不合理;体制机制不完善,存在制度短板,制约创新和发展能力,市场合作机制不健全,经营管理体制落后,引才、留才机制较为落后;转型升级难度大、资源优势渐失、产业变革能力较弱,创新型区域发展模式没有形成;生态环境问题逐步凸显;区域竞争力不强,2018—2019 年的全国省域经济竞争力报告中显示,2019 年东北地区区域经济综合竞争力分值下降了 3.1 分,是全国四大区域中分值下降最大的区域。同年全国宏观经济竞争力排名中黑、吉、辽三省均位于全国下游区域,辽宁省排名 21,与去年相比经济外向度竞争力有所下降;黑龙江省排名27,与去年相比经济结构竞争力有所下降;吉林省排名 28,与去年相比经济结构竞争力和经济外向度竞争力均有所下降。等等系列因素综合作用之下限制了高质量对外开放进程和发展模式的塑造,所以说区域自身发展能力较弱已经成为东北地区对外开放最重要的内部掣肘性因素。

3. 区域文化影响深远

区域文化是一个独特的社会现象,受到历史和社会政治因素的影响。本书研究中所说的文化是指人们长期生活后形成的生活习惯和生活认知。东北地区的文化是东北地域条件和民族生活条件的集中反映,是一种特殊的民族生活习惯的呈现,也是在全球价值体系内东北地区维护地区认同的关键性因素。这种地域民族文化始终影响着东北地区民众的精神世界和物质世界,也持续影响着东北地区的经济发展方式和区域发展模式的建立,在对外开放层面也有着持续且深入的影响。东北地区主要存有四种文化模式:一是农耕文化。东北地区有肥沃的黑土地,自古就是粮食的重要产地,三江平原及松嫩平原更是东北地区农耕业发展和生态保护的重要基地。二是游牧文化。东北地区历史上东部地区曾生活着以渔猎为主的秽貊语族和通古斯语族,中西部曾主要生活着以牧业为主的蒙古语族。这种多民族共同生活的状况不仅让东北地区形成了游牧文化,同时也使得东北地区成为农业、游牧和渔猎文化的结合地带。三是特殊的日俄文化。这种文化主要来源于早期日俄的侵略和殖民。经过多年的融合和发展,这种文化已经变成了一种特殊的东北地域文化标识。四是工业文化。东北地区是我国重要的重工业基地,中华人民共和国成立之初就承担了完善我国工业体系的重要任务,东北地区的工业建设为我国工业体系发展以及经济社会发展都起到了重要的推动作用。这种工业发展优势也逐渐形成了一种特殊的文化模式——工业文化。

东北地区的文化形成了积极和消极两方面的区域民族性格。积极方面主要体现在:诚实、守信、友善;勇于探索、不懈追求;吃苦耐劳;豪爽包容。消极方面主要体现在:观念上依赖计划经济和政府,具体表现为服从性较强,自主创新意识较弱,"等靠要"思想有一定的市场;具有一定的保守性,自给自足、靠山吃山、靠水吃水。在传统农业经济影响下,小农意识一直存在;人情观念比较强,重义气、重家族观念,官本思想表现比较明显。东北地区文化的消极方面对于东北地区的对外开放产生了一定的影响:其一是官本位思想影响了对外开放的广度和深度。近年来东北地区的经济发展陷入了下行模式,"老""原""初"类型的工业企业都已经逐渐丧失了市场竞争力,因此东北地区必须创新思维,培育新型经济增长点,同时创新对外开放的发展模式,提升对外合作路径的重要地位。但是,东北地区的官本位思想抑制了创新模式的尝试,政府对于市场的干预缺乏一定的限度,"大政府小市场"的现象依然存在。同时,层层审批、层层汇报、"一支笔"、"一刀切"等现象的存在也阻滞了对外开放的广度和深度。其二是部分地方官员以及部分企业家对于对外开放的认识不够深刻,不能将地方发展与对外合作紧密联系起来,缺少企业"走出去"发展的勇气和信心。其三是市场经济意识缺乏,在长期计划经济影响下,市场观念淡薄、市场经济的竞争意识不强,这就导致了产品的单一、生产工艺的落后、技术更新换代较慢等状况的出现,也限制了对外开放的质量和竞争力。其四是人情观、亲情观的畸形发展,限制了政府的执行力和企业的发展力,使得区域营商环境改善步伐减缓,企业发展缺乏创新思维和创新血液。

第三节　关于东北地区对外开放的思考

一、对外开放与经济发展的"矛盾性"思考

通过前面的分析我们可以明确两方面认知,一是纵向看东北地区的对外开放对于地区经济发展起到了一定的助力作用,二是东北地区的经济发展一直在下滑的趋势中挣扎。矛盾的是已经取得了一定成效的对外开放但为什么没有改变东北地区经济发展的颓势？本小结中从区域自身发展能力、对外开放能力、区域发展新动能培育三个维度对这一矛盾出现的原因进行了思考。

一是从东北地区区域自身发展能力的维度看,东北地区经济发展之所以持续在低速中徘徊是体制机制不完善、经济增长动力接替性差、市场化程度不够、科学技术发展水平不高、产业结构不合理、对外开放能力不强以及思想观念落后等一系列因素综合作用的结果,对外开放仅仅是其中较为重要的一项影响因素,并非是决定性因素。虽然对外开放程度与区域经济发展之间是一种正相关的关系,但是并不意味着对外开放取得了成效,区域经济发展必然就也会取得较大的发展成效,这其中有一个"程度"的综合考量。所以说,对外开放是东北地区经济发展的重要推动力量,而不是东北地区经济发展的唯一影响因素。相对于阻滞东北地区经济发展的其他因素,对外开放的"影响力"有限,对外开放对于东北地区存有的一些"顽症痼疾"的"冲击力"也有限。

二是从东北地区对外开放能力的维度看,东北地区对外开放的能力有限。虽然东北地区的对外开放取得了一些成效,但是无论是与全国平均水平还是与东部沿海地区相比,东北地区的对外开放水平还不高,能力的发挥仍有很大的潜力。其一,与东部沿海地区相比,东北地区推进对外开放缺乏一些"先天和后天优势",这限制了东北地区对外开放能力的持续性提升。其二,东北地区对外开放的内生性问题较大,对外开放进程中的"不匹配性"较为明显。一方面是对外开放程度与区域发展的诉求之间的"不匹配"。虽然东北老工业基地振兴战略不断取得积极进展,但是经济下行压力持续增大的经济发展现实仍然是东北地区的"困局"所在。所以,东北地区急需通过对外开放拓展经济发展路径、引进域外经济发展思路和力量,即以高水平的对外开放促进东北振兴发展。然而,不得不承认的是对外开放进程较慢、开放度较低又是东北地区对外开放的现实状态。这种发展诉求与对外开放现实之间的"矛盾"衍生出了东北地区对外开放中的一种"不匹配性"。另一方

面是对外开放定位与对外开放能力之间的"不匹配"。东北地区本身地位重要,承担着国家国防、粮食、生态、能源和产业安全的重要作用。其对外开放与其区域地位一样非常重要,已经成为我国扩大对外开放、完善区域协调发展布局的关键支点,国家对其对外开放的定位是打造对外开放新前沿。但是,当前东北地区对外开放的现实却仍是处于稳健布局阶段,无论是从对外贸易、对外投资、利用外资、平台建设,还是从跨境合作方面仍旧缺乏可圈可点的"闪光点",与东部沿海地区的对外开放相比还有一定的差距,东北地区仍需在"一带一路"等国家对外开放战略的历史机遇中建设区域对外开放的新高地,培育区域高质量对外开放的新动能。

三是从区域发展新动能培育的维度看,东北地区对外开放和区域经济发展之间互动和联动动能的培育还有所欠缺,互动契合点的建设程度还不够。其一,东北地区的特殊经济区发展水平还不够高。边境经济合作区还没有成长为区域经济发展域内域外合作的直接节点,边境城市与腹地城市之间的联动发展体系尚未建立。大连金普新区、哈尔滨新区和长春新区作为东北地区典型的国家级新区虽已形成三足鼎立之势,但是每个新区的经济辐射力还不够广泛,三个新区之间的经济联动性还不强,对于区域经济发展的带动作用有限。其二,工业经济发展能力滞后,没能成为区域发展和对外开放的契合领域。从区域经济发展角度看,东北地区的工业经济已经滑向了"规模不大、能力不强"的方向,制造业更是呈现出了"多而不专"的发展趋势,很难形成区域发展的集中优势。从对外开放角度看,产业结构不合理、工业制造业发展滞后则限制了对外开放能力的提升。因此可以说,东北地区原本发展能力较强的工业并没有成为推动区域经济发展和对外开放同频共振的契合动力。其三,科学技术发展速度较慢,助力东北地区新旧动能转换的能力不强。东北地区高新技术成熟度不高,还没有成为区域经济增长和对外开放的新动能。2012—2017年,东北地区高新技术产品进口额和出口额比重均在2%和1%以下,全部低于全国平均水平,且分布不均,几乎都集中在辽宁省内。

二、政治作用与经济作用的发挥

东北地区对外开放作为一种政治行为和经济行为的"结合体",无论是对于区域政治地位的提升还是对于区域经济增长极作用的发挥都扮演着重要的角色。但是,政治作用和经济作用发挥之间的"平衡度"值得深入思考。一旦政治作用超过经济作用,则对外开放在区域经济发展中的能力将会减弱。反之,如果对外开放经济作用超过了政治作用则会出现过度发展经济,忽视区域协调稳定的现象。因此,只有政治与经济作用平衡的对外开放才能够从根本上推进区域快速、稳定和健康的发展。

简而言之,国家当前对于东北地区对外开放的政治作用定义为"打造对外开放新前沿",这种政治作用的定义已经突破东北地区的地域局限,而是将东北地区的对外开放放在国家整体对外开放格局构建以及国家区域经济布局的全局高度,即东北地区的对外开放已经是一种"国家角度"的赋能。而从当前东北地区的经济发展状况以及对外开放面临的国际和国内发展形势分析,东北地区对外开放正处于稳健布局、摸索促进地区经济发展路径的阶段,尤其是"十四五"时期在构建国际国内双循环的发展背景下,东北地区对外开放的经济作用是稳健协调经济发展布局、探索深入融入国内国际大循坏体系路径、培育促进区域高质量发展能力等方面,这些作用还仅是一种"区域角度"的赋能。由此可见,这种稳健布局、探索路径的经济作用与"打造对外开放新前沿"的政治作用之间的平衡度还不够,"国家角度"的赋能政治作用明显大于"区域角度"赋能的经济作用。

因此,在新时代、新发展机遇的背景下东北地区的对外开放应该在政治作用充分发挥的基础上不断拓展经济作用的发挥路径。国际上主动顺应国际环境变化发展的新趋势,借助"一带一路"倡议节点、我国对外开放前沿的政治优势优化东北地区国际合作的战略基础,实现东北亚区域内的战略均衡,进而推进跨境区域经济合作的进程。国内应该推进对内开放进程,实现国内区域间的协调发展、对口发展。同时,积极构筑区域转型升级新模式,强化区域经济发展能力,进而带动区域对外开放经济作用的提升。

三、对外开放与振兴战略协同发展的能力

东北地区位置非常重要,因其承担着维护国家"五大安全"的重要作用。所以,东北地区的发展历来受到国家的高度重视,针对该地区经济下行压力持续增大的现状,国家于2003年做出了振兴老工业基地的重大决策。东北振兴战略不仅是推进东北地区经济发展的区域性战略,更是国家实现区域间协调发展、构筑边疆地区经济发展和对外开放重要平台的关键性举措。所以,对外开放与东北振兴之间就构成了一对相辅相成的关系,两者之间相互促进、相互影响,即区域高质量发展可以提升区域对外开放的水平,高质量的对外开放能够促进区域经济高质量的发展。但是,通过对近年来东北地区经济发展状况以及对外开放状况的分析,我们发现东北地区对外开放与振兴战略之间的"粘合度"并不高,协同发展的程度并不深,能力相对较弱。具体表现为:一是对外开放度和区域经济发展成效均不理想。东北地区对外开放程度较低,开放度较低已经成为东北地区在我国改革开放大潮中落伍的重要原因。以2019年为例,东北地区的对外贸易额为10 423.17亿元,地区生产总值为50 249.02亿元,地区对外开放度为20.7%。同年,全国对外开放度

为 31.9%。东北地区的对外开放度比全国平均值低了 11.2 个百分点。东北地区的地区生产总值较低,区域振兴能力不强。同样以 2019 年数据为例,整个东北地区的地区生产总值为 50 126.5 亿元,占全国的 5.08%,在全国排名第六,其中黑、吉、辽三省地区生产总值全国占比和排名分别为 25、1.37%、26、1.19%、15、2.52%。东北地区经济发展在全国已经处于落后水平。二是区域营商环境欠佳。在 2021 年发布的《中国营商环境报告》中,东北地区的营商环境得票率出现了明显的下降趋势,2020 年黑龙江省、吉林省和辽宁省的营商环境得票率全国排名分别为第二十七、二十九和二十五,同比分别下降了 5 名、2 名和 4 名。营商环境不够完善不仅限制了东北地区"引进来"的能力,同时导致外界对于东北地区形成了"被抛弃的工业锈带""投资不过山海关"等认知,这些认知都成为东北老工业振兴进程中的阻滞因素,开放与振兴之间"协同式"发展能力进一步受限。三是市场化进程相对滞后。整体来看,东北地区市场化程度较低。以 2019 年数据为例,黑龙江省市场化全国排名第二十四,同比下降了 2 名;吉林省排名第二十一,同比回落 1 名;辽宁省排名第十四,处于全国中游,排名同比上升 2 名,是 2016—2019 年东北地区排名唯一有所上升的省份。再者,东北地区民营经济发展滞后,在 2021 年全国工商联发布的中国民营企业 500 强企业榜中,东北地区仅有 7 家企业入榜,仅占全国的 1.4%。

由以上可知,对外开放与东北地区振兴发展之间的"粘合度"并不紧密,没有实现同步发展和相互促进式发展。因此,东北地区应该积极利用国内国际优势打造对外开放新前沿,进而通过对外开放推进东北振兴进程。同时,在振兴发展过程中应该加快市场化改革和区域转型升级的速度,积极改善区域发展环境,进而通过区域发展助力推进对外开放进程。总的来说,就是要通过提升对外开放与振兴发展之间的"粘合度"和"协同度",实现东北地区的高质量发展。

四、对外开放动力体之间的发展定位

东北地区对外开放的主要动力体有两个方面,第一个方面是东北三省,即黑龙江省、吉林省和辽宁省通过各自的政策体系构建东北地区整体的对外开放格局。第二个方面是东北地区的各类区域发展战略体系。

黑龙江省想要通过建设"一窗四区"的发展定位,打造我国向北开放的窗口。在黑龙江省"十四五"规划中强调要积极融入"一带一路"建设中,强化对俄开放合作第一大省的地位,借助"滨海 1 号"、"冰上丝绸之路"以及中欧班列等方式发展通道经济,构建全方位对外开放格局。吉林省的发展思路是发挥东北亚几何中心的区位优势,积极拉长对外开放半径,努力将吉林省融入"一带一路"建设中,打造向北开放的重要窗口。吉林省在"十四五"规划中指出要通过深化"五个合作",畅通"丝路吉林",积极打造高能级开放合作平台。辽宁省则专注于积极打造"一带一路"综合试验区,辽宁省在"十四五"规划中明确指出要将辽宁省打造成东北亚地区经贸合作的中心枢纽。

东北地区主要的国家发展战略也有较为具体的发展定位。即要将长吉图开发开放先导区建成我国沿边开放开发的重要区域、重要门户、重要平台和重要增长极。辽宁沿海经济带要建设成为东北地区对外开放的重要平台、国际航运中心及经济增长极。哈长城市群的主要发展方向定义为北方开放重要门户。另外,近一段时期以来哈尔滨、长春、沈阳以及大连等东北地区的重要城市均提出了打造东北亚区域中心城市的目标。

由以上发展定位我们可以看出,东北地区对外开放的主要动力体的发展定位都在强调积极融入"一带一路"建设中,黑、吉两省都在积极推进建成东北地区向北开放的窗口,黑、吉、辽三省也都在努力将本省建设成东北地区向东北亚地区开放的重要枢纽。东北地区的各大国家对外开放战略几乎都强调要建设东北地区对外开放的重要平台。总体来看在东北地区各种主要动力体之间对外开放的发展定位趋同度较高,这种趋同化趋势的出现对于对外开放的深入发展和全方位对外开放格局的形成都有一定的影响。因此,东北地区应该根据国际和国内形势,适时、实时校准对外开放的发展定位和发展思路,逐步形成一条特色鲜明、协同推进、重点明确的对外开放新路径。党的十九大报告指出要推动形成全面开放的新格局,这种对外开放的新格局以"一带一路"建设为重点,形成"陆海内外联动、东西双向互济"的开放格局。东北地区可以在服从国家整体布局的基础上尝试进行自身的发展和布局。一是结合东北地区的陆海区位优势,将北部的沿边开放与南部的沿海开放紧密结合起来,尝试实施陆海内外联动的对外开放模式。二是将自身区域对外开放与内蒙古及西部地区的对外开放进行有机地结合,将自身打造成"桥梁"和"平台",助力实现我国北方地区的东西双向互济发展和开放。三是从国家整体对外开放的发展趋势出发培育对外贸易的新业态、新模式,在自身跨境合作的基础上,进一步放宽市场准入、提升贸易自由化和便利化水平。同时,在老工业基地振兴的基础上实现区域发展的转型升级,进一步提升制造业的核心优势,将东北地区打造成"中国制造 2025"的先行区,进而形成国家培育国际经济合作和竞争新优势的关键区域。四是坚持新的发展理念,积极主动参与到国家推动经济全球化的进程之中,将对外开放的层次进一步提升。

五、东北地区对外开放的深化与拓展

在新时代背景下国家已经明确了东北地区"打造对外开放新前沿"的任务,这将成为东北地区对外开放继续深化和拓展的基本定位。同时,这一定位也将对东北地区的振兴发展以及在东北亚地区构建良好的周边国际环境产生积极而深远的影响。因此,东北地区应该在"打造对外开放新前沿"的战略背景下创新举措,不断丰富对外开放的实践内涵,进而逐步推动形成区域对外开放的新局面。

(一)提升区域自身竞争力

近一段时期以来东北地区一直在"东北困境"的泥沼中徘徊,区域经济下行压力持续性增大、转型升级路径匮乏、体制机制矛盾凸显、振兴发展进入"深水区",这种区域发展实际上限制了区域竞争力的提升,区域竞争力不强更是直接阻滞了区域对外开放进程的深化。因此,提升东北地区的区域自身竞争力已经成为提升区域对外开放水平的必然举措。

1. 强化东北地区体制机制的改革

虽然近年来东北地区的黑、吉、辽三省一直在推进体制机制方面的改革,在营商环境、服务监督机制以及区域发展机制等方面有了改善,但是这种改革和调整多是停留在政府"壮士断腕"式的自我改革和调整之中,市场、社会与人的因素还不够凸显,没有形成政府、市场、社会和人的协同发展体系和发展模式。因此,在体制机制改革中东北地区应该强化改革要素的多元性,根据区域发展实际建立一套能够将政府、市场、社会和人全部框进去的发展模式,政府的作用和角色不再"一家独大",而是发挥协调、助力、推进的作用,打造服务型政府。再者,在实际经济发展和对外开放进程中要强化思想观念的更新和换代,通过积极宣传、人员素质提升、走访学习、挂职学习、政策规定等方式培养新的发展和服务理念,防止出现"错、越、失"位的行为模式,进而建立起亲清的政商关系体系以及合理健康的人情关系体系,筑牢诚信法制、服务担当的发展根基。只有在这种多重施力的区域体制机制改革环境下,东北地区才能够优化营商环境这个区域发展的基础性"资源",逐步扭转"投资不过山海关"的刻板认知。

2. 转变对外开放发展思维

在对外开放进程中给予市场充分的"权力"和"地位",政府逐步退后发挥助力作用,转变政府冲在一线的"政府思维",构建政府搭台、企业唱戏的对外开放模式。同时,还应该树立"思维对等"意识,即在对外开放实践中用"市场意识"去对接国外的经济发展模式和发展诉求,规避"政府思维"对接国外市场经济现象的出现。

3. 增强东北地区省际间的协同发展能力

从整个东北地区的角度分析,黑、吉、辽三省承担着同样的区域发展和对外开放职能,只有构建协同式、互补式的发展模式才能推动东北地区的经济发展和对外开放水平的不断提升。聚焦"一体化"模式,在建立三省协同发展机制的基础上,制定相关的发展规划和具体意见,一方面推动资源、要素以及人才在三省之间的有序流动,另一方面也可以在三省之间实现高效、有效的布局,避免同质化竞争现象的出现。再者,发挥城市群的协同发展能力,大力推进辽宁沿海地区与辽宁中部城市群、吉林省中部城市群、黑龙江省东部城市群的建设和相互衔接,逐步构建城市经济聚集区,将经济发展和对外开放突破省际行政规划限制在整个东北地区的维度上实现跨越式发展。

4. 优化东北地区发展环境

在优化营商环境的基础上,同步加大科技力量的投入和提升留才、引才能力,构建科技和人才协同助力东北振兴发展、推进对外开放的新局面。即通过信息技术、现代化装备制造技术以及新型农业、能源、石油化工等技术推进东北地区的转型升级。通过建立"人才池""人才特区"以及"筑巢引凤"等方式搭建平台、拓宽人才发展空间,提供服务保障、提升人才待遇、构建优质的人才生活环境,进而逐步集聚和吸引人才。通过科技与人才绑定的方式建立区域创新发展模式,一方面推进企业、高校和科研院所的协同发力,实现产学研的深度融合。另一方面优先支持中小企业的科技成果转化和创新型发展,同时加快科研设施向社会开放进程提高科技资源的利用效率。

5. 逐步实现传统产业的优化升级

在全国范围内横向比较东北地区产业结构、对外贸易结构都存在一定的问题,已经成为东北地区经济发展和对外开放进程发展的关键性阻滞因素。因此,东北地区应该创新举措,积极构建产业发展集群,发挥区域和产业的比较优势打造品牌,提升竞争力。同时在国有企业改革、激发民营企业活力等方面提供制度保障,形成多种所有制产业竞相发展的良好局面。再者,还应该在培育新兴产业方面加大力度,积极落实"竞争中性"原则,加快推进东北地区服务业的发展,形成服务业对外开放的良好局面。积极加快数字发展体系建设的顶层设计,提升数字经济的引领力和推动力。

（二）提升区域对外开放能力

1. 积极构建内外联动的对外开放模式

"十四五"时期我国强调要积极构建国内和国际双循环的发展格局。在这种背景下东北地区也应该积极构建内外联动的对外开放新模式。区域发展是对外开放的基础,对外开放是区域发展的巨大动力。因此,在新时代、新发展形势的背景下东北地区的对外开放应该做好对内、对外的联动开放,对内在协同京津冀、对接环渤海地区经济发展的基础上,强化与国内其他经济发展较快区域的经济和技术合作。对外在深化与东北亚地区经济体合作的同时跳出东北亚,借助国家对外开放政策以及对外开放平台拓展对外经贸合作"朋友圈"。再者,东北地区的对外开放应该充分发挥沿边、沿海的地理比较优势,在统筹内陆支撑与海洋发展的基础上构建新型的陆海互济的对外开放模式。

2. 深入推进对外开放大通道的建设

积极推进东北地区与周边国家综合交通网络工程建设,在已有的铁路、公路以及航空交通基础上结合实际合作需要,通过改善基础设施、统一通行标准、延长通航里程、增加联通路线以及加快联通速度等方式逐步建立互联互通的国际通道体系。具体发展方向可以为加快境内铁路与西伯利亚铁路的对接,建设黑河、同江等重要口岸与中心城市的快速铁路。在完善与周边国家现有公路基础设施基础上,加强各个口岸之间以及口岸城市与中心城市之间的公路联通。在航空领域扩展哈尔滨、长春以及沈阳等三个主要城市机场的辐射功能,加快建设周边卫星城市的航空路线,形成"主辅"协同发展、航线覆盖面大、航空口岸功能齐全的航空网络布局。

3. 逐步实现由贸易驱动向投资驱动的转变

在当前东北地区"走出去"的进程中以对外贸易作为主要模式,对外投资、承包工程以及境外合作区等方式还处在相对初级阶段。然而,在市场经济规律以及各个国家的产业政策等因素综合影响下,对外贸易具有一定的不稳定性。因此,东北地区应该加大"走出去"的政策支持力度,鼓励企业走出去积极开展国际经济合作,利用东道国的政策、资源、人力以及市场机遇实现企业的快速发展,一方面可以在实现自我发展的同时带动东道国的经济发展;另一方面也可以转变经济输出方式,变商品输出为资本输出,不仅可以减小边界的"屏蔽"作用,同时也可以降低贸易摩擦。

4. 积极推进对外开放平台建设

扩大和增加边境(跨境)经济合作区的建设规模,在资源、人力以及政策等领域构建对外开放"高地",可以借鉴霍尔果斯的建设模式建立国际边境合作中心,进而引领区域对外开放进程。以自贸区建设为抓手,激发东北地区对外开放的潜力。一方面总结黑龙江和辽宁两省自贸区建设的经验,加快推进吉林省自贸区的申建工作,争取在东北地区形成对外开放发展的"强磁场",进一步加大贸易便利化自由化程度;另一方面将自贸区的发展建设与东北振兴战略进行有机结合,通过先试先行的方式创新国企改革、政府管理、金融改革等方式方法,减小与发达地区之间的制度差距。再者,可以通过合并、联动的方式将现有的保税仓库、各类园区进行整合,建立综合保税区,进而提升贸易资源的集聚程度。同时,积极借鉴京津冀以及长江经济带的通关一体化改革模式和经验,率先在珲春、兴隆镇和吉林等三个海关特殊监管区域试点实行,进而逐步推广至整个东北地区。

(三)积极对接"一带一路"倡议

"一带一路"倡议作为国家对外开放的重要平台,为东北地区深入推进对外开放提供了历史性机遇,东北地区本身作为"一带一路"倡议实践发展的关键节点更是具备了融入"一带一路"建设的天然优势。从另一个角度说,"一带一路"建设也契合了东北地区外向经济发展的基本诉求,为东北地区的对外开放提供了平台和战略支持。所以,东北地区一是应该积极拓展与俄罗斯远东地区的合作领域。虽然俄罗斯远东地区经济体量较小,但是通过对接俄罗斯远东地区的发展战略一方面可以拓宽东北地区的对外开放渠道,另一方面东北地区也可以借助远东地区实现"朋友圈"的持续扩大。二是借助"冰上丝绸之路"的建设拓展东北地区发展海洋经济的新路径,积极推进陆海统筹发展的进程。三是积极推进"中蒙俄经济走廊"建设。东北地区可以借助区位优势将自身建设成为中国建设中俄蒙俄经济走廊的"窗口",同时还可以通过自身区域的"过境"和"集聚"功能建设三国经济合作的"集合场"。四是利用"中欧班列"为对外开放注入强劲的动力。黑、吉、辽三省可以借助本省的"中欧班列"打通东北地区与欧洲之间的陆路通道,拓展东北地区经济发展的国际运输链,建立地区优势产品专列,将区域内的制造业产品、农产品、能源产品、资源产品等直接运往国际市场销售,参与国际竞争。

(四)利用经济合作优化周边国际合作的战略生态

东北亚地区地缘政治和经济环境本身就充满不确定因素,在新型冠状病毒肆虐、世界局部地区冲突频现的百年未有之大变局下将变得更加复杂。在这种区域发展背景下,东北地区对外开放面临的外部挑战更大,其构建良好周边国际环境的任务也更重。经济合作虽然不能决定政治状态,但是在一定程度上可以带动周边国际合作的逐步向好。在东北亚地区经历了新型冠状病毒后,塑造区域可持续性的经济复苏模式成了各国迫在眉睫的对外选择。即各个国家一方面希望加快多边和双边经贸合作进程,另一方面希望建立区域合作体系、共同抵御国际突发事件的诉求也将更加强烈。因此,东北地区可以利用自身的地理核心优势和良好的政策以及国家战略优势积极拓展与东北亚地区的经济合作,通过经济合作程度的不断加深带动东北亚区域内的国际合作战略生态的持续向好。同时,也可以通过东北地区的对外开放加快东北亚区域内利益共同体的建设进程,助力东北亚地区尽早、尽快形成共赢、发展、合作的区域地缘生态。

结　论

　　对外开放作为中国的基本国策给中国的发展带来了巨大的改变,是中国从站起来、富起来到强起来伟大飞跃的重要"法宝"。东北地区作为我国重要的边疆、边境地区以及构建良好周边国际环境的重要地区,实施对外开放是区域发展的必然要求,是国家对外开放布局的必然要求,更是推进"一带一路"建设进而构建周边命运共同体、人类命运共同体的必然要求。东北老工业基地发展进入了全面振兴阶段,对外开放作为手段、内容和目的在区域振兴发展进程中承担着重要的责任。在国家对外战略布局、区域协调发展布局和东北地区振兴发展布局等多重力量推动下,东北地区对外开放迎来了历史性的机遇。本书研究在回顾了东北地区对外开放的历史向度、动力机制、战略路径的基础上分析了东北地区对外开放的作用和存在的问题,得出以下结论:

　　第一,东北地区的对外开放与我国的对外开放一样采取的是渐进式和阶段式的推进模式,由具有直接开放优势的"点"开始,之后通过"由点及面"的尝试性方式构建东北地区的对外开放格局。总体来看,东北地区的对外开放是东北地区结合自身发展实际"摸着石头过河"的艰辛历程,在这段历程中东北地区没有"杀出一条血路"的卓绝和大刀阔斧,而是稳扎稳打,由酝酿到起步再到加速的稳健发展过程。

　　第二,东北地区对外开放的驱动力来源是国家对外开放政策、东北地区自我发展诉求和周边国际环境的不断调整和发展,在这三种动力体系共同驱动下东北地区的对外开放呈现出了不同的发展特点。一是东北地区的对外开放是对中华民族对外开放传统的践行和发展,是服从和服务于国家整体对外开放布局的区域发展格局的构建,更是国家全面开放新格局中的关键一环。二是东北地区的对外开放被赋予了解决区域内生性发展问题的期望。东北地区拥有辉煌的发展历史和可挖掘的发展潜力,矛盾的是其发展能力一直在"低速"状态徘徊。深挖这种"低速徘徊"的原因我们会发现体制机制、产业结构、经济结构以及思想观念等区域自身内生性障碍一直是阻滞东北地区发展的直接"短板"。从国家整体发展战略以及国际发展局势分析,对外开放很有可能成为这种区域内生性困境的直接"对冲"。即通过对外开放,可以实现东北地区与国际周边经济体和国内其他地区之间在体制、机制、技术、经验、人才、政府意识、竞争意识、市场意识等多方面的借鉴与融合,实现互补式发展。同时,可以倒逼东北地区进行全方面的改革,不仅为东北地区转变经济增长方式、优化产业结构、拓宽经济发展渠道提供机会和途径,还可以打破市场发育、产业结构转型升级、创新力提升、竞争力养成等方面的瓶颈,进而加速东北地区的经济发展。三是东北地区是我国在东北亚区域构建良好周边国际环境的"前沿"区域,这种"前沿"也成为东北地区的重要使命。所以,东北地区应该通过对外开放积极对接东北亚区域内各个国家的发展战略,通过经济关系的逐步夯实,推进、影响和带动政治关系的调整,进而深入优化我国在东北亚区域内的周边国际环境。

第三,东北地区的对外开放集聚了国家发展战略和区域自身的优势资源,构筑了功能齐全的对外开放体系。在东北老工业基地振兴战略的基础上国家在东北地区实施了长吉图开发开放先导区建设、辽宁沿海经济带建设、沈阳经济区建设以及哈长城市群建设等四项国家战略,成为东北地区推进对外开放战略的关键性支撑。同时,通过口岸体系构建、特殊经济区体系的完善以及跨境合作的开展不断升级扩大东北地区的"朋友圈",提升了东北地区对外开放的能级。

第四,纵向与横向的同时比较衍生出了东北地区对外开放存在的"不匹配性"。纵向比较,东北地区的对外开放取得了较为显著的成效,在区域经济发展、边疆治理能力提升、对外开放格局构建以及周边国际环境的优化等方面对外开放都起到了重要的推动作用。但是,横向比较东北地区的对外开放能力不仅落后于全国平均水平,与东部沿海地区相比更存在很大的差距,这说明东北地区对外开放水平还不高,对外开放能力仍有很大的提升空间。这也就衍生出了两方面的"不匹配性",一是东北地区对外开放的程度与区域发展诉求之间的"不匹配"。虽然东北地区的对外开放正在释放解决区域内生性问题的重要动能,然而东北地区结构性、机制性和制度性问题在一定程度上限制了对外开放的深入开展,使得当前东北地区对外开放在程度加深、能力提升以及对于区域经济拉动作用增强等方面仍然较为无力,与东北地区希望通过对外开放解决区域内经济发展深层次矛盾、实现经济的跨越式发展的实际诉求之间仍有一定的差距。二是对外开放能级与打造对外开放新前沿的战略定位还不相匹配。在国家的整体对外开放布局中,东北地区的任务是打造对外开放新前沿。但是,当前东北地区的对外开放仍处在稳健布局、优化路径的阶段,且区域发展面临着经济发展和转型升级压力持续性增大,体制性、结构性问题突出,区域经济一体化提升路径匮乏等问题。所以,想要打造对外开放新前沿,东北地区还需要积极拓宽区域发展路径,培育高质量对外开放的新动能,构建对外开放引领区域发展的动力体系。

　　总之,随着我国对外开放程度的不断加深,全方位、多层次、宽领域的对外开放格局正在逐步形成。因此,东北地区应该在回溯对外开放历史的基础上,总结经验、深度思考,进而创新举措,提升区域对外开放能力,推动区域经济向高质量、开放型方向发展,在构建良好周边国际区域合作新格局中打造对外开放新前沿。

参 考 文 献

[1] 鲍振东.东北蓝皮书2007年:中国东北地区发展报告[M].北京:社会科学文献出版社,2007.

[2] 邴正.振兴东北与振兴东北文化[J].社会科学战线,2004(5):133-142.

[3] 蔡凯夫.中国沿边省区边境经济贸易全书[M].哈尔滨:黑龙江人民出版社,1993.

[4] 曹立.沿边开放发展报告(2020—2021)[M].北京:社会科学文献出版社,2021.

[5] 曹普.改革开放史研究中的若干重大问题[M].福州:福建人民出版社,2014.

[6] 巢峰.邓小平思想理论大词典[M].上海:上海辞书出版社,1994.

[7] 陈才,丁四保.东北地区边境口岸经济发展现状的调查与分析[J].东北亚论坛,1999(2):52-56.

[8] 陈才,李广全,杨晓慧.东北老工业基地新型工业化之路[M].长春:东北师范大学出版社,2004.

[9] 陈家勤.沿边开放:跨世纪的战略[M].北京:经济科学出版社,1995.

[10] 陈铁军.云南30年的沿边开放历程、成就和经验[M].北京:社会科学文献出版社,2015.

[11] 陈文敬,李钢,李健.振兴之路:中国对外开放30年[M].北京:中国经济出版社,2008.

[12] 陈星,周成虎.生态安全:国内外研究综述[J].地理科学进展,2005,24(6):8-20.

[13] 迟福林,方栓喜,张飞作.东北振兴新动力[M].沈阳:辽宁人民出版社,2020.

[14] 董大朋,孙建华.新时代哈长城市群产业结构优化研究[J].大庆社会科学,2021(5):97-100.

[15] 董伟俊.中国-东北亚国家年鉴(2019)[M].北京:社会科学文献出版社,2021.

[16] 杜鹃,刘丽琴,王洪英.长吉图开发开放先导区多维合作发展研究[M].长春:吉林人民出版社,2016.

[17] 发展和改革委员会,国际合作中心对外开放课题组.中国对外开放40年[M].北京:人民出版社,2020.

[18] 范恩实.新时代提升沿边城市治理能力现代化水平路径研究[J].云南社会科学,2021(1):60-66.

[19] 方生,许宗衡.中国对外开放全书[M].深圳:海天出版社,1995.

[20] 丰子义,杨学功.马克思"世界历史"理论与全球化[M].北京:人民出版社,2002.

[21] 高际香.俄罗斯远东开发战略评估:从"东向"到"东向北向联动"[J].俄罗斯学刊,2022(2):5-30.

[22] 高立伟,杨慧.中俄"长江-伏尔加河"地区合作机制分析[J].国际贸易,2020(10):26-34.

[23] 高立伟.东北地区对外经济发展路径研究:基于对接"冰上丝绸之路"的视角[J].北方经济,2021(1):32-35.

[24] 高立伟.东方经济论坛与俄罗斯经济东转[J].西伯利亚研究,2019,46(6):17-24.

[25] 高立伟.吉林省对接"冰上丝绸之路"的优势、挑战和策略[J].东北亚经济研究,2020(4):23-24.

[26] 高立伟.抗日战争时期中苏关系发展模式分析:基于苏联高层决策角度[J].学术探索,2021(1):106-114.

[27] 高立伟.中俄地方合作现状、制约因素及对策建议[J].东北亚经济研究,2022,6(6):25-36.

[28] 龚荣进.今日蒙古与东北亚经济合作[J].世界经济,1992(1):75-79.

[29] 郭超.大连市利用外资取得新成果[J].国际经济合作,1987(7):11-13.

[30] 郭连强.中国东北地区发展报告2017[M].北京:社会科学文献出版社,2017.

[31] 国防大学训练部.邓小平理论概论[M].北京:国防大学出版社,1999.

[32] 何剑.东北亚国际经济合作研究[M].大连:东北财经大学出版社,1996.

[33] 侯力,于潇.东北地区突出性人口问题及其经济社会影响[J].东北亚论坛,2015,24(5):118-126.

[34] 胡亚玲.双循环发展格局下东北三省对国家粮食安全的贡献问题研究[J].投资与创业,2020(23):154-155.

[35] 胡征庆.中国对外开放政策:投资、贸易、经济合作机会[M].成都:成都科技大学出版社,1989.

[36] 黄泰岩,张丽君,姜伟,等.中国兴边富民发展报告 2021 兴边富民行动 20 年[M].北京:经济科学出版社,2021.

[37] 黄征学.加快构建东北地区对外开放战略新格局[J].区域经济评论,2016(5):94-101.

[38] 吉林省农村财政研究会课题组,张立山.吉林省扶贫开发研究[J].当代农村财经,2017(11):2-9.

[39] 姜玲,梁涵.东北地区科技人力资源对区域经济支撑作用的研究[J].管理评论,2010(7):61-66.

[40] 姜威.中国东北工业重振:历史镜鉴与对策探讨[J].东北亚经济研究,2017(1):113-114.

[41] 金强一.振兴东北老工业基地与对外开放度[J].延边大学学报(社会科学版),2005(1):5-11.

[42] 孔薇巍.深化改革和科技进步双驱动:简论摆脱"东北现象"的困扰[J].学术交流,1992(2):100-102.

[43] 李保国.藏粮于地:走近"梨树模式"[N].中国自然资源报,2020-09-25.

[44] 李诚固,李振泉."东北现象"特征及形成因素[J].经济地理,1996(1):34-35.

[45] 李广艳,柳羿竹.马克思世界历史理论及其当代价值分析[J].长春师范大学学报,2021(3):86-88.

[46] 李建平,李闽榕.中国省域经济综合竞争力发展报告(2019—2020)[M].北京:社会科学文献出版社,2021.

[47] 李天籽.跨境次区域合作与中国沿边产业空间分布[M].北京:社会科学文献出版社,2015.

[48] 李铁.图们江区域合作发展报告 2015[M].北京:社会科学文献出版社,2015.

[49] 李铁立.边界效应与跨边界次区域经济合作研究[D].长春:东北师范大学,2004.

[50] 李万军,梁启东,郭连强,等.中国东北地区发展报告(2019)[M].北京:社会科学文献出版社,2020.

[51] 李文华,柴永山,申惠波,等.黑龙江省农业科技发展 70 年[J].科技导报.2019(12):53-59.

[52] 李易霏.吉林省内高等院校中外合作办学项目现状分析[J].福建茶叶,
2019,41(10):297-298.

[53] 李玉潭,吴亚军.东北地区边境口岸体系的建设及存在的问题[J].东北亚
论坛,2007(6):3-7.

[54] 梁双陆.边界效应与我国跨境经济合作区发展[J].天府新论.2015(1):
136-143.

[55] 刘畅,柴秋星."一带一路"背景下东北地区制造业价值链攀升研究[J].对
外经贸,2019(2):62-64.

[56] 刘星.东北地区粮食储备安全研究[D].长春:吉林大学,2013.

[57] 卢昊.日本对外战略及在东北亚合作中的角色[J].世界知识,2019(14):
28-29.

[58] 陆炜,罗芳.科技创新对东北地区经济增长的实证研究[J].科技与经济,
2017(2):21-25.

[59] 马克.哈长城市群的空间演化研究[M].北京:社会科学文献出版社,2015.

[60] 马克思,恩格斯.马克思恩格斯文集(第1-2卷)[M].北京:人民出版
社,2009.

[61] 马嵩.东北地区经济增长动力转换背景下民营经济发展动力问题研究[D].
长春:东北师范大学,2016.

[62] 马颖,李静,余官胜.贸易开放度、经济增长与劳动密集型产业结构调整
[J].国际贸易问题,2012(9):96-107.

[63] 门洪华.中国对外开放战略(1978—2018年)[M].上海:上海人民出版
社,2018.

[64] 孟宪章.中苏经济贸易史[M].哈尔滨:黑龙江人民出版社,1992.

[65] 宁文晓,程舒伟.解放战争时期东北解放区对苏贸易研究[J].社会科学战
线,2019(10):253-257.

[66] 牛德林.全方位对外开放与边疆经济的超常发展[M].哈尔滨:黑龙江教育
出版社,1998.

[67] 潘宏.东北老工业基地对外开放竞争力研究[D].沈阳:辽宁大学,2016.

[68] 普京.普京文集:文章和讲话选集[M].北京:中国社会科学出版社,2002.

[69] 曲伟,范海燕."新东北现象"与东北三省粮食增产又增收的对策[J].社会
科学战线,2003(1):70-76.

[70] 邵汉明,郭连强,张丽娜.2019年吉林经济社会形势分析与预测[M].北京:
社会科学文献出版社,2018.

[71] 宋龙镐.中国东北三省与韩国之间贸易关系的特点分析[J].东北财经大学学报,2010(3):25-30.

[72] 孙滨峰,赵红,逯非,等.东北森林带森林生态系统固碳服务空间特征及其影响因素[J].生态学报,2018,38(14):4975-4983.

[73] 孙德兰,梁为中.东北振兴与"一带一路"[M].沈阳:辽宁人民出版社,2020.

[74] 孙久文,蒋治.沿边地区对外开放70年的回顾与展望[J].经济地理,2019,39(11):1-8.

[75] 孙梁,高艳锋,时秀梅.辽宁省利用FDI的历程、贡献与展望:基于1979—2015年数据分析[J].大连民族大学学报,2016,18(6):564-568.

[76] 孙乃民.2003年东北经济区经济形势分析与预测[M].长春:吉林人民出版社,2002.

[77] 田鹏颖,于春玲,朱丽颖,等.东北老工业基地全面振兴的文化反思[M].沈阳:东北大学出版社,2018.

[78] 田毅鹏,康雯嘉.作为发展命题的"东北现象":"东北现象"研究三十年[J].开放时代,2019(6):54-65.

[79] 王彩凤,张壮,于红丽.马克思的世界历史理论与全球化[M].哈尔滨:东北林业大学出版社,2016.

[80] 王付东,孙茹.经济建设与朝鲜战略路线的调整[J].外交评论(外交学院学报),2021,38(3):132-154.

[81] 王冠鸿.东北地区人力资源对区域经济发展影响研究[D].长春:吉林大学,2018.

[82] 王明清,丁四保.东北地区扩大对外开放的地缘障碍因素分析[J].当代经济研究,2014(1):89-93.

[83] 王小鲁,樊纲,胡李鹏.中国分省企业经营环境指数2020年报告[M].北京:社会科学文献出版社,2021.

[84] 王小鲁,胡李鹏,樊纲.中国分省份市场化指数报告2021[M].北京:社会科学文献出版社,2021.

[85] 王玉芳,张艳清,王梓铭.我国森林资源储备的现状及开源和节流对策[J].农业现代化研究,2011,32(2):161-164.

[86] 王玉芹.东北地区工业振兴的历史基础[N].吉林日报,2004-04-30(014).

[87] 王占国,袁庆寿.黑龙江省沿边开放十年回眸[J].学习与探索,2000(2):41-45.

[88] 王志民,陈远航.中俄打造"冰上丝绸之路"的机遇与挑战[J].东北亚论坛,2018,27(2):17-33.

[89] 梁启东,魏红江.2018年辽宁经济社会形势分析与预测[M].北京:社会科学文献出版社,2018.

[90] 乌尔里希·贝克.什么是全球化?全球主义的曲解:应对全球化[M].常和芳,译.上海:华东师范大学出版社,2008.

[91] 项松林.中国对外开放40年[M].石家庄:河北人民出版社,2019.

[92] 邢广程,刘爽,谢宝禄."一带一路"倡议的北向支点:黑河市开放发展报告[M].北京:中国社会科学出版社,2018.

[93] 邢广程.习近平外交思想与周边命运共同体建设[J].当代世界,2021(8):10-15.

[94] 邢广程.新时代中国边疆治理的新思路[J].边界与海洋研究,2018(2):5-17.

[95] 邢广程.中国边疆发展报告(2020—2021)[M].北京:社会科学文献出版社,2021.

[96] 熊琳,王林峰,曾甜.哈长城市群造业产业同构化及优化路径分析[J].现代商业,2022(1):87-90.

[97] 徐剑,孙东旭.关于辽宁"五点一线"沿海经济带开发建设规划研究[J].全国商情(经济理论研究),2009(1):13-14.

[98] 徐现祥,毕青苗,马晶.中国商事制度改革丛书:中国营商环境报告2021[M].北京:社会科学文献出版社,2021.

[99] 薛君度,陆南泉.俄罗斯西伯利亚与远东:国际政治经济关系的发展[M].北京:世界知识出版社,2002.

[100] 薛力.韩国"新北方政策""新南方政策"与"一带一路"对接分析[J].东北亚论坛,2018,139(5):60-69.

[101] 闫春英,张佳睿.东北振兴战略推进过程中民营经济发展的影响因素与疏解之策[J].现代经济探讨,2020(7):5-9.

[102] 闫修成,刘爽,封安全.中国-俄罗斯经济合作发展报告(2019—2020)[M].北京:社会科学文献出版社,2021.

[103] 杨小兵,曹忠祥.迈向全球性大国的关键一步:我国国际次区域经济合作研究[M].北京:经济科学出版社,2015.

[104] 杨永平,周晓勤.区域一体化的东北地区综合交通运输发展战略[J].综合运输,2013(7):18-24.

[105] 杨宇.开发区:东北新成长空间[M].北京:科学出版社,2019.

[106] 杨长湧.中国对外开放取得的主要经验[J].国际贸易,2018(9):13-16.

[107] 叶剑.中国口岸年鉴(2011年版)[M].北京:中国海关出版社,2011.

[108] 衣保中,张洁妍.东北亚地区"一带一路"合作共生系统研究[J].东北亚论坛,2015(3):65-74.

[109] 衣保中.东北沿边地区开发开放战略研究[M].北京:社会科学文献出版社,2017.

[110] 余潇枫."认同危机"与国家安全:评亨廷顿《我们是谁?》[J].毛泽东邓小平理论研究,2006(1):44-45.

[111] 张晨瑶.推动东北地区深度融入"一带一路"建设研究[D].大连:大连海事大学,2020.

[112] 张丽君,时保国."一带一路"背景下的中国陆路边境口岸[M].北京:中国经济出版社,2017.

[113] 张世鹏.什么是全球化?[J].欧洲,2000(1):4-13.

[114] 张文韬.国际次区域合作研究[M].昆明:云南人民出版社,2014.

[115] 张新颖.中国东北地区发展报告:2008[M].北京:社会科学文献出版社,2009.

[116] 张序强,王金辉,董雪旺.中国东北地区与蒙古国经济技术合作[J].世界地理研究,2000(3):82-87.

[117] 张幼文.新开放观:对外开放理论与战略再探索[M].北京:人民出版社,2007.

[118] 张蕴岭.高度重视全球化发展的新调整及影响[J].国际问题研究,2020(3):39-43.

[119] 张占斌.新时代与东北振兴[M].沈阳:辽宁人民出版社,2020.

[120] 张振.东北地区区域经济韧性研究[D].长春:吉林大学,2020.

[121] 张志元,郑吉友.市场经济文化冲击下的"东北现象"透析[J].黑龙江社会科学,2017(5):62-67.

[122] 张志元.经济高质量发展视域下东北地区对外开放研究[M].沈阳:东北大学出版社,2020.

[123] 赵晋平.东北振兴中的对外开放新前沿建设[M].沈阳:辽宁人民出版社,2020.

[124] 赵儒煜,王媛玉.东北经济频发衰退的原因探析:从"产业缺位"到"体制固化"的嬗变[J].社会科学战线,2017(2):48-57.

[125] 赵怡然."一带一路"框架下黑龙江省与韩国经济合作研究[J].中国经贸导刊(中),2020(12):37-38.

[126] 郑凯捷.从政策性开放到制度性开放的历史进程[J].世界经济研究,2008(5):14-19.

[127] 于尔明.大连走向世界[M].大连:辽宁人民出版社,1988.

[128] 中央财经领导小组办公室.中国经济发展五十年大事记(1949.10—1999.10)[M].北京:人民出版社,1999.

[129] 周建平,程育,李天娇.东北振兴战略总论[M].沈阳:辽宁人民出版社,2020.

[130] 周建平.绸缪东北:新一轮东北振兴[M].重庆:重庆大学出版社,2018.

[131] 朱永浩.中国东北三省与日本经贸合作分析[J].学术交流,2011(11):114-117.

[132] KUZNETS S. "economic growth of small nations" in E. A. G. robinson[J]. The Economie Consequences of the Size of Nations,1960(1):14-32.

[133] DAVID D. Outward-oriented developing economies really do grow more rapidly:evidence from 95 LDCs,1976—1985[J]. Economic Development and Cultural Change,1992(3):523-544.

[134] KIRIL T. Trade efficiency,cross-border integration and regional barriers in northeast China[J]. The Chinese Economy,2022(1):13-25.

[135] JAMES A,LIAM O. Borders,border regions and territoriality:contradictory meanings[J]. Changing Significance,Regional Studies,1999(7):593-604.

[136] LEE J,CHOI E. Demystifying the North Korean economy[M]. Seoul:The Sejong Institute,2019.

后　　记

　　这本书是在我博士论文的基础上展开深入研究后撰写的。通过再次深入的研究，我对学术、生活和未来做出了更深刻的思考。

　　我是一个农民的儿子。与父辈不同的是，我选择了努力读书，不愿意日出而作、日落而息地度过一生。小时候我的想法很简单，只是想要离开这个屯子，过上不同寻常的生活。然而，我是个笨孩子，学习成绩很差，但我从未放弃学习，因为我知道只要不放弃努力，就有改变命运的机会。

　　记得初中那年，大雪封路，我早上5点起床出发，天还是黑透的。虽然我尽全力地"狂奔"，但仍然迟到了。班主任看着我头上的冰溜子，打着我的手板，用一口朴素的话语告诉我："如果你不好好读书，会让自己失去更好的未来。"那句话至今我都难以忘记，生动地呈现在我脑海里。

　　读书总是值得的，但我并没有读多少书。我心里一直想成为一个安静思考人生的文人，但毕业后我就参加了工作，生活压力，养家糊口，让我无暇顾及其他。虽然我想在有限的时间里思考人生和持续学习，但这似乎无法做到。

　　尽管如此，我深知自己是幸运的，一路上有许多恩人相助。我相信只要努力拼搏，坚持不懈，最终定能如愿达成自己的目标。

　　我想表达对我的导师邢广程老师的感激之情。邢老师是一座高耸入云的学术巨峰，站在这座巨峰面前，我感受到了自己的渺小和无知。我第一次见到老师是在电视上，第二次是在老师的文章里，第三次是在博士考试复试现场，之后还有很多次。每次见老师都让我感到紧张，这种紧张并不是害怕，而是对老师人品和学识的敬畏。因为我知道自己的学识浅薄，学术潜力有限，所以很难与老师进行深入的学术交流和指导。然而，老师仍然给了我很多思维、逻辑和学术上的指引和帮助。不知不觉中，我发现我的学术和问题意识有了新的认知，我感到非常惊喜和感恩。邢老师不仅为我打开了学术之门，让我走上了一条开阔而扎实的学术之路，同时他也改变了一个来自农村的孩子的命运和生活，让我找到了安身立命的根基。我由衷地感谢老师！

　　我要向我的父母、岳父岳母、哥哥和嫂子表达感谢之情。我的家人真的就是我的家人！父母半生辛劳，只为了让儿子能够功成名就。他们手上满是老茧，诉说着生活的不易和对儿子的期望。岳父岳母把女儿交给了我，就是给了我他们最宝贵的财富。我的哥哥和嫂子总是默默地支持我，不离不弃。他们表现出了典型的兄长和嫂子的样子，替我尽孝，替我担当。虽然我并不聪明，但我一定不会忘记前行和立志终生。

我要感谢我的妻子赵佳慧女士和儿子高子壹。我的求学历程充满艰辛，而我的妻子和孩子他们的日子更是不易。我仍然记得那个壬寅三月，病毒肆虐，小区被封锁，我们相隔两千里，深深地想念着彼此。在那个疫情席卷的时刻，"千里之遥依然共天涯，虽在风月不同处，也在花开同季节"。

言希声，让我们相信"汇首朝朝，锦绣成河"。

站在过去的路上，展望未来的道路，让我们为美好的明天而努力吧！

高立伟

2023 年 3 月